北大版留學生本科漢語教材

古 代 漢 語

（上册）

張聯榮　劉子瑜　編著

圖書在版編目 (CIP) 數據

古代漢語（上冊）/ 張聯榮，劉子瑜編著 . —北京：北京大學出版社，2019.8
北大版留學生本科漢語教材
ISBN 978-7-301-30051-0

Ⅰ . ①古⋯ Ⅱ . ①張⋯ ②劉⋯ Ⅲ . ①古漢語 – 對外漢語教學 – 教材
Ⅳ . ① H195.4

中國版本圖書館 CIP 數據核字 (2018) 第 260756 號

書　　　名	古代漢語（上冊）
	GUDAI HANYU (SHANG CE)
著作責任者	張聯榮　劉子瑜　編著
責 任 編 輯	王鐵軍
標 準 書 號	ISBN 978-7-301-30051-0
出 版 發 行	北京大學出版社
地　　　址	北京市海淀區成府路 205 號　100871
網　　　址	http://www.pup.cn　　新浪微博：@ 北京大學出版社
電 子 信 箱	zpup@ pup.cn
電　　　話	郵購部 010-62752015　發行部 010-62750672
	編輯部 010-62754144
印 　刷 　者	河北灤縣鑫華書刊印刷廠
經 　銷 　者	新華書店
	650 毫米 ×980 毫米　16 開本　17.25 印張　283 千字
	2019 年 8 月第 1 版　2019 年 8 月第 1 次印刷
定　　　價	56.00 元

未經許可，不得以任何方式複製或抄襲本書之部分或全部內容。
版權所有，侵權必究
舉報電話：010-62752024　電子信箱：fd@pup.cn
圖書如有印裝質量問題，請與出版部聯繫，電話：010-62756370

序

　　隨着中外文化和教育交流的迅速發展,到中國大學學習的留學生呈快速持續增加的趨勢,但多年來不少學校留學生的古代漢語教學或使用中國學生的教材,或使用非教材性質的一些古文選本,極大地影響了古代漢語的教學效果。近年來,雖然也有供留學生使用的教材出版,但內容多針對初到中國的學生編寫,距大學文科學生的教學要求還有一定距離。鑑於上述情況,我們編寫了這套專供大學文科留學生使用的《古代漢語》。

　　依據我們的了解,留學生古代漢語課程教學中存在的主要問題是:(1)學生的來源不同,漢語基礎參差不一。(2)各學校設定的教學目標不一樣。(3)各學校安排的課時不一樣。(4)總的看,學生的閱讀量偏小。這四個問題在短時間內不可能解決,所以要編寫出一套普遍適用的教材確實難度很大。我們認爲,儘管存在著這樣那樣的問題,但一個留學生在學習結束之後應達到本門課程的基本要求,不能因爲存在這樣那樣的問題就降低教材應有的高度,這應當是教材編寫的基本出發點。另一方面,又要適應這些不同的情況,解決的辦法不應當是窄化教材內容,而是選材的容量要適當大一些,內容要適當豐富一些(包括較豐富的練習),在難易度上要深淺兼顧,留有一個較大的空間。這樣做的目的是儘量加大學生的閱讀量,同時也可以給教學留有較大的選擇餘地,使教師可以根據本學校的實際情況在教學中作彈性的安排,以適應多層次的教學要求。如果有的學校學時有限,或者學生的基礎較差,也並不強求全部完成教材提出的教學任務，教材中的一些内容可供學生以後繼續學習。

　　上世紀六十年代，王力主編的《古代漢語》教材出版後獲得一致的好評，受到廣泛的歡迎，取得了良好的教學效果。那套《古代漢語》教材容量大，難度高，在今天古漢語課時壓縮的情況下，仍有不少院校在繼續使用，其根本原因在於内容豐富扎實，又有一個文選、常用詞、通論三結合的科學結構，爲我們的教材編寫樹立了一個標杆。

　　編者所在學校留學生古代漢語課程教學的情況是：(1)學生已經具備一定的漢語基礎。(2)在學習本課程之前，部分學生已經學習了現代漢語課程。(3)古代漢語課安排在大二，時間爲一學年；每學期大致十六周，每周四學時。教材就是參照我們所在學校的情況編寫的。

　　教材由張聯榮統稿。

　　本教材列爲二〇〇七年度北京大學教材建設項目，並通過二〇〇七年北京市高等教育精品教材建設立項評審，獲得北京大學和北京市教委的經費支持，僅此致謝。

　　我們限於學力，深感編寫一部適合留學生使用的古代漢語教材確非易事，書中疏失錯謬在所難免，祈盼同行專家和廣大師生批評指正。

凡　例

　　一　教材分上下兩册,每册八個單元。每個單元包括四個方面的内容:(1)文選。(2)練習。(3)常用詞。(4)古漢語常識。

　　二　文選分爲講讀文選和閲讀文選。講讀文選爲課堂講授内容,閲讀文選供學生在教師的指導下課外閲讀。文選的編選主要考慮兩個原則:一是能够儘量涵蓋與古漢語學習關係密切的重要文獻,二是能够兼顧各種不同的文體。編選閲讀文選的目的是增加學生的閲讀量,文選的編排次序遵循循序漸進的學習原則。

　　三　每篇選文前有一個"説明",部分較長的選文每一分段有一個段落大意,幫助學生把握文章的内容。

　　四　古漢語常識部分主要是對語言文字方面有關知識的介紹(漢字、詞彙、語法、古代的文體和古書的注解等),以簡明、易懂、實用爲原則,不求過深過細。古漢語學習中涉及的有關中國歷史文化方面的知識可根據各學校的情况在别的課程中學習。

　　五　每個單元有十個常用詞的講解;常用詞的選擇以文選中出現的爲依據。對常用詞意義的講解主要是爲了幫助對所選文章的進一步深入理解,以簡明爲原則,義項不能求全。引用的書證儘可能選取選文的用例。

　　六　練習是學習本課程必不可少的内容,應要求學生努力完成。

　　七　教材的容量比較大,建議分兩個學期講授。每個學期每周以三到四個學時爲宜。

目　錄

緒　論 ·· 1

第一單元 ·· 1

講讀文選

　莊子 ·· 1
　　渾沌之死（《應帝王》）··· 1
　　魯侯養鳥（《至樂》）··· 2
　　運斤成風（《徐無鬼》）··· 3
　　曹商使秦（《列禦寇》）··· 4
　韓非子 ·· 5
　　巧詐不如拙誠（《說林上》）······································· 6
　　燕王好微巧（《外儲說左上》）····································· 7
　　齊桓公好服紫（《外儲說左上》）··································· 8
　戰國策 ·· 9
　　驚弓之鳥（《楚策四》）··· 10
　　南轅北轍（《魏策四》）··· 11
　尹文子 ·· 12
　　魏田父得玉（《大道上》）··· 12
　列子 ·· 14
　　朝三暮四（《黃帝》）··· 14

>　　兩小兒辯日(《湯問》)　…………………………………… 15

閱讀文選
>　　魏王遺荆王美人(《韓非子》)　………………………………… 16
>　　歧路亡羊(《列子》)　…………………………………………… 17

練習一　………………………………………………………………… 18
常用詞
>　　走 聞 顧 爲 素 引 發 復 湯 益 …………………………… 20

古漢語常識
>　　漢語的詞和語法規則　………………………………………… 23

第二單元 ……………………………………………………… 30

講讀文選
>　　晏子春秋　……………………………………………………… 30
>　　　　景公不知天寒(《內篇諫上》)　………………………… 30
>　　　　社鼠猛狗(《內篇問上》)　………………………………… 32
>　　　　晏子使楚(《內篇雜下》)　………………………………… 33
>　　　　晏子辭千金不受(《內篇雜下》)　………………………… 34
>　　説苑　…………………………………………………………… 36
>　　　　政理(節選)　……………………………………………… 37
>　　世説新語　……………………………………………………… 41
>　　　　管寧華歆(《德行》)　……………………………………… 41
>　　　　小時了了(《言語》)　……………………………………… 42
>　　　　牛屋貴客(《雅量》)　……………………………………… 43
>　　　　王藍田性急(《忿狷》)　…………………………………… 45

閱讀文選
>　　樊姬進美人(《韓詩外傳》)　……………………………………… 46
>　　梁君出獵(《新序》)　……………………………………………… 47

練習二　………………………………………………………………… 48
常用詞
>　　勞 表 比 再 誅 廢 色 致 豆 盛 …………………………… 49

古漢語常識
>　　古代漢語常用工具書(上)　…………………………………… 52

第三單元 ·· 62

講讀文選

 魏學洢 ·· 62
  核舟記 ···································· 62
 王士禛 ·· 66
  女俠 ······································ 66
 蒲松齡 ·· 71
  石清虛 ···································· 71
 謝濟世 ·· 78
  戇子記 ···································· 78

閱讀文選

 蜀賈（劉基）································ 82
 徽州唐打獵（紀昀）························ 83

練習三 ·· 85
常用詞
 奉　因　啓　封　策　樸　逐　顓　治　題 ···· 86
古漢語常識
 漢字 ·· 89

第四單元 ·· 99

講讀文選

 李翱 ·· 99
  楊烈婦傳 ································· 99
 王禹偁 ·· 103
  黃州新建小竹樓記 ······················· 104
 歐陽修 ·· 107
  醉翁亭記 ································· 107
 蘇軾 ·· 110
  超然臺記 ································· 110

閱讀文選

 方山子傳（蘇軾）···························· 114

書浮屠事(陸游) …………………………………… 116
練習四 ………………………………………………………… 117
常用詞
　　當　及　邑　兵　節　超　乘　覆　臨　陰 …………… 119
古漢語常識
　　古代漢語的詞彙(上) ……………………………………… 121

第五單元 ……………………………………………………… 129

講讀文選
左傳 …………………………………………………………… 129
　　鄭伯克段于鄢(《隱公元年》) …………………………… 130
　　公孫無知之亂(《莊公八年》《莊公九年》) …………… 134
　　鞌之戰(《成公二年》) …………………………………… 139
　　衛侯爲夫人南子召宋朝(《定公十四年》) ……………… 144

閱讀文選
　　晉陽處父侵蔡(《左傳》) ………………………………… 146
　　楚人獻黿於鄭靈公(《左傳》) …………………………… 147
練習五 ………………………………………………………… 147
常用詞
　　國　作　險　朝　斃　鄙　謀　慢　病　從 …………… 149
古漢語常識
　　古代漢語的詞彙(下) ……………………………………… 152

第六單元 ……………………………………………………… 159

講讀文選
國語 …………………………………………………………… 159
　　邵公諫厲王弭謗(《周語上》) …………………………… 159
　　梗陽人有獄(《晉語九》) ………………………………… 162
戰國策 ………………………………………………………… 164
　　鄒忌諷齊王納諫(《齊策一》) …………………………… 164
　　蘇秦以游說致富貴(《秦策一》) ………………………… 166
　　吕不韋相秦(《秦策五》) ………………………………… 170

閱讀文選
　　董叔將娶於范氏(《國語》) …………………………… 176
　　昭陽爲楚伐魏(《戰國策》) …………………………… 177
練習六 ……………………………………………………… 178
常用詞
　　說　決　諫　張　已　尊　習　領　獄　聽 ………… 180
古漢語常識
　　古代漢語中詞類的活用 ………………………………… 182

第七單元 ……………………………………………… 189

講讀文選
　　史記 ……………………………………………………… 189
　　　　項羽本紀(節選) …………………………………… 190
　　　　孟嘗君列傳(節選) ………………………………… 194
　　　　田單列傳(節選) …………………………………… 198
　　漢書 ……………………………………………………… 202
　　　　鄧通傳(節選) ……………………………………… 202
　　　　朱買臣傳(節選) …………………………………… 206
閱讀文選
　　張良步游下邳(《史記》) ……………………………… 210
練習七 ……………………………………………………… 212
常用詞
　　敗　賢　購　被　困　期　體　涕　幸　置 ………… 213
古漢語常識
　　古代漢語的詞序 ………………………………………… 216

第八單元 ……………………………………………… 223

講讀文選
　　後漢書 …………………………………………………… 223
　　　　樂羊子妻 …………………………………………… 223
　　三國志 …………………………………………………… 226
　　　　周瑜傳(節選) ……………………………………… 226

資治通鑑 ………………………………………………………… 232
　　　　班超出使西域 ……………………………………………… 232
　　明史 ……………………………………………………………… 236
　　　　周新傳（節選） …………………………………………… 237
閱讀文選
　　董宣傳（《後漢書》） ………………………………………… 241
　　唐太宗論取士（《貞觀政要》） ……………………………… 242
練習八 ……………………………………………………………… 243
常用詞
　　竟 釋 論 趨 遂 省 就 寇 給 勤 ………………………… 244
古漢語常識
　　古代漢語的虛詞 ……………………………………………… 247

附　錄　常用詞索引 ……………………………………………… 258

緒　論

一　什麼是古代漢語

　　漢語是世界上最古老的語言之一，可以分爲古代漢語和現代漢語兩個階段。現代漢語是現代漢民族的共同語，也是中國各民族在交際中普遍使用的語言。古代漢語從字面上說是指古代漢民族使用的語言（包括文言和古白話）；從狹義上說，古代漢語指的只是文言。

　　語言有口語形式，也有書面語形式。今天我們看到的古書都是用漢字記錄下來的，都是漢語的書面語形式。通常說的文言，是指以先秦口語爲基礎形成的上古漢語書面語以及後代沿用這種書面語寫成的作品中的語言。文言的面貌跟現代漢語有很大的不同。體會下面兩段文字：

　　　　予惟聞汝衆言，夏氏有罪。予畏上帝，不敢不正（zhēng）。今汝其曰："夏罪其如台（yí）？"夏王率遏（jié）衆力，率割夏邑，有衆率怠弗協。曰："時日曷（hé）喪？予及汝皆亡！"夏德若茲，今朕必往。

　　　　蓉少時，讀書養晦（huì）堂之西偏一室，俯而讀，仰而思；思有弗得輒起，繞室以旋。室有窪，徑尺，浸淫日廣。每履之，足苦躓（zhì）焉。既久而遂安之。一日，父來室中，顧而笑曰："一室之不治，何以天下家國爲？"命童子取土平之。後蓉復履其地，蹶（guì）然以驚，如土忽隆起者。俯視，地坦然，則既平矣。已而復然。又久而後安之。

　　第一段選自《尚書·湯誓》，記錄商湯滅夏時的一場動員講話。大意是說：我已聽到你們的話，夏氏有罪。我畏懼上帝，不敢不去征討他。你們也許要說："夏氏的罪到底怎麼樣?"那夏王竭盡民力,損害了夏國。民衆懈怠,不再同他合作了。都說:"這個太陽什麼時候滅亡? 我們情願跟你同歸於盡!"夏氏的德行像這樣,所以現在我一定要去討伐。第二段選自清代劉蓉的《習慣說》,通過一件生活小事,說明習慣成自然的道理。

《尚書》的《湯誓》,時代不晚於戰國早期。劉蓉是十九世紀的人。兩篇文字相隔超過兩千年,但他們用的都是文言;劉蓉的文章就是一種仿古。由於脱離口語,用文言寫成的作品很難懂;對一個母語是非漢語的人來說學起來就更加困難。文言已經成了一種不經過專門學習就難以理解的書面語言。

二 古代漢語課程的性質和任務

語言是文化的載體,哲學、歷史、文學、政治、科技等中國古代的文化學術源遠流長,底蘊豐厚,所有這些都記載於存留至今的各種典籍文獻中。文言是中國古代文獻使用的最基本的語言表達形式,對於一個母語是漢語的學習者來說,具備良好的古代漢語修養是學習和研究中國古代文化的基礎,也是汲取和傳承優秀傳統文化、培養文化原創能力的必備條件。對於一個母語是非漢語的學習者來說,要認識古代的中國,要了解中國的歷史文化,也必須要讀一些古書,這就要具備一定的古代漢語素養。所以半個多世紀以來,古代漢語課程不但被列為大學中文學科的必修課程,也是大學文科學生不可或缺的基礎課程之一。

作為基礎課程之一的古代漢語是一門語言工具課。閱讀古代的典籍文獻,首先要具備古代語言文字方面的基本修養,能夠讀得通,讀得懂,進而纔能對各門學術有進一步的研究。語言文字的修養,有語音的、語法的、詞彙的等等。比如上面《尚書·湯誓》中"不敢不正"的"正",從讀音看,念"zhēng";從意思看,作征伐講;從文字看,後來寫作"征":這裏既有語音、詞彙的問題,也有文字的問題。劉蓉《習慣說》中"何以天下家國為"一句,從句子結構看,今天就沒有這樣的說法,這就是語法的問題。可見研究中國古代的文獻,目標可以有不同,可以是哲學思想的,也可以是文學欣賞或其他什麼的,但有一點是共同的:就是必須要認讀書中的字,看懂書中的話。所以學習語言文字是研究其他各種學問的津梁,其重要性不言而喻。

設置這門課程的目標,是要提高學習者閱讀古書的能力。具體來說,就是能够藉助工具書比較順利地閱讀中等難易程度的文言著作。要實現這個目標,就必須閱讀一定數量的文章;在此基礎上,還要掌握古代漢語方面的一些基本常識;對於中國古代文化歷史方面的一些知識,也應當逐步有所了解。

基於上面的認識,本課程學習的內容包括文選講讀和古代漢語常識兩部分。文選部分選錄歷代典範的文言文,通過學習一定數量的名篇佳作,培養學生良好的古代漢語語感,增強學生對古漢語的感性認識。古代漢語常識包括漢字、語音、詞彙、語法以及相關方面的必要知識。這部分知識的編寫力求簡明,密切結合閱讀的實際,幫助學習者把文選學習的感性認識加以提煉,掌握古代語言中一些規律性的現象。

三　怎樣學習古代漢語

古代漢語跟現代漢語有很大的差異,學起來難度較大,既需要下功夫,又要講究有效的學習方法。

學習古代漢語要緊緊圍繞提高古書閱讀能力這一總目標。首先要明確,作爲一門基礎課,古代漢語課程不同於其他傳授基本理論或專業知識的課程,不能過分追求所謂系統的理論知識而忽視文言作品的閱讀。對於初學者來說,學習古代漢語,要把閱讀作品放在第一位,熟讀並有選擇地背誦一定數量的文言文;作品讀得越多,掌握得越牢固,越熟練,對古漢語的感性認識也就越豐富,越深刻,這樣纔能具備敏銳的古代漢語語感。古代的作品浩如煙海,要把文選學習的重點放在先秦兩漢,因爲這一時期的作品是文言的源頭和正宗,用語古奧,影響深遠。學好先秦兩漢的作品,就可以溯源及流,一貫直下。在學習的步驟上,要遵循由易到難、由淺入深的原則。

雖然我們強調把大量的閱讀放在第一位,不過不可能也没有必要要求今天的學習者像古人那樣十年寒窗,青燈黄卷,"口不絶吟於六藝之文,手不停披於百家之編"。現代生活的節奏在不斷加快,現代青年有多方面的知識需要掌握,這就需要有更科學更有效的學習方法。語言學是一門科學,要把語言看作是我們研究的對象,注意掌握各類語言現象的基本性質、古今差異和變化規律,以求提綱挈領,舉一反三,減少盲目性。爲了使我們的學習更加自覺有效,在閱讀文選的同時,就要輔之以古漢語常識的學習。

學習古代漢語需要多方面的知識（如古代的天文地理、典章制度、禮儀習俗、飲食起居等），但最主要的還是語言文字方面的知識。古代的學者一直很重視語言文字基本知識的學習訓練，強調打好這方面的基礎，並且留下了極爲豐富的經驗，值得我們認真汲取。中國傳統的語文學稱爲小學，習慣上分爲文字、音韻、訓詁三個方面，實際上包含了我們今天說的文字、詞彙、語法和音韻四個方面的知識。通過本課程的學習，期待能初步構築起閱讀古書所必需的一個基礎的知識架構。

　　文字是語言的書面載體，漢字是一種語素文字，它對於我們了解古漢語中詞的意義有著直接的關係，所以對漢字的性質、漢字結構的基本類型、漢字形體的演變、漢字和漢語的關係等方面要有所認識。詞彙是語言諸因素中變化最迅速最複雜的部分；詞的意義古今有很多差異，這是我們首先碰到的障礙。詞彙方面，我們要特別注意常用詞的學習；有的詞意義複雜，要首先掌握它們的本義和常用義。語法是組詞成句的規則，研究句子成分之間的各種關係。這一方面，我們要注意古漢語的基本句法結構以及跟現代漢語的主要差異。漢語的語音跟文字、詞彙、語法都有密切的關係，對一些最基礎的古漢語語音知識要有所了解，注重解決閱讀中遇到的實際問題。

　　古代漢語是一門語言工具課，學習文言文要力求字字句句落實，確切掌握文章中每一個詞、每一句話的含義，避免囫圇吞棗，望文生義，這一點尤爲重要。另一方面，雖然古代漢語課不同於中國文學史、文學作品選等課程，文選講讀主要著眼於語言方面，但也不能忽視對作品思想內容的分析；要真正讀懂一部作品，還要聯繫作者的歷史時代、思想感情、立場觀點等，要在理解字句的基礎上全面把握，深入解析。

　　總之，在學習中要以文選講讀爲重心，以求培養良好的古代漢語語感；把文選閱讀跟古漢語知識的學習有機結合起來，二者兼顧，相互促進。古漢語跟現代漢語有同有異，學習中要勤於思考，學會古今對比，尤其要關注古今漢語的差異。古代漢語是一門實踐性很強的課程，學習過程中還需要多做練習，把所學的知識運用到閱讀實踐中。

　　對於留學生來說，學習古代漢語困難不少，必須下很大的工夫，這就需要樹立信心，克服畏難情緒，相信自己只要努力，就一定能學業有成。其次，要培養自己學習的興趣。優秀的文言文，內容深刻豐富，語言洗練雅潔，字裏行間閃爍著智慧的光芒，意味雋永。誦讀這樣的文章，是一種快樂和享受。相信我們循序漸進，持之以恆，就一定會取得滿意的成效。

第一單元

講讀文選

莊子

　　莊子(約前369—前286),名周。宋國蒙(在今河南省)人,大約和孟子同時或稍後。戰國時期思想家。《史記》有傳。
　　莊子是繼老子之後道家的主要代表人物,他的思想源於老子而又有所發展,後來並稱老莊(莊子的思想參見十一單元的介紹)。在先秦散文中,《莊子》一書具有獨特的風格,大量使用寓言故事,想象奇幻,文筆變化多端,極富浪漫主義色彩,對後世的文學創作有很大的影響。
　　《莊子》一書,《漢書·藝文志》著錄五十二篇,現存三十三篇(包括內篇七篇,外篇十五篇,雜篇十一篇)。現存《莊子》一書經後人整理而成。傳統上認爲內篇是莊周所作,外篇和雜篇是門人和後學所作。
　　《莊子》的注本,晉代有五家,現僅存郭象注本十卷。唐代成玄英爲郭象注作疏。清代有王先謙的《莊子集解》和郭慶藩的《莊子集釋》。今人劉武《莊子集解內篇補正》、陳鼓應《莊子今注今譯》可資參考。
　　選文據《莊子集釋》,中華書局一九六一年版。文章題目爲後加。

渾沌之死(《應帝王》)

　　【説明】這則寓言寫儵和忽爲報答渾沌的恩德而給他鑿開七竅,結果却導致渾沌七日而死的悲劇,這是因爲他們不明白自然無爲的道理。

　　南海之帝爲儵,北海之帝爲忽,中央之帝爲渾沌①。儵與忽時相與遇於渾沌之地,渾沌待之甚善②。儵與忽謀報渾沌之德③,曰:"人皆有七竅以視聽食息④,此獨無有,嘗試鑿之⑤。"日鑿一竅,七日而渾沌死。

① 儵(shū)、忽、渾(hùn)沌(dùn):都是莊子寓言中的神名。儵、忽取疾速(有爲)的意思,渾沌取渾樸不分、自然一體的意思。
② 時:時時。相與:在一起。待之甚善:對待他們很好。
③ 謀:謀劃。報:報答。德:恩德。
④ 七竅(qiào):一口、兩耳、兩目、兩鼻孔。竅:孔洞。息:呼吸,進出氣。
⑤ 嘗:也是試的意思。鑿(záo):打孔。

魯侯養鳥(《至樂》)

【説明】鳥獸和人禀性不同,因而好惡也不同,所以應當順應它們的自然之性,否則就會釀成海鳥三日而死的悲劇。

　　昔者海鳥止於魯郊,魯侯御而觴之於廟①,奏《九韶》以爲樂②,具太牢以爲膳③。鳥乃眩視憂悲④,不敢食一臠⑤,不敢飲一杯⑥,三日而死。此以己養養鳥也,非以鳥養養鳥也⑦。……《咸池》《九韶》之樂,張之洞庭之野⑧,鳥聞之而飛,獸聞之而走⑨,魚聞之而下入,人卒聞之,相與還而觀之⑩。魚處水而生,人處水而死,彼必相與異,其好惡故異也⑪。

① 海鳥:傳説中形似鳳凰的一種鳥。魯:國名,在今山東省。御(yà):通"迓",迎接。觴(shāng):一種飲酒器。這裏用作動詞,

進酒,指宴飲款待。廟:太廟,帝王諸侯的祖廟。
② 《九韶(sháo)》:傳説是遠古舜時的樂曲名。樂(yuè):樂曲。
③ 具:備辦。太牢:古代祭祀,牛羊豕(豬)三牲俱全稱作太牢。膳(shàn):飯食。
④ 眩(xuàn):眼睛昏花。
⑤ 臠(luán):切成塊狀的肉。
⑥ 杯:古代盛水、飲料或羹的一種器皿。
⑦ 這是以人自己的養生習性養鳥,不是以鳥的生活習性養鳥。
⑧ 《咸池》:相傳是遠古堯時的樂曲名(一説爲黃帝所作)。張:奏(樂)。洞庭之野:廣漠的原野。
⑨ 走:跑。
⑩ 人卒:人衆。還:環繞。觀:觀賞。
⑪ 彼必相與異,其好(hào)惡(wù)故異:它們一定是相處的環境不同,所以好惡也不同。相與:跟……在一起,相處。異:不同。好:喜歡。惡:不喜歡,憎惡。故:所以。

運斤成風（《徐無鬼》）

【説明】匠石掄起斧子就能削掉郢人鼻尖上的白土,莊子藉這個荒誕的故事表達自己對朋友惠施的懷念,把他看作是自己談論大道的最好對象。

莊子送葬,過惠子之墓①,顧謂從者曰②:"郢人堊慢其鼻端若蠅翼③,使匠石斲之④。匠石運斤成風⑤,聽而斲之,盡堊而鼻不傷⑥,郢人立不失容⑦。宋元君聞之⑧,召匠石曰:'嘗試爲寡人爲之⑨。'匠石曰:'臣則嘗能斲之。雖然,臣之質死久矣⑩。'自夫子之死也⑪,吾無以爲質矣⑫,吾無與言之矣⑬。"

① 惠子:惠施(約前370—前310),宋國人。戰國時期哲學家。莊子的朋友。曾經做過梁惠王的相。

② 顧：回頭。謂：對……説。
③ 郢(yǐng)人：善於塗飾的匠人。郢：楚國的國都，在今湖北省。堊(è)：一種白土。這裏是説用白土刷牆。慢：通"墁(màn)"，塗抹。這是説郢人刷牆時有白土粘在鼻尖上。翼：翅膀。
④ 匠石：一個名叫石的木匠。斲(zhuó)：砍削。
⑤ 運斤成風：把斧子掄開了帶起一股風。運：揮轉。斤：斧子。成：形成。
⑥ 聽：順從。這是説匠石順著自己的心意。盡堊：粘在鼻尖上的白土完全削除。
⑦ 不失容：不失常態，即面不改色。容：神色。
⑧ 宋元君：宋國的國君宋元公，名佐。
⑨ 嘗：也是試的意思。爲(wéi)之：做這件事。
⑩ 質：對象。
⑪ 夫子：指惠子。
⑫ 無以：没有……用來。意思是没有什麼人可以作爲我（討論問題）的對象了。
⑬ 無與：没有（什麼人）……同（他）。言之：討論大道。

曹商使秦（《列禦寇》）

【説明】這則故事諷刺富貴者的厚顏無恥，他們愈富貴就愈下作，爲莊子所鄙視。

　　宋人有曹商者，爲宋王使秦。其往也，得車數乘①。王説之②，益車百乘③。反於宋④，見莊子曰："夫處窮閭陋巷⑤，困窘織屨⑥，槁項黄馘者⑦，商之所短也⑧；一悟萬乘之主而從車百乘者，商之所長也⑨。"莊子曰："秦王有病召醫，破癰潰痤者得車一乘⑩，舐痔者得車五乘⑪，所治愈下⑫，得車愈多。子豈治其痔邪，何得車之多也⑬？子行矣⑭！"

① 得車：得到宋王給的車輛。數乘(shèng)：幾輛車。乘：古時一車

四馬叫乘。
② 王:指秦王。説(yuè):高興。這個意思後來寫作"悦"。
③ 益:增加。
④ 反:返回。這個意思後寫作"返"。
⑤ 夫(fú):那。窮閭(lú)陋(ài)巷:偏僻狹窄的里巷。閭:里巷的門,又指里巷。陋:通"隘",狹窄。
⑥ 困窘(jiǒng):窮困,没有出路。屨(jù):葛、麻等做的鞋。
⑦ 槁(gǎo)項黄馘(xù):形容面黄肌瘦的樣子。槁:乾枯。項:脖子。馘:臉。
⑧ 商之所短:(那種窮困)是我不如人的地方。短:比别人差。
⑨ 一悟萬乘(shèng)之主:一旦使萬乘之君明白了(我講的道理)。悟:使……明白。萬乘,一萬輛兵車。古時一車四馬爲一乘。從車百乘:讓一百輛車在後跟著。從:使……跟從。所長:超過別人的地方。
⑩ 破癰(yōng)潰痤(cuó):意思是把瘡癤割破流出膿毒治療。癰:毒瘡,有毒的腫塊。潰:破,爛。痤:癤子。破、潰:這裏是使破裂的意思。
⑪ 舐(shì)痔(zhì):舔舐痔瘡。舐:用舌頭舔。
⑫ 下:靠下。指靠近人體下部污穢不宜暴露的(患病)部位。
⑬ 何:爲什麽,怎麽。
⑭ 子行矣:你走開吧。

韓非子

韓非(約前280—前233),戰國末期思想家,法家的主要代表人物。出身韓國貴族,事蹟見《史記·老莊申韓列傳》(韓非子的思想見十二單元的介紹)。

《韓非子》今存五十五篇,韓非死後由後人整理而成,其中也有他人的論述。通行的注本有清代王先慎的《韓非子集解》。今人陳奇猷《韓非子新校注》、梁啓雄《韓子淺解》可資參考。

選文據《韓非子新校注》,上海古籍出版社二○○○年版。文章題目爲後加。

巧詐不如拙誠（《説林上》）

【説明】樂羊爲了邀功竟然違背人的常情吃兒子的肉，這是"巧詐"；秦西巴出於人的真情不忍心傷害小鹿，這是"拙誠"。這個故事告訴人們：爲人行事，"巧詐不如拙誠"。

樂羊爲魏將而攻中山①，其子在中山，中山之君烹其子而遺之羹②，樂羊坐於幕下而啜之，盡一杯③。文侯謂堵師贊曰④："樂羊以我故而食其子之肉。"答曰："其子而食之，且誰不食⑤？"樂羊罷中山⑥，文侯賞其功而疑其心。

孟孫獵，得麑，使秦西巴持之歸⑦。其母隨之而啼，秦西巴弗忍而與之⑧。孟孫歸，至而求麑，答曰："余弗忍而與其母。"孟孫大怒，逐之。居三月，復召以爲其子傅⑨。其御曰⑩："曩將罪之，今召以爲子傅⑪，何也？"孟孫曰："夫不忍麑，又且忍吾子乎⑫？"

故曰："巧詐不如拙誠⑬。"樂羊以有功見疑，秦西巴以有罪益信⑭。

① 樂羊：戰國時魏國的將領。中山：戰國國名，在今河北省。樂羊攻中山一事參見《戰國策·魏策一》。
② 烹（pēng）：煮。遺（wèi）之羹：把肉羹送給樂羊。遺：送，贈送。羹：一種帶汁的肉食。
③ 幕：帳幕。啜（chuò）：吃；喝。盡一杯：吃光了一杯肉羹。
④ 文侯：魏文侯，名斯，戰國時魏國的建立者。堵師贊：魏國人。
⑤ 他連自己的兒子都吃，（對別人）誰他不會傷害呢？"誰不食"的"食"可理解爲傷害。
⑥ 罷：（一件事）做完回來。
⑦ 孟孫：魯國的大夫孟孫氏。麑（ní）：小鹿。秦西巴：人名。
⑧ 弗（fú）忍：不忍心。
⑨ 居：用在時間詞的前面，表示經過的時間。以爲（wéi）：用……做。

傅：師傅。
⑩ 御：御手，駕車的人。
⑪ 曩（nǎng）：以前。罪之：加罪於他。罪：動詞。
⑫ "夫不忍"二句：他連小鹿都不忍心傷害，還會忍心傷害我的兒子嗎？忍：狠心對待，狠心做。
⑬ 巧詐（zhà）：機巧詐偽。詐：欺騙。拙（zhuō）誠：質樸誠實。拙：質樸自然。
⑭ 見疑：遭到猜疑。益信：增加了信任。

燕王好微巧（《外儲説左上》）

【説明】衛人爲了牟利，聲稱能在棘刺的尖上雕出母猴來。揭穿這個謊言並不難，只要看看他的削刀就可以知道他説的是假話。燕王所以上當受騙，就是因爲衛人能夠投其所好。

燕王好微巧①，衛人曰："能以棘刺之端爲母猴②。"燕王説之③，養之以五乘之奉④。王曰："吾試觀客爲棘刺之母猴。"客曰："人主欲觀之，必半歲不入宫⑤，不飲酒食肉。雨霽日出，視之晏陰之間⑥，而棘刺之母猴乃可見也。"燕王因養衛人⑦，不能觀其母猴。鄭有臺下之冶者謂燕王曰⑧："臣，爲削者也⑨。諸微物必以削削之⑩，而所削必大於削⑪。今棘刺之端不容削鋒⑫，難以治棘刺之端。王試觀客之削，能與不能可知也。"王曰："善。"謂衛人曰："客爲棘削之⑬？"曰："以削。"王曰："吾欲觀見之。"客曰："臣請之舍取之⑭。"因逃。

① 微巧：小巧玲瓏的東西。
② 衛：國名。在今河南省。棘（jí）：一種落葉灌木，枝上多長有刺。爲（wéi）：這裏指雕刻。母猴：猴的一種。也叫沐猴、獼猴。
③ 説（yuè）之：喜歡他。"説"：後寫作"悦"。

④ 五乘(shèng)：指五乘所收的賦税。乘：古代的一種土地户口單位。奉：俸禄。"奉"，後作"俸"。
⑤ 入宫：指與妻妾同宿。
⑥ 霽(jì)：雨雪停止，天氣放晴。晏(yàn)陰之間：半晴半陰之間。晏：天晴。
⑦ 因：於是。
⑧ 鄭：國名。在今河南省。臺下：疑指宫廷中的官署，待考。冶者：冶煉製作金屬工具的工匠。
⑨ 爲(wéi)削：製作刻削的工具。
⑩ 諸：表示複數。以削削之：用削刀來雕刻它。
⑪ 所削：指雕刻的材料。大於削：比削刀大。
⑫ 不容削鋒：容不下削刀的鋒刃。
⑬ 客爲棘削之：這一句疑有脱誤。《文選·魏都賦》注引作："客爲棘刺之母猴何以理之？"何以理之：用什麽削製它？理：治。
⑭ 之：到……去。舍：住的屋室。

齊桓公好服紫（《外儲説左上》）

【説明】齊桓公喜歡穿紫色的衣服，一國的人全都穿紫色的衣服。這説明上有所好，下必甚焉。在上者的言行對下有極大的影響，必須謹言慎行。

　　齊桓公好服紫①，一國盡服紫。當是時也，五素不得一紫②。桓公患之，謂管仲曰③："寡人好服紫，紫貴甚，一國百姓好服紫不已④，寡人奈何⑤？"管仲曰："君欲何不試勿衣紫也⑥。謂左右曰⑦：'吾甚惡紫之臭⑧。'於是左右適有衣紫而進者⑨，公必曰：'少却⑩，吾惡紫臭。'"公曰："諾⑪。"於是日郎中莫衣紫⑫，其明日國中莫衣紫⑬，三日境內莫衣紫也⑭。

① 齊桓公(？—前643)：春秋時齊國的國君。春秋五霸之一。服紫：穿紫色的衣服。服：動詞，穿(衣)。

② 是時：這時候。五素不得一紫：五塊沒有染色的生帛換不到一塊紫色的織品。素：未加工的生帛。
③ 管仲(？—前645)：名夷吾，字仲。春秋初期的政治家。他幫助齊桓公成爲春秋第一個霸主。
④ 已：止，停息。
⑤ 奈何：如何，怎麽辦。
⑥ 君欲何不試勿衣(yì)紫也：這一句有脱誤。一本作："君欲止之，何不試勿衣紫也？"意思是你想制止這種情況，爲什麽不試一試自己不穿紫衣服呢？衣：穿(衣)。
⑦ 左右：身邊的人。
⑧ 惡(wù)紫之臭(xiù)：討厭紫衣的氣味。
⑨ 於是：(如果)在這時候。適：正好，恰好。進：進見。
⑩ 少(shǎo)：稍，略微。却：後退。
⑪ 諾：應答聲。
⑫ 是日：這一天。郎中：官名。這裏泛指國君左右的官員。莫：沒有什麽人。
⑬ 國：國都。
⑭ 境内：國境内。

戰國策

《戰國策》三十三篇，是記録戰國歷史的一部史料彙編。全書分國編排，分爲東周、西周、秦、齊、楚、趙、魏、韓、燕、宋、衛、中山十二國，反映了戰國二百多年間各國在政治、軍事、外交等方面尖鋭複雜的矛盾和鬥爭。它記載的主要是當時一些謀臣和遊走於各國間的策士的活動，對他們的種種言行謀略有細緻地描繪，叙事生動，人物形象逼真，善於用寓言故事説明事理。

《戰國策》原來有《國策》《國事》《事語》《短長》《長書》《修書》等不同的名稱和本子。西漢末年劉向在校理圖書時"以爲戰國時游士輔所用之國爲之策謀"，經編訂定名爲《戰國策》。一九七三年，湖南省長沙馬王堆三號漢墓出土了一批内容類似《戰國策》的帛書，定名爲《戰國縱橫家書》，可以和今本《戰國策》相參證。

對《戰國策》的注釋始於東漢。一九八五年上海古籍出版社出版的點校本收録了《戰國策》古代注釋的主要成果。今人范祥雍《戰國策箋証》、諸祖耿《戰國策集注匯考》、何建章《戰國策注釋》可資參考。

　　選文據點校本《戰國策》，上海古籍出版社一九八五年版。文章題目爲後加。

驚弓之鳥（《楚策四》）

【説明】魏加爲勸説楚國的春申君不要讓臨武君擔任抵抗秦國的將領，把他比作驚弓之鳥，這個比喻生動而有説服力。

　　天下合從①，趙使魏加見楚春申君曰②："君有將乎？"曰："有矣，僕欲將臨武君③。"魏加曰："臣少之時好射，臣願以射譬之④，可乎？"春申君曰："可。"加曰："異日者⑤，更羸與魏王處京臺之下⑥，仰見飛鳥。更羸謂魏王曰：'臣爲王引弓虚發而下鳥⑦。'魏王曰：'然則射可至此乎⑧？'更羸曰：'可。'有間⑨，雁從東方來，更羸以虚發而下之。魏王曰：'然則射可至此乎？'更羸曰：'此孽也⑩。'王曰：'先生何以知之⑪？'對曰：'其飛徐而鳴悲⑫。飛徐者，故瘡痛也⑬；鳴悲者，久失羣也⑭。故瘡未息而驚心未至也⑮。聞弦音，引而高飛⑯，故瘡隕也⑰。'今臨武君嘗爲秦孽⑱，不可爲拒秦之將也。"

① 合從(zòng)：又作"合縱"。戰國時，策士蘇秦游説東方六國諸侯聯合抗秦。秦在西方，六國地處東方之南北，故稱合從。
② 趙：戰國國名，在今河北省。魏加：趙國的臣子。春申君(？—前238)：戰國時楚國的貴族，名黄歇，號春申君。
③ 僕：對自己的謙稱。將(jiàng)臨武君：以臨武君爲將。臨武君：楚國將領。臨武君是封號。
④ 譬(pì)：打比方。
⑤ 異日：往日，從前。
⑥ 更羸(léi)：疑當作"更嬴(yíng)"，人名。京臺：楚國的高臺名。

⑦ 引弓虛發：拉弓作出射箭的動作而弓上沒有箭。引：拉弓。發：把箭射出去。下鳥：使鳥掉下來。
⑧ 然則：這樣（說）……那麼。至此：達到這種水平。
⑨ 有間（jiàn）：過了一會兒。
⑩ 孽（niè）：指有傷痛的鳥。這是說鳥受過箭傷。
⑪ 何以：憑什麼，怎麼。"何"是介詞"以"的前置賓語。
⑫ 徐：慢。鳴悲：叫聲悲傷。
⑬ 故瘡（chuāng）：舊的傷。
⑭ 失羣：離羣成了一隻孤雁。
⑮ 未息：沒有消失。未至：一本作"未去"，（驚恐之心）沒有消除。
⑯ 弦音：弓弦的響聲。引而高飛：向上挺身用力高飛。
⑰ 故瘡隕（yǔn）："引而高飛"使得舊傷發作，就掉了下來。隕：落下。
⑱ 秦孽：這是說臨武君在與秦國的戰爭中曾戰敗，是秦國的敗將。

南轅北轍（《魏策四》）

【說明】行動的方向正確纔能到達目的地，如果想到南方的楚國却向北走，離目標只會越來越遠。

魏王欲攻邯鄲①，季梁聞之②，中道而反③。衣焦不申④，頭塵不去⑤，往見王曰："今者臣來，見人於大行⑥，方北面而持其駕⑦，告臣曰：'我欲之楚。'臣曰：'君之楚，將奚爲北面⑧？'曰：'吾馬良。'臣曰：'馬雖良，此非楚之路也。'曰：'吾用多⑨。'臣曰：'用雖多，此非楚之路也。'曰：'吾御者善⑩。'此數者愈善，而離楚愈遠耳。今王動欲成霸王⑪，舉欲信於天下⑫。恃王國之大、兵之精銳而攻邯鄲，以廣地尊名⑬；王之動愈數⑭，而離王愈遠耳。猶至楚而北行也。"

① 魏王：指魏惠王（前 400—前 319），戰國時魏國的國君，名罃（yīng）。邯鄲：戰國時趙國的國都，在今河北省南部。

② 季梁:魏國的臣子。
③ 中道:半路,中途。反:返回。後寫作"返"。
④ 衣焦不申:衣服卷曲不舒展。焦:卷曲。
⑤ 頭塵(chén):頭上的塵土。去:《文選》卷二十三阮籍《詠懷詩》"北臨太行道,失路將如何"李善注引《戰國策》作"頭塵不浴",浴是洗的意思。
⑥ 大(tài)行(háng):《文選》卷二十三阮籍《詠懷詩》"北臨太行道,失路將如何"李善注引《戰國策》此文,疑"大行"是山名。一說"行"是道路。
⑦ 北面:臉朝北。持其駕:趕車。駕:車馬。
⑧ 奚(xī)爲:爲什麼。奚:疑問代詞,何,什麼。"奚"作介詞"爲"的前置賓語。
⑨ 用:費用。這裏指行路的盤費。
⑩ 御者:駕車的人。善:技術好。
⑪ 成霸王:成就霸業和王業。古代擁有天下者稱王,諸侯之長爲霸。
⑫ 舉:舉動,行事。信於天下:受天下人信賴。
⑬ 恃(shì):依仗。廣地尊名:擴大疆域,提高名聲。廣:使……擴大。尊:使……高。
⑭ 數(shuò):疾速。

尹文子

尹文,戰國時齊國人,生卒年代不詳。《漢書·藝文志》列爲名家。名家是戰國時期的一個思想流派,注重探討名(概念)和實(事實)的關係。

《尹文子》一書,《漢書·藝文志》著錄一篇,已散亡。今存《大道上》《大道下》二篇,主張在上位者要虛靜自處,對事物要綜名核實。一般認爲是魏晉時人的僞託。

選文據四部叢刊本《尹文子》。文章題目爲後加。

魏田父得玉(《大道上》)

【説明】魏國的一個農夫得到寶玉可是不認識,鄰居偷來獻給國君却能享有上大夫的俸禄。名義上同樣擁有一塊寶玉,但實際的遭遇却相反。

　　魏田父有耕於野者①,得寶玉徑尺②,弗知其玉也,以告鄰人。鄰人陰欲圖之③,謂之曰:"怪石也,畜之弗利其家④,弗如復之⑤。"田父雖疑,猶錄以歸⑥,置於廡下⑦。其夜玉明,光照一室。田父稱家大怖,復以告⑧。鄰人曰:"此怪之徵⑨,遄棄,殃可銷⑩。"於是而遽棄於遠野⑪。鄰人無何盜之以獻魏王⑫。魏王召玉工相之⑬。玉工望之,再拜而立,敢賀玉⑭:"王得此天下之寶,臣未嘗見。"王問價,玉工曰:"此無價以當之,五城之都僅可一觀⑮。"魏王立賜獻玉者千金,長食上大夫禄⑯。

① 田父(fǔ):農夫。
② 徑尺:直徑一尺。
③ 陰:暗地裏。圖之:圖謀(得到)這塊玉。
④ 畜:收藏。弗(fú)利其家:對你的家不利。
⑤ 復之:把玉放回去。
⑥ 猶:仍然,還是。錄:收取。
⑦ 廡(wǔ):堂四周的廊屋。
⑧ 稱(chèn)家:全家。復:又。
⑨ 徵(zhēng):徵兆。
⑩ 遄(chuán):快,迅速。殃:災難。銷:消除。
⑪ 遽(jù):疾速,馬上(就)。
⑫ 無何:時間不長。
⑬ 玉工:加工玉石的工匠。相(xiàng):仔細察看。
⑭ 再拜:拜兩拜,古代的一種禮節。敢賀玉:一本作"敢賀曰"。敢是謙辭,有冒昧、大膽的意思。
⑮ 當:相當。"五城之都"句:意思是用"五城之都"的代價纔能看一看。五城之都:包括五城的區域。都:區域。
⑯ 長食上大夫禄:長久享有上大夫的俸禄。上大夫:中國古代的官階之一(大夫分上中下三級)。

列子

列子,名禦寇(又作圄寇、圉寇)。鄭國人。相傳爲戰國時期的道家。在《莊子》一書中記載有不少關於列子的故事。《吕氏春秋·不二》説他崇尚虛静,被看作是道家思想的早期代表。

《列子》一書,傳爲列禦寇著。《漢書·藝文志》著録《列子》八篇,但原書已散亡。今本《列子》八卷内容多爲民間故事、寓言和神話傳説,一般認爲是晉人的著作。唐代天寶年間詔號《列子》爲《沖虛真經》,成爲道教經典之一。

《列子》有晉人張湛的注。今人楊伯峻的《列子集釋》可資參考。

選文據《列子集釋》,中華書局一九七九年版。文章題目爲後加。

朝三暮四(《黄帝》)

【説明】一個養狙的老人用橡子喂狙,橡子和橡子的數目並没有變化,但那些狙一時歡喜一時惱怒,這是因爲它們執著於"朝三而暮四"和"朝四而暮三"的區别。

宋有狙公者①,愛狙,養之成羣,能解狙之意;狙亦得公之心②。損其家口,充狙之欲③。俄而匱焉④,將限其食。恐衆狙之不馴於己也⑤,先誑之曰⑥:"與若芧,朝三而暮四,足乎⑦?"衆狙皆起而怒。俄而曰:"與若芧,朝四而暮三,足乎?"衆狙皆伏而喜。物之以能鄙相籠,皆猶此也⑧。聖人以智籠羣愚,亦猶狙公之以智籠衆狙也。名實不虧,使其喜怒哉⑨!

① 狙(jū)公:養狙的老人。狙:獼(mí)猴。
② 解:懂得。得公之心:領會狙公的心意。
③ 損:減少。家口:指家裏人的飯食。充:滿足。
④ 俄而:時間不長。匱(kuì):缺乏。

⑤ 馴：順服。
⑥ 誑（kuáng）：欺騙。
⑦ 與若芧（xù）：給你們芧。與：給。芧：橡子。朝三：早上三升。足：足夠。
⑧ 事物能以智巧的手段控制固塞的頭腦，都像這個故事講的一樣。以能鄙相籠（lǒng）：一本作"以智鄙相籠"。智：聰明。鄙：頭腦固塞，不通達。籠：控制。猶：如同。
⑨ 名實不虧，使其喜怒哉：名義（芧的名）和實（芧的數目）沒有變化，但使得衆狙一會兒生氣，一會兒高興。虧：減損。這裏指變化。

兩小兒辯日（《湯問》）

【說明】太陽是出來的時候離人近還是中午的時候離人近，這個小孩兒提出的問題孔子却不能回答，可見聖人的智慧也有限。

孔子東游，見兩小兒辯鬪①。問其故，一兒曰："我以日始出時去人近②，而日中時遠也。"一兒曰："我以日初出遠，而日中時近也。"③ 一兒曰："日初出大如車蓋④，及日中則如盤盂⑤：此不爲遠者小而近者大乎？"一兒曰："日初出滄滄涼涼⑥，及其日中如探湯⑦：此不爲近者熱而遠者涼乎？"孔子不能決也。兩小兒笑曰："孰爲汝多知乎⑧？"

① 辯鬪（dòu）：争辯。鬪：同"鬥"。
② 去人：距離人。
③ "一兒曰：'我……'"句：這一句原作"一兒以日初出遠……"，根據另本校改。
④ 車蓋：古代車子上傘狀的篷，下有柄支撐。
⑤ 盂（yú）：一種圓形的敞口器皿。
⑥ 滄（cāng）滄涼涼：寒涼，溫度低。
⑦ 探湯：（以手）探試滾沸的水（比喻很熱）。探：手伸進去（試）。湯：沸水，熱水。

⑧ 爲：認爲。知（zhì）：智慧。後寫作"智"。

閱讀文選

魏王遺荊王美人①（《韓非子》）

【説明】故事記述荊王的夫人鄭袖忌恨荊王寵愛的新人，竟然設毒計殘害她。

魏王遺荊王美人，荊王甚悦之。夫人鄭袖知王悦愛之也，亦悦愛之，甚於王，衣服玩好擇其所欲爲之②。王曰："夫人知我愛新人也，其悦愛之甚於寡人，此孝子所以養親、忠臣之所以事君也。"夫人知王之不以己爲妒也，因爲新人曰③："王甚悦愛子，然惡子之鼻。子見王常掩鼻，則王長幸子矣④。"於是新人從之，每見王，常掩鼻。王謂夫人曰："新人見寡人常掩鼻，何也？"對曰："不己知也⑤。"王強問之，對曰："頃嘗言惡聞王臭。"王怒曰："劓之⑥！"夫人先誡御者曰⑦："王適有言，必可從命⑧。"御者因揄刀而劓美人⑨。

① 選自《内儲説下六微》。
② 玩好：供玩賞的奇珍異物。爲之：置辦這些東西。
③ 爲（新人曰）："爲"通"謂"。
④ 幸：寵愛。
⑤ 不己知也："己"疑爲衍文。
⑥ 劓（yì）：古代一種割掉鼻子的酷刑。
⑦ 御者：侍從。

⑧ 必可從命:"可"當爲"亟(jí)"字。亟:急迫,趕快。
⑨ 揄(yú):抽,拉。

歧路亡羊①(《列子》)

【説明】岔路太多就找不到丟失的羊,學習不專注於根本而著眼於太多的枝節就會有不同的結果。學問的根本只有一個,必須"歸同反一"。

　　楊子之鄰人亡羊,既率其黨,又請楊子之豎追之②。楊子曰:"嘻!亡一羊何追者之衆?"鄰人曰:"多歧路。"既反,問:"獲羊乎?"曰:"亡之矣。"曰:"奚亡之?"曰:"歧路之中又有歧焉。吾不知所之,所以反也。"楊子戚然變容③,不言者移時,不笑者竟日。門人怪之,請曰:"羊,賤畜,又非夫子之有,而損言笑者,何哉?"楊子不答。門人不獲所命。弟子孟孫陽出以告心都子。

　　心都子他日與孟孫陽偕入而問曰:"昔有昆弟三人,游齊、魯之間,同師而學,進仁義之道而歸。其父曰:'仁義之道若何?'伯曰:'仁義使我愛身而後名④。'仲曰:'仁義使我殺身以成名⑤。'叔曰:'仁義使我身名並全。'彼三術相反,而同出於儒,孰是孰非邪?"楊子曰:"人有濱河而居者,習於水,勇於泅,操舟鬻渡⑥,利供百口。裹糧就學者成徒⑦,而溺死者幾半。本學泅,不學溺,而利害如此。若以爲孰是孰非?"

　　心都子嘿然而出。孟孫陽讓之曰:"何吾子問之迂,夫子答之僻⑧?吾惑愈甚。"心都子曰:"大道以多歧亡羊,學者以多方喪生⑨。學,非本不同,非本不一,而末異若是⑩。唯歸同反一,爲亡得喪⑪。子長先生之門⑫,習先生之道,而不達先生之況也⑬,哀哉!"

① 選自《説符》。
② 楊子:楊朱,戰國初期哲學家。魏國人。豎(shù):童僕。
③ 戚(qī)然:悲傷的樣子。
④ 愛身:珍愛自己的身體。
⑤ 殺身以成名:《論語·衛靈公》:"志士仁人,無求生以害人,有殺身以成仁。"成:成就。
⑥ 鬻(yù)渡:靠擺渡謀生。鬻:賣。這裏指收取報酬。
⑦ 成徒:成羣結夥。
⑧ 讓(ràng):責備。迂:曲折,不直接。僻:生僻。這裏是古怪的意思。
⑨ 多方喪生:(學泅水)因爲方法途徑太多而喪命。喪生:照應上文"溺死者幾半"。
⑩ 末:指衍生的枝節。異:不同。
⑪ 亡(wú)得喪:不能够迷失方向。
⑫ 長(zhǎng):做大弟子。
⑬ 況:比擬,譬喻。

練習一

一、熟讀本單元講過的文章。

二、閱讀本單元的閱讀文選。

三、給下面句子中加點的字注音:
1. 日鑿一竅,七日而渾沌死。(《莊子·渾沌之死》)
2. 魯侯御而觴之於廟。(《莊子·魯侯養鳥》)
3. 嘗試爲寡人爲之。(《莊子·運斤成風》)
4. 王說之,益車百乘。(《莊子·曹商使秦》)
5. 處窮閭阨巷,困窘織屨。(《莊子·曹商使秦》)
6. 中山之君烹其子而遺之羹,樂羊坐於幕下而啜之。(《韓非子·巧詐不如拙誠》)
7. 雨霽日出,視之晏陰之間。(《韓非子·燕王好微巧》)

8. 少却,吾惡紫臭。(《韓非子·齊桓公好服紫》)
9. 恐衆狙之不馴於己也,先誑之曰……(《列子·朝三暮四》)
10. 此怪之徵,遄棄,殃可銷。(《尹文子·魏田父得玉》)

四、解釋下面句子中加點的詞:
1. 此以己養養鳥也,非以鳥養養鳥也。(《莊子·魯侯養鳥》)
2. 使匠石斲之。匠石運斤成風。(《莊子·運斤成風》)
3. 王說之,益車百乘。反於宋,見莊子曰……(《莊子·曹商使秦》)
4. 臣,爲削者也。(《韓非子·齊桓公好服紫》)
5. 一國百姓好服紫不已。(《韓非子·齊桓公好服紫》)
6. 樂羊以有功見疑,秦西巴以有罪益信。(《韓非子·巧詐不如拙誠》)
7. 臣爲王引弓虛發而下鳥。(《戰國策·驚弓之鳥》)
8. 鄰人陰欲圖之。(《尹文子·魏田父得玉》)
9. 怪石也,畜之弗利其家,弗如復之。(《尹文子·魏田父得玉》)
10. 我以日始出時去人近,而日中時遠也。(《列子·兩小兒辯日》)

五、查閱工具書,解釋下面語詞中加點的字:
1. 走獸　環顧　窮盡　損益　人爲　素材　引弓　見聞　分解　誤解　去就　去職　復交
2. 走馬觀花　瞻前顧後　奮不顧身　窮途末路　有害無益　敢作敢爲　引而不發　百聞不如一見　土崩瓦解　揚長而去　循環往復　死灰復燃

六、把下面的句子譯成現代漢語:
1. 渾沌待之甚善。儵與忽謀報渾沌之德。(《莊子·渾沌之死》)
2. 鳥聞之而飛,獸聞之而走,魚聞之而下入。(《莊子·魯侯養鳥》)
3. 子豈治其痔邪,何得車之多也?(《莊子·曹商使秦》)
4. 曩將罪之,今召以爲子傅,何也?(《韓非子·巧詐不如拙誠》)
5. 諸微物必以削削之,而所削必大於削。(《韓非子·燕王好微巧》)
6. 今棘刺之端不容削鋒,難以治棘刺之端。(《韓非子·燕王好微巧》)
7. 於是日郎中莫衣紫,其明日國中莫衣紫,三日境內莫衣紫也。(《韓非子·齊桓公好服紫》)
8. 有間,雁從東方來,更嬴以虛發而下之。(《戰國策·驚弓之鳥》)
9. 君之楚,將奚爲北面?(《戰國策·南轅北轍》)

10. 怪石也,畜之弗利其家,弗如復之。(《尹文子·魏田父得玉》)
11. 鄰人無何盜之以獻魏王,魏王召玉工相之。(《尹文子·魏田父得玉》)
12. 與若芋,朝三而暮四,足乎?(《列子·朝三暮四》)

七、説説你對下面這些句子的理解:
1. 魚處水而生,人處水而死。(《莊子·魯侯養鳥》)
2. 臣則嘗能斲之。雖然,臣之質死久矣。(《莊子·運斤成風》)
3. 巧詐不如拙誠。(《韓非子·巧詐不如拙誠》)
4. 今臨武君嘗爲秦孽,不可爲拒秦之將也。(《戰國策·驚弓之鳥》)
5. 名實不虧,使其喜怒哉!(《列子·朝三暮四》)

常用詞

走　聞　顧　爲　素　引　發　復　湯　益

1. 走

《説文》:"走,趨也。"本指跑,跟現在走的意思不一樣。《莊子·魯侯養鳥》:"《咸池》《九韶》之樂,張之洞庭之野,鳥聞之而飛,獸聞之而走。"《孟子·梁惠王上》:"棄甲曳兵而走。"成語有[走馬看花]。引申爲奔赴,奔向(舊讀 zòu)。《吕氏春秋·審己》:"水出於山而走於海。"後指步行。

2. 聞

"聞"字是一個形聲字,意符是"耳"。《説文》:"聞,知聲也。"意思是聽見,聽到,跟現在用鼻子嗅氣味的意思不一樣。《莊子·魯侯養鳥》:"《咸池》《九韶》之樂,張之洞庭之野,鳥聞之而飛,獸聞之而走。"《戰國策·南轅北轍》:"魏王欲攻邯鄲,季梁聞之,中道而反。"成語有[耳聞目睹][喜聞樂見]。引申爲知道;懂得。《論語·里仁》:"朝聞道,夕死可矣。"古漢語中聞和聽有别:聽是一種行爲,聞是一種結果。《禮記·大學》:"心不在焉,視而不見,聽而不聞。"

3. 顧

"顧"字的意符是"頁(xié)",表示跟頭有關。《說文》:"顧,還視也。"意思是回頭看,轉頭看。《莊子·運斤成風》:"莊子送葬,過惠子之墓,顧謂從者曰……"《戰國策·楚策》:"見兔而顧犬,未爲晚也。"成語有[瞻前顧後][顧左右而言他]。引申爲注意到;有所考慮關切。《古詩十九首·行行重行行》:"浮雲蔽白日,遊子不顧返。"雙音詞有[顧念],成語有[奮不顧身]。

4. 爲

爲的基本意思是做,作。《韓非子·燕王好微巧》:"能以棘刺之端爲母猴。"又:"臣,爲削者也。"引申爲處置,做某方面的事情(涉及的對象很廣泛)。《晏子春秋·社鼠猛狗》:"人有酤酒者,爲器甚潔清。"《說苑·政理》:"故善爲國者,遇民如父母之愛子、兄之愛弟。"《論語·爲政》:"見義不爲,無勇也。"成語有[事在人爲][爲所欲爲]。

5. 素

《說文》:"素,白緻繒也。"素是沒有經過加工染色的帛,生帛。《韓非子·齊桓公好服紫》:"當是時也,五素不得一紫。"素沒有經過加工,由此引申爲原初狀態的。《淮南子·本經》:"太清之始也……質真而素樸。"(太清:遠古之時。)雙音詞有[樸素][素質]。素沒有染色,引申爲本色的;白色的。王禹偁《黃岡新建小竹樓記》:"送夕陽,迎素月。"

6. 引

"引"字從"弓"。《說文》:"引,開弓也。"本義是把弓拉開。《戰國策·驚弓之鳥》:"臣爲王引弓虛發而下鳥。"《孟子·盡心上》:"君子引而不發。"(發:把箭射出去。)泛指牽引移動。《韓非子·人主》:"夫馬之所以能任重引車致遠道者,以筋力也。"由此引申爲引領,帶領。《史記·秦始皇本紀》:"引兵欲攻燕。"雙音詞有[引導]。又引申爲拿過來。《戰國策·蘇秦以游說致富貴》:"讀書欲睡,引錐自刺其股。"

7. 發

"發"字的意符是"弓"。《説文》:"發,射發也。"本義是把箭射出去。《戰國策·驚弓之鳥》:"雁從東方來,更羸以虛發而下之。"成語有[百發百中]。由箭射出引申爲脱離開;出發。《水經注·江水》:"有時朝發白帝,暮到江陵。"由脱離引申爲使離開;打開。《戰國策·蘇秦以游説致富貴》:"乃夜發書,陳篋數十。"《晏子春秋·景公不知天寒》:"乃令出裘發粟,與飢寒。"由脱離某處又引申爲興起(於某處);産生。《孟子·舜發於畎畝之中》:"舜發於畎畝之中。"

8. 復

"復"字的意符是"彳"。《説文》:"復,往來也。"意思是去了又回來。《左傳·宣公二年》:"昭王南征而不復。"雙音詞有[往復]。引申爲回到原來的狀態,復原。《尹文子·魏田父得玉》:"怪石也,畜之弗利其家,弗如復之。"《史記·平原君虞卿列傳》:"三去相,三復位。"雙音詞有[恢復][復活]。由去了又回來詞義虛化,表示再、又。《説苑·政理》:"愚不能復治東阿,願乞骸骨,避賢者之路。"《世説新語·王藍田性急》:"瞋甚,復於地取內口中,齧破即吐之。"

9. 湯

《説文》:"湯,熱水也。"指很熱的水。《列子·兩小兒辯日》:"日初出滄滄涼涼,及其日中如探湯。"《孟子·告子上》:"冬日則飲湯,夏日則飲水。"成語有[赴湯蹈火][揚湯止沸]。後指汁水特別多的副食,如[菜湯][雞蛋湯]。

10. 益

"益"是"溢"的古字,本義是水滿後從器中溢出。引申爲水上漲。《吕氏春秋·察今》:"澭水暴益。"由此引申爲增加。《韓非子·巧詐不如拙誠》:"樂羊以有功見疑,秦西巴以有罪益信。"謝濟世《戇子記》:"今日二瓶,明日三瓶,有益無損也。"成語有[延年益壽]。由有所增加引申爲好處;利益。李翱《楊烈婦傳》:"徒失利,無益也。"詞義虛化爲副詞,更加。韓愈《師説》:"是故聖益聖,愚益愚。"成語有[精益求精]。

古漢語常識

漢語的詞和語法規則

不論是學習現代漢語還是古代漢語，語音、詞彙和語法都是三個基本的方面，這三個方面都有一些重要的概念和術語是我們在今後的學習中要經常用到的，對它們必須先有所了解。語音方面的内容放在第十六單元介紹，這裏先對漢語詞彙、語法兩個方面中的一些重要概念做一些説明；詞彙方面最重要的概念是詞，語法方面的主要内容是對句法規則的了解。

一　詞

詞　詞是有意義的、具有一定的語音形式的、能够自由運用的最小的語言單位。"最小"是説在句子或短語構成中不能再分割成更小的能够獨立運用的單位；"自由運用"是説一個詞能够獨立自主地跟別的詞或短語進行組合；"有意義"的"意義"有的比較實在，有的比較抽象。比如"海上的航行"由四個詞組成：海、上、的、航行。這四個詞不能再分割（在現代漢語中"航""行"分開以後不能單用）；每個詞都能跟別的詞組成短語或句子（比如"上"可以構成""山上""樓上""從上往下看"等）；從意義上看，"海""上""航行"的意義比較實，"的"的意義比較虛。《論語》裏説"學而時習之"，這句話由五個詞組成：學、而、時、習、之。其中"學、時、習、之"的意義比較實，"而"的意義比較虛。

單音詞　複音詞　詞是音和義的結合體。從語音看，漢語裏一個詞可以是一個音節，也可以是幾個音節。由一個音節構成的詞是單音詞，如"山""水""走""跳""長""短""他""那""吧"。由幾個音節構成的詞是複音詞，如"山峰""水流""跳躍""長征""辦公室""自行車""盤尼西林"。現代漢語中雙音詞占有優勢，古代漢語（上古漢語）中單音詞占有優勢。"學而時習之"那句話五個詞都是單音詞。《論語》裏説："君子喻於義"，"君子"

是複音詞，"喻""於""義"是三個單音詞。

語素 比詞小一級的單位是語素，語素是語言中最小的有意義的單位。詞由一個或幾個語素組成，語素是詞的構建單位。上面說到，"海"和"航行"是兩個詞。就"海"這個詞的構成看，它是由{海}這個語素構成的；就"航行"這個詞的構成看，它是由{航}和{行}這兩個語素構成的。"航"和"行"雖然不能單用，但分開來都有意義，所以是兩個語素。

從語音的角度來看，漢語的大多數語素是單音節的，大抵是一個音節對應一個語素；也有少數是多音節的，如{玻璃}{徘徊}{猶豫}{尼古丁}{阿斯匹林}。語素是最小的音義結合單位，"玻璃""徘徊""猶豫"等雖然都有兩個音節，但分開來"玻""璃""徘""徊""猶""豫"都沒有意義，所以這六個音節對應的不是語素。

從語素和語素組合成詞來看，有兩類語素：一類是成詞語素，另一種類是不成詞語素。如果一個語素單獨可以構成一個詞，也可以跟別的語素組合構成一個詞，就是成詞語素。比如{人}這個語素，本身就可以單獨構成一個詞："很多人"的"人"，"人來了"的"人"，"他是北京人"的"人"。它也可以跟別的語素組合成一個詞："人民""人力""人馬""人情"等。一個語素本身不能單獨構成詞，必須跟別的語素組合在一起纔能構成詞，這就是不成詞語素。比如在現代漢語中，{歷}{翔}{勵}這三個語素就必須同別的語素組合在一起纔能成詞，如"歷史""飛翔""鼓勵"等。通常講，古代漢語裏單音詞多，現代漢語裏複音詞多；換個角度說，就是古代漢語裏的很多語素是成詞語素，可以單獨構成一個詞，這些語素到了現代漢語變爲不成詞語素，跟別的語素組合在一起纔能構成一個詞。比如上面說到的{歷}{翔}{勵}這三個語素在古代漢語裏都是成詞語素，如：

河水歷峽北注。（《水經注·河水三》）
（楊）阜等率父兄子弟以義相勵。（《三國志·魏書·楊阜傳》）
翔而後集。（《論語·鄉黨》）

單純詞 合成詞 上面說到，"海"由一個語素構成，"航行"由兩個語素構成。由一個語素構成的詞叫作單純詞，由兩個或幾個語素構成的詞叫作合成詞。"歷史""飛翔""鼓勵""司機""孩子"是由兩個語素構成的，都是合成詞。判斷一個詞是單純詞還是合成詞，要看語素的多少，不能看音節的多少。"玻璃""徘徊""猶豫""尼古丁"這些詞，每個詞的音節雖然都不止一個，但每個音節都沒有意義，幾個音節合起來纔有意義，所以儘管不止一個音節,但還是一個語素,所以是都是單純詞。"徘徊""猶豫"這一類單純詞,在古漢語中又叫作聯綿詞(見"古代漢語的詞彙"一節)。

複合詞　派生詞　構成合成詞的語素有兩類:一類語素有實在意義,能出現在合成詞的不同位置上,這樣一類語素叫"詞根"。上舉的"人民""歷史""飛翔""鼓勵",構成這四個詞的八個語素都是詞根。還有一類語素沒有實在的意義,不能自由出現在合成詞的不同位置上,叫"詞綴"。如"老虎"的"老"、"阿姨"的"阿"、"椅子"的"子"、"木頭"的"頭",都是詞綴。"老"和"阿"是前綴,"子"和"頭"是後綴。由於構成合成詞的語素有這樣兩類,由此可以把合成詞也分成兩類:由詞根和詞根構成的合成詞叫作複合詞,由詞根和詞綴構成的合成詞叫作派生詞。"人民""歷史""飛翔""鼓勵"是複合詞,"老虎""阿姨""椅子""木頭"是派生詞。《木蘭詩》裏說:"阿爺無大兒。""阿爺"就是一個派生詞。

單義詞　多義詞　有的詞有一個意義,有的詞有幾個意義。只有一個意義的詞叫單義詞。如"椅子""字典""電話""鋼筆""喜鵲""長江"都是單義詞。有幾個意義的詞叫多義詞。比如"頭",《新華字典》就列舉了好幾個意義,其中前三個意義是:(1)腦袋。(2)事情的起點或終點("從頭兒說起")。(3)物體的頂端("山頭兒""筆頭兒")。這三個意義互相有聯繫,但指稱的對象不一樣。一詞多義在古代漢語中很常見,在一定的上下文中用的是哪個意義,需要仔細判斷。比如"國",在"便國不必法古"(《商君書·更法》)這句話裏是國家的意思,在"去國還故里"(南朝宋顏延之《和謝靈運》詩)這句話裏是京城的意思。

同義詞　反義詞　詞與詞在意義上有各種各樣的關係,其中很重要的是詞的同義關係和反義關係。意義相同或相近的詞叫同義詞。比如:

　　沉—重　看—瞧　叫—喊　蹦—跳　抓—揪
　　明—亮　擋—攔　阻擋—阻攔　剪子—剪刀
　　父親—爸爸　番茄—西紅柿　電腦—計算機

意義相反或對立的詞叫反義詞。比如:

　　對—錯　真—假　雌—雄　開—關　動—靜
　　大—小　胖—瘦　支持—反對　快樂—悲傷
　　容易—艱難　堅強—軟弱　謙虛—驕傲

恰當地運用同義詞和反義詞,可達到一種修辭效果。如:

山重水複疑無路,柳暗花明又一村。(陸游《遊山西村》)

人有悲歡離合,月有陰晴圓缺,此事古難全。(蘇軾《水調歌頭》)

二　語法規則

語法　語素跟語素構成詞,詞和詞組合在一起構成句子,一種語言語素的組合和詞的組合都不是任意的拼湊,要遵守一定的規則,這就是語法。簡單地說,語法就是詞的構造變化和組詞成句的規則。語法可以分成詞法和句法兩部分:詞法是詞的構造規則和變化規則,句法是短語(又叫"詞組")和句子的構造規則和變化規則。我們這裏介紹句法規則。

古代漢語的句法同現代漢語的句法有很多相同的地方,也有不同的地方,但很多基本的概念和使用的術語是一樣的。

短語　句子是最大的語法單位,是語言的基本表達單位,有一定的語調和語氣。構成句子的最小語法單位是詞;短語由詞和詞組成,但不是最大的語法單位。短語可以是句子的一部分。如"我去學校的時候下雨了"這句話,句中"我去學校"是一個短語。一個短語也可以單獨形成一個句子,但要有一定的語調。如:"你去哪?""我去學校。"一個複雜的句子結構是由最基本的結構一層套一層組合而成的。

結構類型　根據詞跟詞組合在一起的結構關係,可以把詞的組合分成不同的類型。漢語有五種最基本的結構類型。

1. **主謂結構**　主謂結構的前一部分是陳述的對象(誰;什麼),叫主語;後一部分是對主語的陳述說明(怎麼樣;是什麼),叫謂語。比如"他明白":"他"是主語,"明白"是謂語。再比如:

　　我/知道　他/踢球　成績/好　老師/有事　這/是電話　今天/星期三

第一單元《渾沌之死》中有句話是:"渾沌待之甚善。"這句話就是一個主謂結構:"渾沌待之"是主語,"甚善"是謂語。句中"渾沌待之"是一個主謂短語:"渾沌"是主語,"待之"是謂語。

2. **動賓結構**①　動賓結構的前一部分是動作或行為;後一部分是動

---

①　有些講現代漢語的語法書又稱之為"述賓結構"。

作行爲影響或支配的對象,叫"賓語"。比如"看書":"看"是動作行爲,"書"是賓語。再比如:

　　　　打/球　寫/信　做/飯　進/城　拍/桌子　坐/火車　曬/太陽

"渾沌待之"這個短語中"待之"就是一個述賓結構:"待"是動作行爲,"之"是賓語。

3. 後補結構① 後補結構的前一部分是動作或狀態;後一部分是對動作狀態的補充説明,叫"補語"。比如"看完":"看"是動作,"完"是補語。再比如:

　　　　打/破　説/明白　洗/乾浄　走/丢了　讀/完了　好/極了　高興/壞了

4. 偏正結構　偏正結構的前一部分修飾或限制後一部分。比如"新書","新"修飾"書"。"書"是主要部分,叫"中心語";"新"是修飾的部分,叫"修飾語"。再比如:

　　　　黑/馬　漂亮/衣服　紙/盒子　我/弟弟　兩張/桌子(定語/中心語)

　　　　快/走　仔細/看　具體/説明　很/好　非常/高(狀語/中心語)

第一類例子的中心語是人或事物,修飾語叫定語;第二類例子的中心語是行爲或狀態,修飾語叫狀語。"渾沌待之甚善"這句話中"甚善"是一個偏正結構:"甚"是狀語,"善"是中心語。

5. 聯合結構　聯合結構的幾個部分並列組合在一起,地位平等,不分主次。如:

　　　　春/夏/秋/冬　青山/緑水　鐵路/公路　長江/黄河　又好/又快

第一單元《渾沌之死》中有句話是:"儵與忽謀報渾沌之德。"句中"儵與忽"是一個聯合結構。

認識這些最基本的結構類型,有助於我們分析古漢語中一些複雜的句子結構。一個複雜的結構是最基本的結構一層套一層組合而成的,分析的時候需要層層切分,分析到基本結構的組成成分爲止。如:

---

① 有些講現代漢語的語法書又稱之爲"述補結構""中補結構"。

儵與忽謀報渾沌之德。(《莊子·渾沌之死》)

分析這句話的步驟是：(1)第一步，先將整個句子一分爲二，分析爲一個主謂結構(儵與忽/謀報渾沌之德)："儵與忽"是主語，"謀報渾沌之德"是謂語。(2)第二步，對主語和謂語作進一步分析：主語"儵與忽"是一個聯合結構，謂語"謀報渾沌之德"是一個動賓結構(謀/報渾沌之德)；"謀"是動作行爲，"報渾沌之德"是賓語。(3)第三步，主語"儵與忽"是一個基本結構，由兩個成分構成。進一步分析"謀"的賓語是一個動賓結構(報/渾沌之德)，"渾沌之德"是賓語。(4)第四步，分析"渾沌之德"是一個偏正結構："渾沌"是定語，"德"是中心語。整個句子的分析需要這樣四步。再如：

魏王立賜獻玉者千金(《尹文子·魏田父得玉》)

分析這句話的步驟是：(1)第一步，先將整個句子一分爲二，分析爲一個主謂結構(魏王/立賜獻玉者千金)："魏王"是主語，"立賜獻玉者千金"是謂語。(2)第二步，主語"魏王"是一個詞，不再分析。進一步分析謂語是一個動賓結構(立賜/獻玉者千金)："立賜"是動作行爲，"獻玉者千金"是賓語。(3)第三步，進一步分析"立賜"是一個偏正結構(立/賜)："立"是狀語，"賜"是中心語。構成賓語的"獻玉者"和"千金"都是賓語：表示人的"獻玉者"在前面，通常稱作間接賓語；表示物的"千金"在後面，通常稱作"直接賓語"。這樣的結構稱爲雙賓語結構。

　　以上介紹的是幾種最基本的結構類型和分析的步驟，實際的情況要複雜得多；而且古漢語的語法規則和現代漢語又有差異，這在"古代漢語的語法"一節中還要做更詳細的說明。

　　詞類　詞類是根據詞的語法功能和語法意義給詞劃分的類別。現代漢語的詞可以劃分爲十三類①：

1. 名詞　人　山　草　書　燈　學校　樹木　國家　除夕　北京　外邊
2. 動詞　吃　喝　打　走　跑　醒　學習　研究　消滅　遊行　是　(有的動詞能帶賓語，叫及物動詞。如：吃(飯)、打(籃球)。有的不能帶賓語，叫不及物動詞。如：醒、遊行。)

---

① 有的講語法的書有更細緻的分類，這裏不再討論。

3. 形容詞　好　小　亮　高　漂亮　優秀　痛苦　突然(表示性質)
　　　　　雪白　冰涼　綠油油　香噴噴　乾乾淨淨(表示狀態)
4. 數詞　一　二　十　五十　七十五　百　千　萬　兩　第一　第五
5. 量詞　個　本　棵　斤　公尺(名量詞)
　　　　下(打一下)　次(試一次)　回(走一回)　會兒(等一會兒)(動量詞)
6. 代詞　你　我　他　你們　我們　咱們　大家　別人(人稱代詞)
　　　　這　那　這樣　那麼(指示代詞)
　　　　誰　什麼　怎麼　怎麼樣　幾　多少　哪兒(疑問代詞)
7. 副詞　不　很　最　太　更　都　也　只　纔　就　沒　曾經　究竟
8. 介詞　把　被　爲　對　自　從　往　對於　關於
9. 連詞　和　同　並　或　不但　而且　因爲　所以　但是　可是　否則
10. 助詞　了　著　過(動態助詞)
　　　　的　地　得　所　似的(結構助詞)
11. 語氣詞　啊　嗎　呢　吧　嘛
12. 感嘆詞　啊　呀　唉　喲　喂
13. 擬聲詞　啪　嘩啦　叮噹　轟隆

　　名詞、動詞、形容詞、數詞、量詞、代詞是實詞,副詞、介詞、連詞、助詞、語氣詞是虛詞。① 實詞的意義比較實在,能夠充當主要的句子成分(主語、謂語、中心語等);虛詞的意義比較虛,除了副詞(副詞可以作狀語),一般不能夠充當主要的句子成分。

---

① 也有的語法書把副詞歸爲實詞。

第二單元

講讀文選

晏子春秋

《晏子春秋》舊題晏嬰撰，實際上是後人依託其言行而作。晏嬰（？—前500），字平仲，夷維（在今山東省）人。春秋時齊國的大夫，也是一位思想家。他歷仕靈公、莊公、景公；特別是對齊景公，在治國理民方面多有勸諫，聲名顯於諸侯。《史記》有傳。其思想言行《左傳》有記載。

《漢書·藝文志》著錄《晏子》八篇。今本《晏子春秋》內外篇八卷，二百十五章。一九七二年山東臨沂銀雀山漢墓出土的《晏子》殘簡與今本有關章節內容大體一致。今人吳則虞《晏子春秋集釋》可資參考。

選文據吳則虞《晏子春秋集釋》，中華書局一九六二年版。文章題目爲後加。

景公不知天寒（《內篇諫上》）

【説明】雪下了三天，齊景公却感覺不到天氣寒冷，晏子告訴他應當像古代的賢君那樣體會民衆的飢寒和辛苦。晏子的話使景公有所覺悟。

景公之時，雨雪三日而不霽①，公被狐白之裘②，坐堂側陛③。晏子入見，立有間④，公曰："怪哉！雨雪三日而天不寒。"晏子對曰："天不寒乎？"公笑。晏子曰："嬰聞古之賢君飽而知人之飢，溫而知人之寒，逸而知人之勞⑤。今君不知也。"公曰："善！寡人聞命矣⑥。"乃令出裘發粟，與飢寒⑦。令所睹于塗者，無問其鄉⑧；所睹于里者，無問其家⑨。循國計數，無言其名⑩。士既事者兼月，疾者兼歲⑪。孔子聞之曰："晏子能明其所欲，景公能行其所善也⑫。"

① 景公：齊景公(？—前490)，春秋時齊國的國君，名杵臼。雨(yù)雪：下雪。霽(jì)：雨雪停止，天放晴。
② 被(pī)：穿著。狐白之裘(qiú)：用狐狸腋下的白毛皮做的皮衣。
③ 這一句當作"坐于堂側陛"。堂側陛(bì)：殿堂一側的臺階。陛：臺階。
④ 有間(jiàn)：一會兒。
⑤ 逸(yì)：舒適安閒，不勞累。勞：辛苦。
⑥ 聞命：聽明白你的指教了(意思是接受你的指教)。命：指對方的指教。
⑦ 出裘：脫去皮衣。發粟(sù)：打開糧倉。粟：穀子，去殼後叫小米。與飢寒：給那些飢寒的人。
⑧ 所睹于塗(tú)者：(凡是)在路上看到的飢寒之人。睹：看見。塗：通"途"，道路。無問其鄉：不問他是哪一鄉。
⑨ 所睹于里者：(凡是)在里巷中看到的飢寒之人。里：古代的一種居民區單位，據說二十五家為一里。無問其家：不問他是哪一家。
⑩ 循(xún)國計數：巡視全國統計(受飢寒的人的)數字。無言其名：不必報告名字。循：通"巡"，巡視。
⑪ 士既事者：已有工作的士人。事：擔任職務，有工作。兼月：兩個月的(救濟糧)。疾者：生病的人。兼歲：兩年的(救濟糧)。
⑫ "晏子能明"二句：晏子能明白自己應做的事，景公能做自己認為對的事。善：(認為)好。

社鼠猛狗（《內篇問上》）

【説明】晏子告誡齊景公，君主身邊的人（"左右"）和那些掌權的人（"用事者"）就像是社鼠和猛狗一樣，蒙蔽君主，危害國家。

景公問于晏子曰："治國何患①？"晏子對曰："患夫社鼠②。"公曰："何謂也③？"對曰："夫社，束木而塗之，鼠因往託焉④，熏之則恐燒其木，灌之則恐敗其塗⑤，此鼠所以不可得殺者，以社故也⑥。夫國亦有焉，人主左右是也⑦。內則蔽善惡于君上⑧，外則賣權重于百姓⑨。不誅之則亂，誅之則爲人主所案據⑩，腹而有之⑪，此亦國之社鼠也。

君主身邊的人（"左右"）就是國家的"社鼠"。

① 何患：擔心什麼。疑問代詞"何"作動詞"患"的前置賓語。
② 夫(fú)：那，那些。社鼠：藏在社中的老鼠。社鼠比喻有所依靠爲非作惡的小人。社：祭祀土地神的場所。
③ 何謂：説的什麼意思。疑問代詞"何"作動詞"謂"的前置賓語。
④ 束木而塗之：把木頭捆紮起來塗上泥（做社壇）。塗：用泥塗抹。因往託焉：（社鼠）於是就寄居在那裏。託：寄託。這一句《韓非子·外儲説右上》作"樹木而塗之"。
⑤ 熏(xūn)：用火烤。其：那。灌：用水澆（老鼠洞）。敗其塗：沖壞塗在上面的泥。
⑥ 所以不可得殺者：不能殺死的原因。所以：……的原因。故：緣故。
⑦ 人主左右是也：國君身邊的人就是這樣的社鼠。是：代詞，這。
⑧ 在國君那裏就隱瞞善和惡。這是説他們顛倒是非欺騙國君。
⑨ 外：離開朝廷。賣權重：炫耀權力。重：也是權的意思。
⑩ 誅：鏟除，滅掉。亂：國家不安定。爲人主所案據：被人主庇護不受傷害。案據：安定，這裏是保護的意思。
⑪ 腹而有之：厚養親近他們。腹：厚。有：親近。

"人有酤酒者①,爲器甚潔清②,置表甚長③,而酒酸不售④。問之里人其故⑤,里人云:'公狗之猛,人挈器而入,且酤公酒⑥,狗迎而噬之⑦,此酒所以酸而不售也⑧。'夫國亦有猛狗,用事者是也⑨。有道術之士,欲干萬乘之主⑩,而用事者迎而齕之⑪,此亦國之猛狗也。左右爲社鼠,用事者爲猛狗,主安得無壅,國安得無患乎⑫?"

那些掌權的人("用事者")就像是國家的"猛狗"。

① 酤(gū):賣(酒)。
② 裝酒的器皿整治得很乾淨。爲(wéi):動詞,這裏是整治的意思。
③ 張掛的酒幌子很長。置:設置。表:標記。這裏指作標記用的酒幌子一類的東西。
④ 不售:賣不出去。售:賣出去。
⑤ 里人:同里巷的人。其故:那原因。
⑥ 挈(qiè):提。且:將。酤:買(酒)。
⑦ 噬(shì):咬。
⑧ 這就是酒酸賣不出去的原因。
⑨ 用事者是也:掌權的人就是這樣的猛狗。用事:當權。是:代詞,這。
⑩ 道術:(治國的)辦法、方略。干萬乘(shèng)之主:有求於萬乘之君。干:謀求(主張的實現、功名利禄等)。萬乘:一萬輛兵車。古時一車四馬爲一乘。
⑪ 齕(hé):咬。
⑫ 安得無壅(yōng):怎麼能不被蒙蔽呢?安:疑問代詞,哪裏,怎麼。壅:阻塞。

晏子使楚(《內篇雜下》)

【説明】晏子頭腦機智,應對敏捷。他出使楚國的時候楚國人想侮辱他,反而遭到他的羞辱。

晏子使楚①，以晏子短②，楚人爲小門于大門之側而延晏子③。晏子不入，曰："使狗國者從狗門入；今臣使楚，不當從此門入。"儐者更道從大門入④。見楚王，王曰："齊無人耶⑤？"晏子對曰："臨淄三百閭⑥，張袂成陰⑦，揮汗成雨，比肩繼踵而在⑧，何爲無人⑨？"王曰："然則子何爲使乎⑩？"晏子對曰："齊命使，各有所主⑪：其賢者使使賢王，不肖者使使不肖王⑫。嬰最不肖，故直使楚矣⑬。"

① 使楚：出使楚國。楚國在今湖北省、湖南省一帶。
② 以：用……爲藉口。短：(個子)矮。
③ 爲小門：開了個小門。延：接引。
④ 儐(bìn)者：接引賓客的人。更(gēng)：改換。
⑤ 齊無人耶(yé)：(難道)齊國沒有(像樣的)人了嗎？
⑥ 臨淄(zī)：齊國的國都，在今山東省。閭(lǘ)：古代的一種居民組織單位，據説二十五家爲一閭。三百閭形容多。
⑦ 展開衣袖就可以遮住太陽。張：開。袂(mèi)：衣袖。陰：陽光照不到的地方。此句一本作"張袂成帷(wéi)"。帷：帳幕。
⑧ 比(bì)肩繼踵(zhǒng)：人的肩挨著肩，脚尖挨著脚跟。形容人口稠密。比：挨著。踵：脚跟。
⑨ 怎麼是没有人呢？
⑩ 然則：這樣……那麼。子何爲使乎：你怎麼做了使者呢？此句一本作"然則何爲使子"。何爲使子：怎麼派遣你做使者。
⑪ 齊國派使臣，不同的使者各有不同的出使對象。主：主導，負責。
⑫ 其賢者：那些有才德的人。其：那，那些。不肖者：無才德的人。"賢王""不肖王"一本作"賢主""不肖主"。
⑬ 直：特地(表示專爲某件事)。

晏子辭千金不受(《内篇雜下》)

【説明】晏子是一位忠臣，也是一位仁人和智者，他的生活雖然並不寬裕，但堅決不接受景公的賞賜。

晏子方食①，景公使使者至。分食食之②，使者不飽，晏子亦不飽。使者反，言之公③。公曰："嘻④！晏子之家，若是其貧也⑤，寡人不知，是寡人之過也⑥。"使吏致千金與市租，請以奉賓客，晏子辭⑦。三致之，終再拜而辭曰⑧："嬰之家不貧。以君之賜，澤覆三族⑨，延及交遊⑩，以振百姓⑪，君之賜也厚矣！嬰之家不貧也。嬰聞之，夫厚取之君而施之民，是臣代君君民也⑫，忠臣不爲也。厚取之君而不施于民，是爲筐篋之藏也⑬，仁人不爲也⑭。進取于君，退得罪于士，身死而財遷于它人⑮，是爲宰藏也⑯，智者不爲也。夫十總之布，一豆之食⑰，足於中免矣⑱。"景公謂晏子曰："昔吾先君桓公⑲，以書社五百封管仲⑳，不辭而受，子辭之何也㉑？"晏子曰："嬰聞之，聖人千慮，必有一失㉒；愚人千慮，必有一得㉓。意者管仲之失，而嬰之得者耶㉔？故再拜而不敢受命㉕。"

① 方：正要。
② 分食：把自己的飲食分給別人。食(sì)之：給……吃。
③ 反：返回。後作"返"。言之公：把這件事告訴齊景公。之：代這件事。
④ 嘻(xī)：驚嘆聲。
⑤ 若是其貧：像這樣清貧。這是一個倒裝句，"其貧"是主語，"若是"是謂語。是：這。其：指代晏子。
⑥ 是：這。寡人：君主自稱。
⑦ 致：送給。千金：形容錢很多。與：和。市租：商人做買賣交的稅。請以奉賓客：用這些錢招待賓客。請：敬辭。以：介詞，用。奉：侍奉。這裏是招待的意思。辭：推辭，不接受。
⑧ 三：好幾次。終：最後。再拜：拜兩次，古代的一種禮節。
⑨ 以：憑藉。澤覆三族：恩澤覆蓋三族。三族：父族、母族、妻族。
⑩ (恩澤)延伸擴大到朋友。及：達到。
⑪ 振：救濟。

⑫ 厚取之君：從君主那裏得到的很多。施之：施加恩惠。是臣代君君民：這是臣子代替君主治理百姓。君（民）：動詞，做君主治理（百姓）。
⑬ 是爲筐篋（qiè）之藏：這就像是用筐子貯藏錢財。意思是獨自斂財。篋：小箱子。
⑭ 有仁德的人不做（這樣的事）。
⑮ 進：指到君主那裏。退：指離開君主回來。遷于它人：轉移到別人手裏。
⑯ 是爲（wèi）宰（zǎi）藏：這是給主人收藏錢財。意思是最終別人成了錢財的主人。宰：（錢財的）支配人。
⑰ 總（zōng）：通"稯"。古代計量織物經綫密度的單位，八十根綫爲一稯。豆：古代量器名，四升爲一豆。
⑱ 此句疑有誤。有人認爲"中"是身體的意思，"足於中"就是足於身。免：免於飢寒。
⑲ 先君：前代的君主。桓公：齊桓公（？—前643），春秋時齊國的國君，姜姓，名小白。他是春秋時第一個霸主。
⑳ 這是說把五百社封給管仲。書社：把每一社的人口登記下來。社：古代居民的一種基層組織單位，據說二十五家爲一社。管仲（？—前645）：名夷吾，字仲。他是春秋時的政治家，幫助齊桓公成爲第一個霸主。
㉑ 子：對人的敬稱。何：什麽原因。
㉒ "聖人"句：聖人思考一千次也一定會有一次失誤。聖人：具有很高智慧的人。
㉓ 得：這裏指解決問題的正確思考。
㉔ 意者：想來。
㉕ 受命：指接受恩賜。命：命令，指示。

説苑

《説苑》是西漢學者劉向整理的一部叙事性的資料彙編，採集周秦至漢代的各種史事雜説，再加上議論，分類編排，分爲君道、臣術、建本、立節等二十門。《説苑》多爲對話體，故事性較强，藉以闡明儒家的政治倫理觀念。

《漢書·藝文志·諸子略》著録有"劉向所序六十七篇",《説苑》是其中的一部分。劉向(約前77—前6),本名更生,字子政,沛(在今江蘇省)人。西漢目録學家、經學家、文學家。漢成帝時,受朝廷之命校閲羣書。他撰寫的《别録》是中國最早的目録學著作(已散佚)。另有《新序》《列女傳》等傳世。

今本《説苑》二十卷。今人向宗魯《説苑校證》、左松超《説苑集證》可資參考。

選文據四部叢刊本《説苑》。

政理(節選)

【説明】這裏節選《政理》中的三則故事。第一則説明一個英明的君主治理國家要開放言路。第二則説明治國之道在於愛民(故事内容又見於《吴越春秋·勾踐歸國外傳》)。第三則記述晏子在東阿治理得好,齊景公要加罪於他;後來東阿治理得不好,齊景公反而向他表示祝賀。可見當時的朝廷黑白不分,是非顛倒(故事内容又見《晏子春秋·外篇上》)。

公叔文子爲楚令尹①,三年,民無敢入朝②。公叔子見曰③:"嚴矣④。"文子曰:"朝廷之嚴也,寧云妨國家之治哉⑤?"公叔子曰:"嚴則下喑,下喑則上聾⑥,聾喑不能相通,何國之治也⑦?蓋聞之也⑧:順針縷者成帷幕⑨,合升斗者實倉廩⑩,并小流而成江海⑪。明主者有所受命而不行⑫,未嘗有所不受也⑬。"

英明的君主治理國家要開放言路,聽取别人的意見。

① 公叔文子:待考。爲:擔任。令尹(yǐn):春秋戰國時期楚國的最高官職。
② 入朝:到朝廷上去。
③ 公叔子:楚國的臣子。
④ 嚴:(這裏指處理政事)嚴厲。

⑤ "寧(nìng)云"句：難道能說妨害國家的治理嗎？寧：副詞，豈，難道。
⑥ (處理政事)過於嚴厲，那麼下面的人就不能說話了；下面的人不說話，君主就什麼也聽不到了。瘖(yīn)：啞，不能說話。
⑦ 何國之治也：怎麼能談得上國家的治理呢？
⑧ 蓋：副詞，有約略的意味。
⑨ 縷順著針走纔能織成帷幕。縷(lǚ)：綫。帷(wéi)幕：帳子。
⑩ 一升一斗地放在一起纔能裝滿穀倉。廩(lǐn)：同"廪"，穀倉。
⑪ 并：合在一起。
⑫ 英明的君主能聽取別人的意見但並不一定都實行。
⑬ 從來不曾拒絕聽取別人的意見。嘗(cháng)：曾經。

武王問於太公曰①："治國之道若何②？"太公對曰："治國之道，愛民而已③。"曰："愛民若何？"曰："利之而勿害④，成之勿敗⑤，生之勿殺⑥，與之勿奪⑦，樂之勿苦⑧，喜之勿怒⑨，此治國之道、使民之義也⑩，愛之而已矣。民失其所務⑪，則害之也；農失其時⑫，則敗之也；有罪者重其罰⑬，則殺之也；重賦斂者⑭，則奪之也；多徭役以罷民力⑮，則苦之也；勞而擾之⑯，則怒之也。故善為國者，遇民如父母之愛子、兄之愛弟⑰，聞其飢寒為之哀，見其勞苦為之悲⑱。"

闡述治國之道在於愛民。

① 武王：即周武王。姬姓，名發，西周王朝的建立者。太公：即呂尚。姜姓，呂氏，名尚，號太公望，俗稱姜太公。輔佐周武王滅商，封於齊。
② 若何：如何，怎麼樣。
③ 而已：相當於"罷了"。
④ (做事)有利於民而不要損害他們。勿(wù)：副詞，不要。"而"疑是衍文。
⑤ 使他們做事成功而不要敗壞他們的事。

⑥ 使他們能够生存而不要殺害他們。
⑦ 給與他們而不要掠奪他們。
⑧ 使他們安樂而不要使他們勞苦。
⑨ 使他們愉快而不要使他們憤怒。
⑩ 使民之義:(這就是)役使民衆的恰當的原則。義:合宜的;正當的行爲準則。
⑪ 失其所務:意思是民衆不能做他們要做的事情。務:做(事)。
⑫ 時:農時。
⑬ 重其罰:加重對他們的懲治。
⑭ 重賦斂:加重賦税的徵收。賦、斂:都是收取賦税的意思。
⑮ 多徭役以罷(pí)民力:增加徭役使得民衆疲憊不堪。罷:通"疲"。這裏是使……疲憊。
⑯ 勞而擾(rǎo)之:使民衆勞苦不得安寧。擾:攪擾,使別人不得安寧。
⑰ 遇:對待。
⑱ 爲(wèi)之哀:爲他們感到悲傷。

晏子治東阿三年①,景公召而數之曰②:"吾以子爲可③,而使子治東阿,今子治而亂,子退而自察也④,寡人將加大誅于子⑤。"晏子對曰:"臣請改道易行而治東阿⑥,三年不治,臣請死之⑦。"景公許之。

於是明年上計⑧,景公迎而賀之曰⑨:"甚善矣,子之治東阿也⑩!"晏子對曰:"前臣之治東阿也,屬託不行⑪,貨賂不至⑫,陂池之魚以利貧民⑬。當此之時,民無飢者,而君反以罪臣⑭。今臣後之治東阿也⑮,屬託行,貨賂至,并會賦斂⑯,倉庫少内,便事左右⑰,陂池之魚入於權家⑱。當此之時,飢者過半矣,君乃反迎而賀臣。愚不能復治東阿⑲,願乞骸骨⑳,避賢者之路㉑。"再拜便辟㉒。景公乃下席而謝之曰㉓:"子强復治東阿㉔。東阿者,子之東阿也,寡人無復與焉㉕。"

晏子在東阿治理得好，齊景公要加罪於他；後來東阿治理得不好，齊景公反而向他表示祝賀，可見齊景公黑白不分。

① 東阿(ē)：古地名，在今山東省。
② 數(shǔ)之：責備他。數：一一訴說。
③ 我以爲你(治理東阿)合適。可：適宜。
④ 自察：自己檢討自己。察：仔細看。這裏是仔細檢討的意思。
⑤ 寡人：國君自稱。大誅(zhū)：嚴厲懲罰。
⑥ 改道易行：改變以往的做法。易：改變。
⑦ 不治：治理得不好。死之：爲此而死。
⑧ 明年：第二年。上計：古時地方官在年終的時候把户口、賦税、盜賊、訴訟等事項造册上報朝廷。計：古代登記户口、賦税等事項的册子。
⑨ 賀之：向晏子祝賀。
⑩ 這是一個倒裝句，謂語"甚善"放在主語"子之治東阿"的前面。
⑪ 屬(zhǔ)託：提出請求，讓别人替自己做某件事(常指不正當的事)。屬：後寫作"囑"。不行：行不通。
⑫ 貨賂(lù)：(賄賂人的)錢財。不至：不能送到(指拒絕别人的賄賂)。
⑬ 陂(bēi)池：池塘。
⑭ 反以罪臣：反而歸罪於我。
⑮ 後：後來。
⑯ 并會：聚積。
⑰ 少内(nà)：收入(倉庫的)少。内：通作"納"，收進。便事左右：意思是隨意爲親近的人做事(牟利)。便：靈活處理。事：做事。
⑱ 權家：有權勢的人家。
⑲ 復治：再去治理。
⑳ 乞骸(hái)骨：古代官員請求退職的話，意思是使自己的尸骨能够埋在故鄉。乞：向人討要。骸：骨頭。
㉑ 給賢者讓開道路。避：避開。
㉒ 便(pián)辟(bì)：形容行禮時身體扭擺移動的樣子。一説"辟"是退避的意思。
㉓ 下席：離開坐席。謝：道歉。

㉔ 強(qiǎng)：勉力，努力。
㉕ 無復與(yù)：不再干預。與：參與，介入。焉：於此。意思是在治理東阿這件事上。

世説新語

《世説新語》是一部記載東漢後期至南朝劉宋間氏族階層遺聞軼事的著作。作者劉義慶(403—444)，南朝宋文學家，彭城(在今江蘇省)人，是劉宋宗室，襲封臨川王。《宋書》有傳。

《世説新語》本名《世説新書》，今本三卷，分爲德行、言語、政事、文學等三十六門類，對當時士大夫的思想生活、情趣習尚有多側面的反映。雖然記錄的只是人物言行的片段，但注重細節刻畫，語言洗練傳神，意味雋永，而且多運用口語，對後代的筆記小説影響很大。

《世説新語》有南朝梁劉孝標(名峻，字孝標)的注，徵引豐富。余嘉錫《世説新語箋疏》、徐震堮《世説新語校箋》、楊勇《世説新語校箋》可資參考。

選文據徐震堮《世説新語校箋》，中華書局一九八四年版。文章題目爲後加。

管寧華歆(《德行》)

【説明】鋤菜時見到地上有一塊金，讀書時看到外面有人乘軒冕經過，管寧、華歆的表現不同，由此可以觀察到他們對錢財、榮位的不同態度。

　　管寧、華歆共園中鋤菜①，見地有片金，管揮鋤與瓦石不異②，華捉而擲去之③。又嘗同席讀書，有乘軒冕過門者④，寧讀如故，歆廢書出看⑤。寧割席分坐⑥，曰："子非吾友也！"

① 管寧(158—241)：字幼安，三國時北海朱虛(在今山東省)人。聚徒講學，朝廷幾次讓他做官都不去。華歆(157—231)：字子魚，三國時平原高唐(在今山東省)人。歷任尚書郎、尚書令、司徒等職。

二人《三國志·魏書》有傳。
② 與瓦石不異:與瓦片石塊没有什麽不同。
③ 捉:握。擲(zhì):扔。
④ 有乘軒(xuān)冕(miǎn)過門者:有坐軒車從門口經過的人。軒:古代大夫以上官員乘坐的車。冕:古代大夫以上官員戴的禮帽。這裏"軒冕"指車子。
⑤ 廢(fèi):不再繼續,擱置。
⑥ 割席:割開席子。

小時了了(《言語》)

【説明】從孔融與李膺、陳韙的應對中可以看到他雖然年僅十歲,但對答敏捷,聰明過人。

孔文舉年十歲,隨父到洛①。時李元禮有盛名,爲司隸校尉②。詣門者皆儁才清稱及中表親戚乃通③。文舉至門,謂吏曰④:"我是李府君親⑤。"既通⑥,前坐。元禮問曰:"君與僕有何親⑦?"對曰:"昔先君仲尼與君先人伯陽有師資之尊,是僕與君奕世爲通好也⑧。"元禮及賓客莫不奇之⑨。太中大夫陳韙後至⑩,人以其語語之⑪。韙曰:"小時了了,大未必佳⑫。"文舉曰:"想君小時,必當了了⑬。"韙大踧踖⑭。

① 孔文舉:孔融(153—208),字文舉,東漢末魯國(在今山東省)人。東漢末文學家。曾任北海相。著作有《孔北海集》。《後漢書》有傳。洛:洛陽(在今河南省)。
② 李元禮:李膺(110—169),字元禮,東漢潁川襄城(在今河南省)人。以爲官清正聞名當世。盛名:大的名聲。爲:擔任。司隸(lì)校尉:官職名。
③ 詣(yì)門者:指登門拜訪的人。詣:到。儁(jùn)才:有卓越才能的人。清稱:有好名聲的人。中表親戚:古代把與母親的兄弟(舅父)姐妹(姨母)的子女的親戚關係稱爲内,把與父親的姐妹(姑

母)的子女的親戚關係稱爲外。內爲中,外爲表,合稱中表。通:通報,傳達。
④ 謂:對……説。
⑤ 府君:漢代稱太守爲府君,這裏用來稱李膺。據《後漢書·孔融傳》,當時李膺擔任河南尹。
⑥ 既:放在動詞前,表示動作行爲已完成。
⑦ 僕:對自己的謙稱。
⑧ 先君:稱自己的祖先。仲尼:孔子名丘,字仲尼。據《後漢書·孔融傳》,孔融是孔子的二十世孫。伯陽:史書記載老子姓李名耳,字伯陽。有師資之尊:傳説孔子曾向老子問禮。師資:老師。是:這。奕(yì)世:一代接一代,累世。通好:世交友好。
⑨ 莫不奇之:都認爲孔融的話非同一般。莫不:沒有什麼人不。奇:不尋常。這裏是意動用法,認爲不尋常的意思。
⑩ 太中大夫:官職名,掌議論。陳韙(wěi):《後漢書·孔融傳》作陳煒(wěi)。
⑪ 語(yù)之:告訴他。
⑫ 了了:聰明伶俐。佳:好,優秀。
⑬ 當:應當(表示推斷)。
⑭ 踧(cù)踖(jí):局促不安的樣子。

牛屋貴客(《雅量》)

【説明】褚裒升遷太尉記室參軍,途中住宿時却被亭吏趕到了牛屋下。後來縣令惶恐道歉,褚裒神色如常,顯示出他的雅量(寬宏的器量)。

褚公於章安令遷太尉記室參軍①,名字已顯而位微,人未多識②。公東出③,乘估客船④,送故吏數人投錢唐亭住⑤。爾時吳興沈充爲縣令⑥,當送客過浙江⑦。客出,亭吏驅公移牛屋下⑧。潮水至,沈令起彷徨⑨,問:"牛屋下是何物人⑩?"吏云:"昨有一傖父來寄亭中⑪,有尊貴客,權移之⑫。"令有酒色⑬,因遙問⑭:"傖父欲食餅不⑮? 姓何等⑯? 可共語。"褚因舉手答曰:"河南褚季野。"遠近久承公名⑰,令於是大遽⑱,不敢移公,便於牛屋下脩刺詣公⑲,更宰殺爲饌具⑳,於公前鞭撻亭吏㉑,欲以謝慚㉒。公與之酌宴㉓,言色無異,狀如不覺㉔。令送公至界㉕。

① 褚公:褚裒(póu)(303—349),字季野,東晉河南陽翟(在今河南省)人。死後追贈太傅,《世説新語》又稱他"褚太傅"。章安令:章安縣(在今浙江省)的縣令。遷:官職升遷。太尉:指庾亮,東晉重臣,死後追贈太尉。記室參軍:官職名,太尉的屬官。
② 他的名字已經被不少人知道但地位不高,還沒有很多人認識他。
③ 東出:從東邊來。即從章安前往建康(東晉建都建康,今江蘇省南京市)。
④ 估(gū)客:商人。
⑤ 送故:爲離任長官送行。一説下屬隨從離任長官遷轉叫作送故。吏:指長官的屬下,佐吏。投:投宿,在一個地方落脚住下來。錢唐亭:錢唐縣(在今浙江省)的驛亭。亭:古代由官府設置的供旅客中途食宿的客舍。
⑥ 爾時:那時。吳興:郡名(在今浙江省)。
⑦ 當:正當那個時候。浙江:水名,在今浙江省。
⑧ 出:到。驅:驅趕。牛屋:圈(quān)牛的欄圈(juàn)。
⑨ 彷(páng)徨(huáng):來回踱步。
⑩ 何物:什麼(這是當時的口語)。
⑪ 傖(cāng)父(fǔ):稱粗鄙的人(指男子)。當時南方人看不起北方人,稱他們爲傖父。傖:鄙陋,粗俗。寄:依附在一個地方居住。
⑫ 權:姑且,暫且。移之:讓他移住(到牛屋裏)。
⑬ 酒色:微醉的樣子。
⑭ 因:於是。
⑮ 䬪:一種用米麵粉製成的扁形食品。不(fǒu):同"否",表示疑問。
⑯ 何等:什麼。
⑰ 遠近:各個地方。承:聞,聽說。這是表示尊敬的説法。
⑱ 遽(jù):惶急;惶恐。
⑲ 脩刺:置辦名帖。脩:通"修"。治。這裏指置辦。刺:名帖,類似

⑳ 更:另外。饌(zhuàn)具:飯食。
㉑ 鞭撻(tà):用鞭子打。
㉒ 欲以謝慚:想藉此道歉。
㉓ 酌(zhuó)宴:宴飲。酌:斟酒喝。
㉔ 言談表情没有什麽不同,好像没有覺察的樣子。色:神色。
㉕ 界:縣的邊界。

王藍田性急(《忿狷》)

【説明】這則故事描寫王藍田因爲食雞子不得而怒不可遏的情景,寥寥數語,曲折傳神,從中可以領略《世説新語》的語言風格。

王藍田性急①。嘗食雞子,以筯刺之②,不得,便大怒,舉以擲地。雞子於地圓轉未止③,仍下地以屐齒踷之④,又不得。瞋甚⑤,復於地取内口中⑥,齧破即吐之⑦。王右軍聞而大笑曰⑧:"使安期有此性,猶當無一豪可論,況藍田邪⑨?"

① 王藍田:名述,字懷祖,官至揚州刺史、尚書令。襲父爵爲藍田侯。《晉書》有傳。
② 筯(zhù):同"箸",筷子。
③ 圓轉:打轉,旋轉。
④ 仍(nǎi):乃,於是。屐(jī):一種木底有齒的鞋子。踷(zhǎn):踩,踏。
⑤ 瞋(chēn):生氣,發怒。
⑥ 内(nà):(放)入。這個意義通作"納"。
⑦ 齧(niè):咬。
⑧ 王右軍:王羲之(321—379),字逸少,晉琅邪臨沂(在今山東省)人,東晉著名書畫家。曾任右軍將軍。
⑨ 使:假使。安期:王藍田的父親王承字安期,是東晉名臣。《晉書》本傳説他"少有重譽""爲中興第一"。豪:通"毫"。這一句是説,

假使安期有這樣的性情尚且無絲毫可取之處，何況是藍田呢！意思是王藍田的德望不如他的父親，自然更不值一提。

閱讀文選

樊姬進美人①（《韓詩外傳》）

【説明】樊姬告訴楚莊王，一個真正的忠臣應當"進賢而退不肖"，而不是一個人"擅王之愛、專王之寵"。

楚莊王聽朝罷晏②。樊姬下堂而迎之，曰："何罷之晏也，得無飢倦乎？"莊王曰："今日聽忠賢之言，不知飢倦也。"樊姬曰："王之所謂忠賢者，諸侯之客歟？國中之士歟？"莊王曰："則沈令尹也③。"樊姬掩口而笑。王曰："姬之所笑者何等也？"姬曰："妾得侍於王，尚湯沐④，執巾櫛，振衽席⑤，十有一年矣。然妾未嘗不遣人之梁、鄭之間，求美人而進之於王也。與妾同列者十人，賢於妾者二人。妾豈不欲擅王之愛、專王之寵哉？不敢以私願蔽衆美也，欲王之多見，則知人能也。今沈令尹相楚數年矣，未嘗見進賢而退不肖也，又焉得爲忠賢乎？"莊王旦朝，以樊姬之言告沈令尹。令尹避席而進孫叔敖⑥。叔敖治楚三年而楚國霸。楚史援筆而書之於策曰："楚之霸，樊姬之力也。"《詩》曰："百爾所思，不如我所之。"⑦樊姬之謂也。

① 選文據許維遹《韓詩外傳集釋》卷二，中華書局一九八〇年版。《韓詩外傳》十卷，西漢韓嬰撰。文章題目爲後加。

② 楚莊王：春秋時楚國的國君，芈（mǐ）姓，名旅。晏：晚。
③ 沈令尹：楚國的臣子。劉向《列女傳·賢明》作"虞丘子"。
④ 尚：掌管。
⑤ 振：整頓安排。
⑥ 孫叔敖：蒍（wěi）氏，名敖，字孫叔。楚國大臣。
⑦ 《詩》曰：語見《詩·鄘風·載馳》。詩句的大意是，儘管你們有那麼多的主意，但都不如我自己的決定。

梁君出獵①（《新序》）

【説明】公孫襲以齊景公求雨的事勸諫梁君：身爲君主要愛民惠民，濫殺無辜"無異於虎狼"。

梁君出獵，見白鴈羣，梁君下車彀弓欲射之②。道有行者，梁君謂行者止。行者不止，白鴈羣駭。梁君怒，欲射行者。其御公孫襲下車撫矢曰③："君止。"梁君忿然作色而怒曰："襲不與其君而顧與他人④，何也？"公孫襲對曰："昔齊景公之時，天大旱三年，卜之，曰：'必以人祠乃雨⑤。'景公下堂頓首曰：'凡吾所以求雨者，爲吾民也。今必使吾以人祠乃且雨，寡人將自當之⑥。'言未卒而天大雨方千里者，何也？爲有德於天而惠於民也。今主君以白鴈之故而欲射人，襲謂主君言無異於虎狼。"梁君援其手與上車歸。入廟門⑦，呼萬歲，曰："幸哉，今日也！他人獵皆得禽獸，吾獵得善言而歸。"

① 選文據四部叢刊本《新序》卷二。《新序》十卷，西漢劉向編著。
② 彀（gòu）：把弓拉滿。
③ 公孫襲："襲"字當作"龍"。撫：按。
④ 與：幫助。顧：反倒。
⑤ 人祠：用人做祭品禱告。
⑥ 當：承擔。

⑦ 廓：當作"廓"。"廓"通"郭"，城。

練習二

一、熟讀本單元講過的文章。
二、閱讀本單元的閱讀文選。
三、給下面句子中加點的字注音：
　1. 公被狐白之裘，坐堂側陛。（《晏子春秋・景公不知天寒》）
　2. 人挈器而入，且酤公酒，狗迎而噬之。（《晏子春秋・社鼠猛狗》）
　3. 臨淄三百閭，張袂成陰，揮汗成雨。（《晏子春秋・晏子使楚》）
　4. 順針縷者成帷幕，合升斗者實倉廩。（《說苑・政理》）
　5. 重賦斂者，則奪之也。（《說苑・政理》）
　6. 屬託不行，貨賂不至。（《說苑・政理》）
　7. 詣門者皆儁才清稱及中表親戚乃通。（《世說新語・小時了了》）
　8. 仍下地以屐齒蹍之。（《世說新語・王藍田性急》）
四、解釋下列句子中加點的詞：
　1. 比肩繼踵而在，何爲無人？（《晏子春秋・晏子使楚》）
　2. 人有酤酒者，爲器甚潔清，置表甚長，而酒酸不售。（《晏子春秋・社鼠猛狗》）
　3. 嬰聞古之賢君飽而知人之飢，溫而知人之寒，逸而知人之勞。（《晏子春秋・景公不知天寒》）
　4. 晏子辭。三致之，終再拜而辭曰……（《晏子春秋・晏子辭千金不受》）
　5. 晏子之家，若是其貧也，寡人不知，是寡人之過也。（《晏子春秋・晏子辭千金不受》）
　6. 農失其時，則敗之也。（《說苑・政理》）
　7. 東阿者，子之東阿也，寡人無復與焉。（《說苑・政理》）
　8. 有乘軒冕過門者，寧讀如故，歆廢書出看。（《世說新語・管寧華歆》）
　9. 公與之酌宴，言色無異，狀如不覺。（《世說新語・牛屋貴客》）
　10. 元禮及賓客莫不奇之。（《世說新語・小時了了》）

五、查閱工具書,解釋下面語詞中加點的字:
　1. 辛勞　外表　表現　比年　再版　行程　農時　乘客　神色　廢棄
　2. 勞而無功　虛有其表　比肩接踵　一而再再而三　簡便易行　四時如春　口誅筆伐　乘風破浪　察言觀色　半途而廢
六、把下面的句子譯成現代漢語:
　1. 嬰聞古之賢君飽而知人之飢,溫而知人之寒,逸而知人之勞。(《晏子春秋·景公不知天寒》)
　2. 晏子能明其所欲,景公能行其所善也。(《晏子春秋·景公不知天寒》)
　3. 熏之則恐燒其木,灌之則恐敗其塗。(《晏子春秋·社鼠猛狗》)
　4. 以晏子短,楚人爲小門于大門之側而延晏子。(《晏子春秋·晏子使楚》)
　5. 晏子之家,若是其貧也,寡人不知,是寡人之過也。(《晏子春秋·晏子辭千金不受》)
　6. 明主者有所受命而不行,未嘗有所不受也。(《説苑·政理》)
　7. 當此之時,民無飢者,而君反以罪臣。(《説苑·政理》)
　8. 見地有片金,管揮鋤與瓦石不異,華捉而擲去之。(《世説新語·管寧華歆》)
　9. 小時了了,大未必佳。(《世説新語·小時了了》)
　10. 公與之酌宴,言色無異,狀如不覺。(《世説新語·牛屋貴客》)

常用詞

勞　表　比　再　誅　廢　色　致　豆　盛

11. 勞

《説文》:"勞,劇也。"意思是用力多,辛苦。《晏子春秋·景公不知天寒》："嬰聞古之賢君飽而知人之飢,溫而知人之寒,逸而知人之勞。"《說苑·政理》："聞其飢寒爲之哀,見其勞苦爲之悲。"成語有[勞逸結合]。又指使勞苦。《左傳·僖公三十二年》："勞師以襲遠。"成語有[勞民傷財]。引申爲功勞。成語有[汗馬之勞]。

12. 表

《説文》："表,上衣也。"指罩在外面的衣服。《莊子·讓王》："中紺(gàn)而表素。"(中紺:裏面的衣服是紺色。)泛指外面的;外表(與"裏"相對)。《史通·叙事》："使夫讀者望表而知裏。"成語有[由表及裏]。用作名詞,轉指(顯露在外的)標志,標記。《晏子春秋·社鼠猛狗》："爲器甚潔清,置表甚長。"

13. 比

比的本義是並列,並排(舊讀 bì)。《晏子春秋·晏子使楚》："比肩繼踵而在,何爲無人?"《史記·蘇秦列傳》："騎不得比行。"泛指挨近;接續。王禹偁《黄岡新建小竹樓記》："竹工破之,刳去其節,用代陶瓦。比屋皆然,以其價廉而工省也。"蘇軾《超然臺記》："始至之日,歲比不登。"(歲:年成。)引申爲(在一起)比配;(可以)比較。《楚辭·涉江》："與天地兮比壽,與日月兮齊光。"

14. 再

《説文》："一舉而二也。"指兩次;第二次。《晏子春秋·晏子辭千金不受》："晏子辭。三致之,終再拜而辭曰……"《左傳·莊公十年》："夫戰,勇氣也。一鼓作氣,再而衰,三而竭。"雙音詞有[再版]。由第二次引申,表示行爲動作的重複,再一次。成語有[再接再厲]。

15. 誅

"誅"字的意符是"言"。《説文》："誅,討也。"意思是指責,責備。《左傳·定公十年》："有司若誅之,羣臣懼死。"(有司:負有專責的官員。)詞義加重,引申爲嚴厲懲罰;滅除;殺掉。《説苑·政理》："今子治而亂,子退而自察也,寡人將加大誅于子。"《晏子春秋·社鼠猛狗》："内則蔽善惡于君上,外則賣權重于百姓。不誅之則亂,誅之則爲人主所案據。"(案據:這裏是保護的意思。)雙音詞有[誅戮],成語有[罪不容誅]。

16. 廢

"廢"字的意符是"广（yǎn）"，字形跟房屋有關。《説文》："廢，屋頓也。"意思是坍塌。《淮南子·覽冥》："往古之時，四極廢，九州裂。"（四極：天的四邊。）引申爲敗壞；衰敗。《周易·繫辭下》："百物不廢。"《孟子·離婁上》："國之所以廢興存亡者亦然。"由敗壞引申爲不再繼續，中止；擱置。《論語·雍也》："力不足者，中道而廢。"《世説新語·管寧華歆》："有乘軒冕過門者，寧讀如故，歆廢書出看。"成語有［半途而廢］。

17. 色

《説文》："色，顔氣也。"指神情；氣色。《論語·顔淵》："察言而觀色。"《世説新語·牛屋貴客》："公與之酌宴，言色無異，狀如不覺。"雙音詞有［神色］，成語有［色厲内荏］。轉指顏色。王勃《滕王閣序》："落霞與孤鶩齊飛，秋水共長天一色。"

18. 致

《説文》："致，送詣也。"意思是送；送到。《晏子春秋·晏子辭千金不受》："使吏致千金與市租，請以奉賓客。"又："三致之，終再拜而辭曰……"雙音詞有［致敬］［致辭］［致歉］。由送到引申爲到達；達到。《荀子·勸學》："假輿馬者非利足也，而致千里。"（假：藉助。）成語有［學以致用］。由致送到達引申爲實現某種結果；招來某種結果。《漢書·公孫弘傳》："致利除害。"雙音詞有［致富］［致殘］。

19. 豆

《説文》："豆，古食肉器也。"豆是一種形似高腳盤的古代食器。《晏子春秋·晏子辭千金不受》："一豆之食。"《孟子·魚我所欲也》："一簞食，一豆羹。"豆後來作豆類植物講是它的假借義。陶淵明《歸園田居》："種豆南山下，草盛豆苗稀。"

20. 盛

"盛"字的意符是"皿"，有兩個讀音：作動詞讀 chéng，意思是用器物裝東西；作形容詞讀 shèng，基本的意思是衆多。《廣雅·釋詁三》："盛，多也。"《逸周書·大匡》："賓客之盛。"雙音詞有［豐盛］。多用來形容氣象興旺繁榮。《韓非子·解老》："有死生,有盛衰。"《呂氏春秋·功名》："樹木盛,則飛鳥歸之。"雙音詞有[興盛][茂盛]。多與大有關聯,引申爲大。《世説新語·小時了了》："時李元禮有盛名,爲司隸校尉。"王勃《滕王閣序》："勝地不常,盛筵難再。"雙音詞有[盛大]。

古漢語常識

古代漢語常用工具書(上)

學習古代漢語,經常會碰到字、詞、句等方面的障礙,還會碰到一些成語典故、人名地名和歷史文化等方面的問題,解決這些問題都需要利用有關的工具書。針對古漢語學習,這一節選擇一些常用的字典辭書,介紹它們的性質、體例、内容、特點和使用方法,幫助大家利用這些工具書。

一 字典辭書的編排體例

字典以釋字爲主,以字爲單位按一定的次序編排,解釋字的讀音、意義和用法(有的只解釋音義)。以解釋詞語爲主的工具書叫詞典或辭典,解釋詞語的讀音、意義和用法。除了語文性的詞語(包括成語和虛詞),有的還收録典故、人物、事件、制度、書名、地名和專科術語等。字典、詞典可以統稱爲辭書。①

古代漢語的單音詞多,一個字常常對應一個或幾個詞。古時候字詞不分,不論是解釋字還是解釋詞的工具書,過去往往都稱爲字書。到了後來,複音詞占了優勢,字典與詞典纔有了相對的分工。

---

① 詞典現多指以收録語文性詞語爲主的工具書(如《漢代漢語詞典》),辭典偏重收録百科方面的詞條(如《辭海》)。

(一) 字典辭書的編排

字典辭書的字詞編排大致有三種形式：按音序編排、按部首和筆畫編排、按四角號碼編排。

1. 按音序編排

音序就是字的讀音的順序。現在通行的是按照《漢語拼音方案》字母順序編排，如《新華字典》《現代漢語詞典》《古漢語常用字字典》等。在《漢語拼音方案》公布以前，有些字典詞典是按注音字母來排列的（如《國語詞典》就是按照注音字母ㄅㄆㄇㄈ的順序排列）。古代的工具書，有的按平上去入四聲、《廣韻》二〇六韻或《平水韻》一〇六韻排列，也有的按傳統的三十六字母排列（參見《古書的讀音》一節）。

2. 按部首和筆畫編排

這類辭書把同一部首的字歸在一起，部首的次序依筆畫多少安排，同部首的字也以筆畫的多少為序；筆畫相同的一般以起筆的筆形"一丨丿、乛"為序排列。需要注意的是：

第一，部首與漢字結構中說的意符的概念並不完全等同。部首的"部"是編寫字典詞典按漢字形體結構分的類，把同類漢字共有的部分（主要是偏旁）作為標志排在各部之首就是部首。意符是漢字形聲字結構中表示意義的部分，是就分析字形說的。一個形聲字的意符並不一定就是部首，二者不是一一對應的關係。比如"到"是一個形聲字（從至，刀聲），意符是"至"，但在《漢語大字典》中"到"歸入"刀"部。

第二，不同的字典部首的設置不完全相同。例如第三版《辭源》分為214個部首，《漢語大字典》設200個部首，第六版《辭海》設201個部首。由於部首設置不同，同一個字在不同的字典中可能隸屬於不同的部首。如"罩"字，在《漢語大字典》中歸"网"部，在《新華字典》中歸"罒"部。

第三，在歸部原則上古今也有差異。古代是"以義歸部"，即選取漢字中與該字字義關係最密切的部分作為部首。現代的辭書為了檢字方便，是"據形定部"（如"從左、上、外位置取部首"等）。如"聞"字，《辭源》歸"耳"部，《辭海》則歸入"門"部。

3. 按四角號碼編排

四角號碼是把每個字看作有四個角，給每個角確定一個號碼，再把漢字按照四個號碼組成的四位數順序進行排列（比如《辭海》就附有四角號碼檢字）。四角號碼的口訣是：橫一垂二三點捺，叉四插五方框六，七角八八小是九,點下有橫變零頭。比如"清"字:先取左上角3,次取右上角5,再取左下角1,最後取右下角2,這樣"清"的號碼就是"3512"。

三種編排方式比較,如果知道字的讀音,依照音序檢字就很快;但前提是必須知道字的讀音。按部首和筆畫編排的辭書,優點是不知道字的讀音也可以找到字,但如果不熟悉一個字的筆畫多少和筆畫順序就容易出錯。四角號碼檢字法的優點是檢字速度快,缺點是規則一時不容易掌握。

(二) 字典辭書的注音方式

1. 直音法

即用一個同音字注音。例如《説文解字》:"嬰,讀若癸。"《康熙字典》:"屯,音肫。"

直音法的局限很明顯,如果某個字没有同音字,或者它的同音字是一個很難的字,那就難以讀出這個字的音。

2. 反切法

這是中國古代字書中比較普遍的一種注音方式。一般稱"××反"或"××切",是用兩個漢字拼注一個漢字的讀音(前一個字稱反切上字,後一個字稱反切下字)。拼讀的規則是:反切上字與被切字聲母相同,反切下字與被切字韻母、聲調相同。如《廣韻·麻韻》"誇,苦瓜切",取"苦"的聲母"k"跟"瓜"的韻母及聲調"uā"相拼,得出"誇"的讀音爲"kuā"。不過,掌握這種方法要了解古今語音演變的規律,需要具備音韻學方面的知識(參《古書的讀音》一節)。

3. 叶(xié)音法

叶音法是臨時改變字的讀音來求得押韻和諧的一種注音方法。如《康熙字典》對"貧"字的解釋:"又《韻補》叶頻眠切,音駢。歐陽修《送魏主簿》詩:'士欲見所守,視其居賤貧。何用慰離居,贈子以短篇。'"爲了跟"篇"押韻,就把"貧"的讀音改讀爲"駢"("叶頻眠切")。這是古人對語音的歷史演變缺乏正確認識造成的,是不科學的。

4. 用注音字母和漢語拼音字母注音

注音字母是《漢語拼音方案》制定前爲漢字注音和學習普通話的一套字母。一九一三年由讀音統一會制定,包括"ㄅㄆㄇㄈ"等四十個字母。注音字母在一九五八年《漢語拼音方案》公布前一直通行。現在有的字典在漢語拼音字母之後還加注注音字母。如《新華字典》"江"字,除了注

"jiāng",還加注"ㄐㄧㄤ"。

《漢語拼音方案》是給漢字注音和拼寫普通話語音的一套方案，一九五八年由全國人民代表大會批准公布，一九八二年國際標準組織承認爲拼寫漢語的國際標準。自一九五八年公布實行，新編字典辭書多用漢語拼音字母注音。

二 常用字典辭書

下面介紹學習古代漢語經常查閱的幾種字典辭書。

（一）《新華字典》

《新華字典》是新中國第一部現代漢語字典，首次出版於一九五三年，主要供初、中等文化程度的人使用。部頭小，釋義簡明，使用便捷，至今已重印二百多次，是最爲普及的漢語字典。《新華字典》（第十一版）收單字13000多個，包括了古代文獻中最常見的一些字詞，對我們初學古代漢語很有幫助。例如：

弑：古時候指臣殺君、子殺父母等行爲：～君｜～父。
适（適）：⑤往，到：無所～從。⑪舊指女子出嫁：～人。
黽（黽）：mǐn【黽勉】(-miǎn)努力，勉力：～從事。
莫：【莫邪】(-yé)古寶劍名。〈古〉又同"暮"(mù)。
趋（趨）：①快走：～而迎之。
〈古〉又同"促"(cù)。

對一些字的古義，字典特別標明"古"以引起注意。如"莫"的本義是日暮時分，所以古書中又讀作"mù"（這一意義後來寫作"暮"）。"趋（趨）"的本義是"快走"，字典特別説明"趋（趨）"古代"又同'促'"，告訴讀者這個字是借用來表示"促"的意義。

（二）《現代漢語詞典》

《現代漢語詞典》是由中國社會科學院語言研究所詞典編輯室編寫的一部中型現代漢語詞典。第六版收各類單字13000多個，收詞69000多條，反映了現代漢語詞彙的基本面貌，是一部釋義比較精當、能夠體現目前漢語研究水準、影響廣泛的語文工具書。

同《新華字典》一樣,《現代漢語詞典》也收錄了不少古字古義以及今天還在使用的文言詞語。在解釋今義的同時,往往列舉古義,説明詞義的源流,對初學古代漢語的人了解詞義的演變發展很有幫助。如:

盦¹:ān 古時盛食物的器具。

跽:jì〈書〉雙膝著地,上身挺直。

罷(羆):〈古〉又同"疲"pí。

陈¹(陳):〈古〉又同"陣"zhèn。

陛 bì:〈書〉宮殿的臺階:石～。

【陛下】bìxià 名 對君主的尊稱。

博:bó③〈書〉大:寬衣博帶。

【博士】bóshì 名 ②古時指專精某種技藝的人:茶～|酒～。③古代教授經學的一種官職,一般由博學和具有某種專門知識的人充任。

亡:wáng① 逃跑。〈古〉又同"無"wú。

【亡羊補牢】wángyáng-bǔláo 羊丟失了,纔修理羊圈(語本《戰國策·楚策四》:"亡羊而補牢,未爲遲也。")。比喻在受到損失之後想辦法補救,免得以後再受類似的損失。

(三)《古漢語常用字字典》

《古漢語常用字字典》是專門供學習古代漢語使用的一部小型字典,共收古漢語常用字 6400 多個,雙音詞 2500 多個,實用性强,特別適合一般讀者的需要。這部字典的主要特點是:

第一,學習古漢語詞彙,最重要的掌握常用詞,這部字典精選古漢語中的常用詞、常用義,部頭不大,方便實用。第二,重視詞義的概括性和詞義之間的演變關係。義項的排列先本義,次引申義,再後是假借義,便於讀者把握詞義發展的脈絡。第三,很重視同義詞、近義詞的辨析。例如:

病、疾【辨】病,疾。"病"常指病得很重,"疾"則常指一般的生病。"疾病"連用時有兩種情況。一種情況,"病"含有"病重"的意思(此處例略)。另一種情況,"疾病"是同義搭配的雙音詞,和現代漢語沒有區別。

也關注古今詞義異同的比較。例如:

再【注意】在古代漢語中,"再"不是"再一次"的意思(此處例略)。

對古漢語中一些容易混同的字詞加以辨析。如:

復、覆、複【辨】復,覆,複。這三個字很少通用。只有"複"字的"夾層的""重複"的意義、"覆"字的"翻過來"的意義有時寫作"復";"復"的"回答"意義也有寫作"覆"的。如"複道"寫作"復道","反覆"寫作"反復","復信"寫作"覆信"。但是"復"字的①②③和⑤各項意義都不寫作"複"或"覆"。

有些漢字因爲形體的簡化而帶來形義關係的混淆,字典也予以說明。例如:

后、後【注意】在古代,"后"和"後"是兩個字,意義差別很大。"君王""君王的妻子"兩個意義都不寫作"後",而"先後""前後"的"後",也很少寫作"后"。現"後"簡化爲"后"。

(四)《王力古漢語字典》

《王力古漢語字典》收單字 12500 多個,酌收複音詞。字典標注字的現代音、中古音和上古音。釋義注意字義的概括性和時代性,努力理清多義詞各義項之間的引申關係。字典特別設了五個欄目:部首總論、備考、辨、同源字和按。"部首總論"對同一部首的字從意義上作必要的分類和說明;"備考"欄選收字的生僻義;"辨"是辨析同義詞;"同源字"從語源的角度說明同源字音近義通的歷史根據;"按"是對義項收錄的補充說明。這些欄目的設置能給讀者更多的信息。

《王力古漢語字典》努力體現王力的學術思想,信息量大,功能豐富,是一部適合不同層次讀者需要的工具書。

(五)《漢語大字典》

《漢語大字典》是一部以解釋漢字的形、音、義爲主要內容的大型語文工具書,由國家有關部門組織編寫,參加編寫的有四川、湖北兩省的專家學者。①

---

① 《漢語大字典》按部首編排,在《康熙字典》214 部首的基礎上合併爲 200 部首。後附《筆畫檢字表》和《音序檢字表》。

這部字典"古今兼收,源流並重":一是收字多,第二版共收楷書單字60370個。二是搜集的資料非常豐富,包括歷代的訓釋和各種文獻的用例。三是重視漢字形音義之間的聯繫,儘可能反映漢字形音義的歷史演變。《漢語大字典》的釋字包括析形、注音、釋義、書證四項。字形方面,收錄了有代表性的甲骨文、金文、小篆和隸書形體,對一些漢字結構附有簡要解說。字音方面,除了標注現代音,還收列中古反切,標注聲、韻、調,上古音標注古韻部。釋義方面力求兼顧古今。例如"及"字:

《說文》:"及,逮也。从又从人。乀,古文'及'。秦刻石'及'如此……"

jí《廣韻》其立切,入緝羣。緝部。

❶追上。(後略)。❷至;達到(後略)……⓫姓。

字典先出"及"的楷書字頭,然後列舉甲骨文、金文、小篆、隸書等形體,再引《說文解字》的訓釋和有關考釋,指明"及"是由"又"和"人"結合而成的會意字。字音方面,引用《廣韻》的反切,注明"及"的中古音爲入聲、緝韻、羣母,上古爲"緝"部字。字義方面,列舉的第一義項是"追上",確定這是"及"的本義。其後依次列舉的意義和用法有十一項。

(六)《漢語大詞典》

《漢語大詞典》是由國家有關部門組織編寫的另一部大型的、歷史性的漢語語文詞典,參加編寫的有山東、江蘇、浙江、安徽、福建、上海五省一市的專家學者。詞典共十二卷,收單字約22000個,複字條目約375000多條。① 一九九三年由漢語大詞典出版社出齊。

---

① 《漢語大詞典》按部首編排,在《康熙字典》214部首的基礎上合併爲200部首。後附《單字筆畫索引》和《單字漢語拼音索引》。

《漢語大詞典》的編寫體例是以字帶詞：先釋字義，再列舉由該字組成的複字條目並加解釋。與《漢語大字典》一樣，《漢語大詞典》也秉承"古今兼收，源流並重"的原則：一是收詞宏富，廣泛收列古今漢語中的詞語、成語、慣用語、典故等，傳世文獻中的複音詞多能在這部詞典中找到，並由此可追尋一個詞的歷史演變過程。二是書證材料豐富，各義項之後一般都列舉三至四條書證材料。

（七）《辭源》

《辭源》是第一部以收錄古漢語詞語爲主、兼收百科詞條的大型語文工具書，始編於一九〇八年，一九三九年出版合訂本。一九七六年又由國家統一規劃，組織廣東等四省區的專家學者啓動新一輪的修訂。至二〇一五年，又完成了第三版的修訂工作。第三版《辭源》收單字 14210 個，複音詞條 92646 條（收詞一般止於一八四〇年鴉片戰爭）。主要用來解決閱讀古籍時遇到的語詞典故和古代名物典章制度等方面的問題，是閱讀古籍、從事古代文史研究的必備工具書。①

下面以"長"字爲例幫助大家了解《辭源》的體例：

長1　cháng　直良切，平，陽韻，澄。陽部。

彳尢

㊀短之反。兩線相較，贏者爲長（例略）。

㊁物體直徑之度爲長（例略）。

……

2　zhǎng　知丈切，上，養韻，知。陽部。

止尢

㊆幼之反，成人曰長（例略）。

㊇年歲大（例略）。

……

3　zhàng　直亮切，去，漾韻，澄。

止尢

---

① 《辭源》沿用《康熙字典》214 部首排列。附有《單字漢語拼音索引》和《四角號碼索引》。

⑮多,餘。

單字釋義之後列舉複音條目:

【長人】唐代稱常在皇帝左右的伶人……

【長干】一地名……二曲名……

【長₂使】女官名……

【長₃物】多餘之物……

《辭源》中的"長"字,列出的音讀有 3 項,列出的意義有 17 項,下面列舉的複音詞目多達 228 條,十分詳盡。

(八)《辭海》

《辭海》以字帶詞,是一部集字典、語文詞典和百科詞典爲一體的大型綜合性辭書,和《辭源》比較,更注重收録社會科學和自然科學方面的百科條目。

《辭海》上下册分別於一九三六年、一九三七年由中華書局出版,六十年代組織重新修訂。新版《辭海》收單字 17914 個,另附繁體字和異體字 4400 多個,收普通詞語和百科詞語共 109300 多條。①

《辭源》是一部偏重語文性的古漢語辭書,《辭海》則偏重收録百科條目,兩部工具書的不同功用從所收詞語條目的差異上就可以看出來。即使是同一條目,兩書的釋義也有不同。比如"水龍"一詞,《辭海》的解釋是:

水龍(Ludwigia peploides ssp. stipulacea)亦稱"丁香蓼"、"過江藤"。柳葉菜科。多年生浮水草本。根狀莖橫生泥中,上升莖在開花時高達 60 厘米,節上生根。葉長圓形。夏季開花,花黄色,單生葉腋。蒴果圓柱形。生於水田或淺水池塘中。廣布於全世界熱帶和亞熱帶。中國分布於浙江、安徽、江西、福建、臺灣、重慶和四川;日本亦產。全草供藥用。

《辭源》的解釋是:

【水龍】指水軍的戰船。三國吳時童謡曰:"不畏岸上虎,但畏水中龍。"其後晉王濬以舟師直入建業,滅吴。事見晉書五行志·中·羊祜傳、王濬傳。後因以水龍爲戰船的別稱。北周庾

---

① 《辭海》(2009 年版)以音序編排,後附《部首索引》(201 部首)、《筆畫索引》、《四角號碼索引》和《詞目外文索引》。

信庚子山集十四周柱國楚國公岐州刺史慕容公神道碑："水龍競雙刀之勢,步奇(騎)陳四分之威。"

對比同一條目"水龍"的釋義,《辭海》著眼於它的植物學意義,《辭源》著眼於它的語文義,還特別關注詞語的出典。

(九)《古代漢語虛詞通釋》《古代漢語虛詞詞典》

《古代漢語虛詞通釋》出版於一九八五年。這是新中國成立後出版的一部較爲完備的古代漢語虛詞詞典,共收單音虛詞549個(加上異體字和通用字,共計639個),還收錄有複音虛詞和固定詞組660多個(所收虛詞分副詞、介詞、連詞、助詞、語氣詞、感嘆詞、助動詞、代詞、不定數詞九類)。詞目的確定參照了前人和當代學者的同類著作,對大量的古籍進行了調查(特別是先秦影響較大的著作),基本上涵蓋了古漢語中的常用虛詞。

詞典對每個虛詞標注讀音和詞類,列舉書證解釋意義和用法。對一些需要進一步解釋的問題,就以按語的形式說明。詞典用現代語言學理論研究文言虛詞,從形式和意義相結合的角度說明虛詞的特點,關注虛詞在句法結構中的功能分布和語法作用,避免了訓詁式的訓釋弊病。書中所舉文言例證都有現代漢語的翻譯,生僻字很多加注音,方便了讀者使用。

中國社會科學院語言研究所古代漢語研究室主編的《古代漢語虛詞詞典》在《古代漢語虛詞通釋》的基礎上擴充而成。共收單音虛詞762條,複合虛詞491條,慣用詞組289條,固定格式313條,共計1855條。除收錄古代漢語虛詞,還酌收了部分近代漢語虛詞,是目前收錄虛詞最多的文言虛詞詞典。這部詞典注重對虛詞歷史變化的考察,說明虛詞在不同歷史時期的不同用法或語法意義,對學習和研究古代漢語虛詞很有幫助。

第三單元

講讀文選

魏學洢

魏學洢(1596—1625),字子敬,明嘉善(在今浙江省)人。《明史》有傳。著作有《茅檐集》《魏子敬遺集》。

選文據《虞初新志》卷十,文學古籍刊行社一九五四年版。略有刪節。

核舟記

【説明】微雕是一項傳統工藝,在極小的東西上雕出各種情態的人和物。這篇短文對"曾不盈寸"的核舟作了生動細緻的描寫,充分顯示了微雕藝人王叔遠高超的技藝。

　　明有奇巧人曰王叔遠①,能以徑寸之木爲宮室、器皿、人物以至鳥獸、木石②,罔不因勢象形,各具情態③。嘗貽余核舟一,蓋大蘇泛赤壁云④。

　　概括介紹微雕藝人王叔遠,引出核舟。

① 奇巧人：手藝精巧的人。奇：不尋常。
② 徑寸：一寸長。爲：動詞，這裏指雕刻。木石：樹木和石頭（的造型）。
③ 罔（wǎng）不：無不，没有不。因勢象形：就著木塊的樣子，模擬（要雕刻的東西的）形態。因：依據。象：比照模仿。各具情態：各有各的情態。
④ 貽（yí）：送給。蓋：語氣副詞，表示推斷。大蘇泛赤壁：蘇軾遊赤壁。大蘇：指蘇軾，號東坡，宋代著名文學家（參看《超然臺記》作者介紹）。别人稱他和他的弟弟蘇轍爲"大蘇""小蘇"。泛：在水上漂浮。這裏指坐船在水上遊覽。赤壁：著名的古戰場，在今湖北省。三國時孫權與劉備的聯軍同曹操大戰於此（史稱赤壁之戰）。蘇軾曾幾次遊赤壁（但不是三國時的古戰場），寫有《前赤壁賦》和《後赤壁賦》。云：句末語氣詞。

舟首尾長約八分有奇，高可二黍許①。中軒敞者爲艙，箬篷覆之②。旁開小牕③，左右各四，共八扇。啓牕而觀，雕欄相望焉④。閉之，則右刻"山高月小，水落石出"，左刻"清風徐來，水波不興"⑤，石青糁之⑥。

記述核舟的大小及構造。

① 分：長度單位。十分等於一寸。有：通"又"。奇（jī）：餘數，零頭。可：大約。二黍（shǔ）許：二黍左右。黍：中國北方的一種農作物，古代用來做長度單位，一百個黍粒縱著排放起來是一尺，二黍許就是二分左右。許：大約（表示數目）。
② 軒（xuān）敞者：高起寬敞的部分。軒：高起。箬（ruò）篷：用箬竹葉做的船篷。箬：又寫作"篛"，一種竹子。覆：蓋。
③ 牕：同"窗"。
④ 啓：打開。雕欄相望：雕刻著花紋的欄杆左右相對。
⑤ "山高月小，水落石出"：《後赤壁賦》中的句子。"清風徐來，水波不興"：《前赤壁賦》中的句子。徐：緩緩地。興：起。
⑥ 石青：一種青翠色的顔料。糁（sǎn）之：把石青填塗在刻字的凹處。糁：（把粉末摻水）填入或塗上。

船頭坐三人，中峨冠而多髯者爲東坡①，佛印居右②，魯直居左③。蘇黃共閱一手卷④。東坡右手執卷端，左手撫魯直背⑤。魯直左手執卷末，右手指卷，如有所語⑥。東坡現右足，魯直現左足，各微側⑦；其兩膝相比者，各隱卷底衣褶中⑧。佛印絕類彌勒⑨，袒胸露乳，矯首昂視，神情與蘇黃不屬⑩。臥右膝，詘右臂支船，而豎其左膝⑪；左臂掛念珠倚之，珠可歷歷數也⑫。

記述船頭蘇東坡、佛印、黃魯直三人的情態。

① 峨(é)冠：高高的帽子。髯(rán)：鬍子。
② 佛印：一個法號爲佛印的和尚，蘇軾的朋友。
③ 魯直：宋代文學家黃庭堅(1045－1105)，字魯直，號山谷道人，也是蘇軾的朋友。
④ 手卷(juàn)：(橫幅的)書畫卷子。
⑤ 卷端：卷子的右端。撫：手輕輕地按著。
⑥ 卷末：卷子的左端。如有所語：好像在說什麼話。
⑦ 現：露出。微側：(身體)稍微側轉一點。側：斜著。
⑧ 其兩膝相比(bì)者：指蘇、黃兩個人靠著的兩膝。比：並排挨著。各隱卷底衣褶(zhě)中：這是說從衣褶可以看出下面相並的兩膝。衣褶：衣服折疊留下的痕跡。
⑨ 絕類：極像。彌(mí)勒：佛教中的菩薩之一。寺廟中彌勒的塑像是袒胸露乳，滿面笑容。
⑩ 矯(jiǎo)首：抬頭。矯：舉起。昂視：向上看。不屬(zhǔ)：不相關聯。意思是神情完全不同。屬：連接。
⑪ 臥右膝：右膝臥倒。詘(qū)右臂：彎曲右臂。詘：通"屈"。
⑫ 左臂掛念珠倚(yǐ)之：掛著念珠的左臂靠著左膝。念珠：佛教徒誦經時用來計數的成串的珠子。倚：靠。歷歷：一個一個清清楚楚。

　　舟尾橫臥一楫，楫左右舟子各一人①。居右者椎髻仰面②，左手倚一衡木，右手攀右趾③，若嘯呼狀④。居左者右手執蒲葵扇⑤,左手撫爐,爐上有壺。其人視端容寂,若聽茶聲然⑥。

　　記述船尾舟子的情態。

① 楫(jí):同"楫",船槳。舟子:駕船的人。
② 椎(chuí)髻(jì):椎形的髮髻。椎:形狀像棒的一種敲擊的器具。髻:綰在一起的髮結。
③ 衡:通"橫"。攀(pān):抓著。趾:脚。
④ 像呼喊的樣子。嘯(xiào):撮口出聲。
⑤ 蒲(pú)葵(kuí):一種植物,葉子寬大,可以做扇子。
⑥ 視端:眼睛正視(茶爐)。端:端正。容寂(jì):神色平靜。寂:平靜。若聽茶聲然:那樣子好像是在聽茶水烹煮的聲音。若……然:好像……的樣子。

　　其船背稍夷①,則題名其上,文曰:"天啓壬戌秋日虞山王毅叔遠甫刻②。"細若蚊足,鉤畫了了,其色墨③。又用篆章一,文曰"初平山人",其色丹④。

　　記述船背的文字。

① 船背:船的底部。夷(yí):平。
② 文:字。天啓:明朝熹宗的年號。壬(rén)戌(xū):古代用干支紀年,壬戌年是天啓二年(1622)。虞山:山名,在江蘇省常熟市。這裏用來指代王毅的籍貫常熟。王毅叔遠甫(fǔ):姓王名毅字叔遠。"甫"是男子的美稱,附在字的後面。
③ 鉤(gōu)畫:刻畫。了了:清清楚楚。墨:黑。
④ 篆(zhuàn)章:篆字圖章。丹:紅。

　　通計一舟①:爲人五②;爲窗八;爲箬篷、爲楫、爲爐、爲壺、爲手卷、爲念珠各一;對聯、題名並篆文,爲字共三十有四③；而計其長曾不盈寸④，蓋簡桃核修狹者爲之⑤。

魏子詳矚既畢，詫曰⑥：“嘻，技亦靈怪矣哉⑦！”

結尾總括核舟的構造、人物、文字。

① 通計：全部計算。
② 爲：這裏指雕刻。
③ 有：通"又"。
④ 曾(zēng)不盈寸：連一寸都不滿。曾：副詞，用來加強語氣，常與"不"連用。盈：滿。
⑤ 簡：挑選。修狹：長而窄。
⑥ 魏子：作者自稱。詳矚(zhǔ)：細看。詫(chà)：驚異。
⑦ 嘻：表示驚嘆。靈怪：神奇。矣哉：兩個語氣詞連用，加強感嘆的語氣。

王士禛

王士禛(1634—1711)，字子真，一字貽上，號漁洋山人，新城(在今山東省)人。清文學家。累官至刑部尚書，其文學創作有盛名。著作有《帶經堂集》等。

選文據《池北偶談·談異七》，中華書局一九八二年版。

女俠

【說明】劍俠題材往往帶有傳奇色彩。文章著力刻畫了一位正直剛烈、嫉惡如仇、劍術高超的俠女形象。情節撲朔迷離，虛實相應，讀來引人入勝。

新城令崔懋以康熙戊辰往濟南①。至章丘西之新店②，遇一婦人，可三十餘③，高髻如宮粧④，髻上加氊笠⑤，錦衣弓鞋,結束爲急裝⑥。腰劍,騎黑衞,極神駿⑦。婦人神采四射,其行甚駛⑧。試問何人,停騎漫應曰⑨:"不知何許人⑩。""將往何處?"又漫應曰:"去處去⑪。"頃刻東逝,疾若飛隼⑫。崔云:"惜赴郡匆匆,未暇躡其蹤跡,或劍俠也⑬。"

記述女俠的裝束神采。

① 新城:在今山東省。以:於,在。康熙戊辰:清康熙二十七年(1688)。康熙是清聖祖玄燁的年號。
② 章丘:縣名,在今山東省。
③ 可:大約。
④ 高高的髮髻(jì)像宫中的妝束。
⑤ 氈(zhān)笠(lì):一種寬邊的氈帽。
⑥ 弓鞋:舊時纏脚的婦女穿的鞋子。結束爲急裝:紮束成很緊的裝束(便於行動)。結束:(用帶子等)裹束。急:緊。
⑦ 腰劍:腰間佩帶著劍。腰:用作動詞,腰間佩帶。劍:同"劍"。衞:驢的別稱。神駿(jùn):矯健。
⑧ 駛:快速。
⑨ 騎(舊讀 jì):騎的牲口。漫:隨意,不經心。
⑩ 何許:何處。
⑪ 去處去:到去的地方去。
⑫ 逝:去,往。疾:快速。隼(sǔn):一種兇猛的鳥。
⑬ 郡:指濟南府。未暇(xiá)躡(niè)其蹤跡:没有工夫跟蹤她。暇:空閒的時間。躡:踩,踏。或:或許(是)。劍俠:劍術高超的俠士。

從姪鶮因述萊陽王生言①:順治初②,其縣役某解官銀數千兩赴濟南③,以木夾函之④。晚將宿逆旅,主人辭焉⑤。且言鎮西北不里許有尼菴⑥,凡有行橐者皆往投宿,因導之往⑦。方入旅店時,門外有男子著紅帕頭,狀貌甚獰⑧。至尼菴,入門,有廳廡三間,東向⑨,牀榻備設⑩。北爲觀音大士殿⑪,殿側有小門,扃焉⑫。叩門久之,有老嫗出應⑬。告以故,嫗云:"但宿西廊不妨⑭。"久之,持硃封鐍山門而入⑮。

記述押送官銀的縣役投宿尼庵,引出劫掠官銀的男子。

① 從姪:堂姪。從:堂房親屬。鳶(yuān):人名。因:於是。萊陽:縣名,在今山東省。
② 順治:清世祖福臨的年號。
③ 解(jiè):押送。官銀:官府銀兩。
④ 函(hán):盛(chéng)放。
⑤ 逆旅:旅舍,客店。辭:推辭,不接受。
⑥ 里許:一里左右。尼菴(ān):尼姑(出家修行的女佛教徒)住的地方。菴:同"庵"。
⑦ 行橐(tuó):行囊。這裏指出行時帶的錢。橐:袋子。因:於是。導:引導。
⑧ 方:正要。著(zhuó):戴。帩(qiào)頭:古代男子包頭髮的巾。獰(níng):兇惡。
⑨ 廨(xiè):本指官署,這裏指房舍。東向:朝東。
⑩ 牀榻(tà):牀鋪。備設:設置齊備。
⑪ 觀音大士:觀世音,佛教菩薩之一。
⑫ 扃(jiōng):門閂。這裏用作動詞,給門上閂。
⑬ 叩門:敲門。嫗(yù):老婦人。
⑭ 告以故:把原因告訴她。但:只。
⑮ 硃封:用朱砂寫的封條。鐍(jué):本指(箱子上)安鎖的環狀物。這裏用作動詞,指封閉。山門:佛寺尼庵的外門。

役相戒夜勿寢①,明燈燭,手弓刀伺之②。三更,大風驟作③,山門砉然而闢④。方愕然相顧⑤,俄聞呼門聲甚厲⑥。眾急持械以待,而廨門已啟⑦。視之,即紅帩頭人也。徒手握束香擲於地,眾皆仆⑧。比天曉始甦,銀已亡矣⑨。急往市詢逆旅主人⑩，主人曰："此人時遊市上，無敢誰何者⑪，唯投尼菴客輒無恙⑫。今當往愬耳⑬。然尼異人，吾代往求之⑭。"

記述官銀夜間被劫掠。

① 相戒：互相告誡。
② 手：手拿。伺(sì)：察看動靜。
③ 更：古代把一夜的時間分爲五更（五個時段）。驟(zhòu)：突然。作：發生，起來。
④ 砉(xū)然：形容門開的聲音。闢(pì)：（門）開。
⑤ 愕(è)然：驚訝的樣子。相顧：互相看。
⑥ 倏(shū)：突然。厲：嚴厲。
⑦ 待：等待。啓：開。
⑧ 徒手：手裏沒有拿兵器。徒：空。擲(zhì)：扔。仆：倒下。
⑨ 比(舊讀 bì)：等到。曉：天剛亮。甦(sū)：昏死後醒過來。亡：失去。
⑩ 詢：問。
⑪ 時遊市上：時常在街市上遊蕩。誰何：查問。
⑫ 唯：只。輒(zhé)：就；總是。恙(yàng)：災禍。
⑬ 愬(sù)：訴說。
⑭ 異人：非同一般的人。

至則嫗出問故，曰："非爲夜失官銀事耶？"曰："然。"入白。頃之①，尼出，嫗挾蒲團敷坐②。逆旅主人跪白前事。尼笑曰："此奴敢來此弄狡獪，罪合死③。吾當爲一決④！"顧嫗入⑤，牽一黑衞出，取劍臂之⑥，跨衞向南山徑去⑦。其行如飛，倏忽不見⑧。

記述女俠決定出手相助。

① 頃(qǐng)之：頃刻，不一會兒。
② 挾：帶著。蒲(pú)團：用蒲草編成的圓形墊子，多爲僧尼所用。敷(fū)：展開來。
③ 弄狡獪(kuài)：做詭詐的事。狡獪：詭詐。合：應該。
④ 決：最終了斷。
⑤ 就見老嫗進去。
⑥ 臂：用作動詞，手持。
⑦ 徑：徑直，直接向某個方向（前進）。
⑧ 倏(shū)忽：極短的時間。

市人集觀者數百人。移時，尼徒步手人頭驅衛而返①。驢背負木夾函數千金，殊無所苦②。入門呼役曰："來視汝木夾官封如故乎③？"驗之，良是④。擲人頭地上，曰："視此賊不錯殺却否⑤？"衆聚觀，果紅帩頭人也。衆羅拜謝去⑥。比東歸，再往訪之，菴已鐍閉，空無人矣。

記述女俠斬殺劫掠者，凸顯其劍術的高超。

① 尼徒步手人頭驅衛而返：尼姑步行手提人頭趕著驢回來。手：用作動詞，手持。
② 負：背。殊無所苦：一點也不顯得疲憊。殊：極度的。
③ 如故：像原來的樣子。
④ 驗：查證。良：的確。
⑤ 視此賊不錯殺却否：看看這個賊人沒有殺錯吧？却：放在動詞後面表示結果。
⑥ 羅拜：圍成一圈下拜。謝：道謝。

尼高髻盛粧①，衣錦綺②，行纏羅襪③，年十八九，好女子也。市人云，尼三四年前挾嫗俱來，不知何許人。常有惡少夜入其室，腰斬擲垣外④，自是無敢犯者⑤。

結尾補叙女俠是一位美麗的年輕女子,極具神秘色彩。

① 盛粧:裝束華美。
② 身穿錦繡。衣(yì):穿(衣服)。錦:有彩色圖案的絲織品。綺(qǐ):有文彩的絲織品。
③ 行纏(chán):綁腿布。這裏是説打著綁腿。羅襪:絲襪。
④ 常:通"嘗",曾經。腰斬:攔腰斬斷。垣(yuán):牆。
⑤ 犯:觸犯。

蒲松齡

蒲松齡(1640—1715),字留仙,別號柳泉居士,世稱聊齋先生,淄川(在今山東省)人。清代文學家。蒲松齡家境貧困,屢試不第,長期在家鄉做塾師,對下層社會有較深刻的了解。蒲松齡積數十年之功寫成的《聊齋志異》,是一部文言體短篇小説集。以民間傳説爲基礎,加以豐富的想象,談狐説鬼,陰陽迭現,創造了衆多鮮明的形象。小説構思奇妙,情節曲折,語言生動,筆鋒辛辣,暴露了當時黑暗的社會現實,抨擊了荒謬的科舉制度和封建禮教,肯定了青年男女的真誠愛情,在中國文學史上占有重要的地位。

選文據會校會注會評本《聊齋志異》卷十一,上海古籍出版社一九七八年版。

石清虛

【説明】小説寫一個名叫邢雲飛的人,愛石如命。他得到一塊奇石後十分珍愛,不料接連有"勢豪""尚書"等人爲將此石攫爲己有,無所不用其極。經過種種曲折,這塊奇石失而復得,終究"石與人相終始",説明了"天下之寶,當與愛惜之人"。

邢雲飛,順天人①。好石,見佳石,不惜重直②。偶漁於河③,有物挂網,沉而取之,則石徑尺,四面玲瓏,峰巒疊秀④。喜極,如獲異珍。

記述邢雲飛偶得佳石。

① 順天:順天府,即今北京市。
② 佳:好。重直:大價錢。直:後作"值"。
③ 漁:打魚。
④ 徑尺:直徑一尺。玲(líng)瓏(lóng):精巧光潔。峰巒(luán)疊秀:形容石頭參差凹凸如一層一層的山巒。巒:山。秀:秀美(的景色)。

既歸,雕紫檀爲座,供諸案頭①。每值天欲雨,則孔孔生雲,遙望如塞新絮②。有勢豪某踵門求觀③。既見,舉付健僕,策馬徑去④。邢無奈,頓足悲憤而已⑤。

僕負石至河濱,息肩橋上⑥,忽失手,墮諸河⑦。豪怒,鞭僕。即出金僱善泅者⑧,百計冥搜,竟不可見⑨,乃懸金署約而去⑩。由是尋石者日盈於河,迄無獲者⑪。後邢至落石處,臨流於邑⑫,但見河水清澈,則石固在水中⑬。邢大喜,解衣入水,抱之而出。攜歸,不敢設諸廳所,潔治內室供之⑭。

記述佳石被某勢豪強奪,失落水中又爲邢氏所得。

① 紫檀(tán):紫檀木。木質堅硬,花紋美觀,是一種名貴的木材。供諸案頭:把石頭供在案頭。供:擺放食物或東西表示禮敬。案:擺放物品的桌子。
② 值:碰上。欲雨:要下雨。絮(xù):絲綿。
③ 勢豪:惡霸,有勢力橫行不法的人。踵(zhǒng):到。
④ 付:交給。健僕:壯健的僕人。策:鞭打(馬)。徑去:徑直離開。
⑤ 頓足:頓腳,用腳跺地。

⑥ 負：背。濱（bīn）：水邊。息肩：把肩膀上背的東西放下來休息。
⑦ 墮（duò）：落下，掉下。諸：相當於"之於"，"之"指代石。
⑧ 出金：出錢。泅（qiú）：游泳。
⑨ 百計：用各種辦法。冥（míng）搜：在昏暗的水中搜尋。冥：昏暗不清。搜：尋找隱藏的東西。竟：終究，到頭來。
⑩ 懸金：懸賞金錢。署（shǔ）約：簽署協約文字。署：在文書上簽名。
⑪ 盈（yíng）：充滿。迄（qì）：終究，到頭來。
⑫ 臨流：對著水流。於（wū）邑：即"嗚唈"。嗚咽，抽泣。
⑬ 但：只。固在：原本就在。
⑭ 攜（xié）：同"携"，帶上。設：放。諸：相當於"之於"，"之"指代石。廳所：廳堂。潔（jié）治：整治乾淨。

　　一日，有老叟款門而請，邢託言石失已久①。叟笑曰："客舍非耶②？"邢便請入舍，以實其無③。及入，則石果陳几上，愕不能言④。叟撫石曰："此吾家故物⑤，失去已久，今固在此耶。既見之，請即賜還⑥。"邢窘甚，遂與爭作石主⑦。叟笑曰："既汝家物，有何驗證⑧？"邢不能答。叟曰："僕則故識之⑨：前後九十二竅⑩，巨孔中五字云：'清虛天石供。'"邢審視⑪，孔中果有小字，細如粟米，竭目力裁可辨認⑫。又數其竅，果如所言。邢無以對，但執不與⑬。叟笑曰："誰家物，而憑君作主耶⑭？"拱手而出。邢送至門外，既還，已失石所在⑮。邢急追叟，則叟緩步未遠。奔牽其袂而哀之⑯。叟曰："奇哉！徑尺之石，豈可以手握袂藏者耶⑰？"邢知其神，強曳之歸，長跽請之⑱。叟乃曰："石果君家者耶？僕家者耶⑲？"答曰："誠屬君家，但求割愛耳⑳。"叟曰："既然，石固在是㉑。"入室，則石已在故處㉒。叟曰："天下之寶，當與愛惜之人。此石能自擇主㉓，僕亦喜之。然彼急於自見，其出也早，則魔劫未除㉔。實將攜去，待三年後始以奉贈㉕。既欲留之，當減三年壽數，乃可與君相終始㉖。君願之乎？"曰："願。"叟乃以兩指捏一竅，竅軟如泥，隨手而閉。閉三竅已㉗,曰:"石上竅數,即君壽也。"作別欲去㉘。邢苦留之,辭甚堅㉙。問其姓字,亦不言。遂去。

一位神秘的老叟向邢氏揭示了佳石的來歷,邢氏表示寧願減三年的壽命也要與佳石相終始。

① 叟(sǒu):老年男子。款(kuǎn)門:敲門。託言:藉口。
② 客舍非耶:客舍裏不是嗎?耶(yé):疑問語氣詞。
③ 實:證實。
④ 陳:放。几(jī):一種矮而小的桌子。愕(è):驚訝。
⑤ 故物:舊有的東西。
⑥ 賜還:請歸還。"賜"是敬辭。
⑦ 窘(jiǒng):窘迫。處境爲難,不知道該怎麼辦。遂:於是。
⑧ 汝家物:你家的東西。
⑨ 僕(pú):謙稱自己。故識:原本就知道。
⑩ 竅(qiào):孔洞。
⑪ 審:仔細。
⑫ 粟(sù):穀子,去殼後叫小米。竭:盡;用盡。裁可:纔能。裁:通"纔"。
⑬ 無以:沒有……用來。執:抓住,緊握。與:給。
⑭ 憑(píng):任憑。
⑮ 失石所在:找不到石頭在哪兒。
⑯ 牽其袂(mèi):拉住他的衣袖。袂:衣袖。哀之:哀求他。
⑰ 豈可以手握袂藏者耶:怎麼能握在手裏藏在袖子裏呢?
⑱ 強(qiǎng)曳(yè):用力拉。曳:拉,拖。長跽(jì):長跪,兩膝著地挺直上身。
⑲ 果:果真(是)。
⑳ 但:只。割愛:捨棄喜愛的東西。
㉑ 在是:在這兒。
㉒ 故處:原來的地方。
㉓ 自擇主:自己選擇主人。
㉔ 然:但是。彼:指石頭。自見(xiàn):自己顯露自己。見,後作

"現"。魔劫:命中注定的災難。
㉕ 實將攜(xié)去:(我)實際上是要帶它離開。奉:敬辭。
㉖ 相終始:意思是永遠在一起。
㉗ 閉:(竅)閉合。已:完了。
㉘ 作別:告別。
㉙ 苦留:艱難地、費力地挽留。辭:辭別。堅:堅決。

積年餘,邢以故他出①,夜有賊入室,諸無所失,惟竊石而去②。邢歸,悼喪欲死③。訪察購求④,全無踪跡。積有數年,偶入報國寺,見賣石者,則故物也。將便認取,賣者不服,因負石至官。官問:"何所質驗⑤?"賣石者能言竅數。邢問其他,則茫然矣⑥。邢乃言竅中五字及三指痕,理遂得伸⑦。官欲杖責賣石者⑧,賣石者自言以二十金買諸市,遂釋之⑨。

有賊竊石而去,佳石又一次爲邢氏復得。

① 以故:因爲某種原因。他出:外出到別的地方。
② 諸:表示複數,各樣東西。惟:只。竊(qiè):偷。
③ 悼(dào)喪(sàng):悼、喪都是悲傷的意思。
④ 購:重價徵求。
⑤ 何所質驗(yàn):有什麼驗證。
⑥ 茫然:形容不清楚的樣子。
⑦ 遂:於是。伸:(事理)沒有被歪曲,展現出來。
⑧ 責:處罰。
⑨ 釋:釋放。

邢得石歸,裹以錦,藏櫝中①。時出一賞,先焚異香而後出之②。有尚書某購以百金,邢曰:"雖萬金不易也③。"尚書怒,陰以他事中傷之④。邢被收,典質田產⑤。尚書託他人風示其子,子告邢,邢願以死殉石⑥。妻竊與子謀,獻石尚書家⑦。邢出獄始知，罵妻毆子，屢欲自經⑧。家人覺救，得不死⑨。夜夢一丈夫來⑩，自言"石清虛"。戒邢勿戚⑪："特與君年餘別耳⑫。明年八月二十日，昧爽時可詣海岱門，以兩貫相贖⑬。"邢得夢，喜，謹誌其日⑭。

某尚書爲霸占佳石陷害邢氏。石清虛給邢氏託夢，佳石又有了回歸的希望。

① 裹以錦：用錦緞包裹。錦：有彩色花紋的絲織品。櫝（dú）：木匣子。
② 異：奇異，不同尋常。出之：取出石頭。出：使……出。
③ 易：交換。
④ 陰：暗中。他事：別的事。中（zhòng）傷：誣陷別人使受傷害。
⑤ 收：拘捕。典質：以財產作抵押。
⑥ 風（fěng）示：用含蓄的話暗示。殉（xùn）：爲……而死。
⑦ 竊：暗中。謀：商議，計劃。
⑧ 毆（ōu）：打（人）。經：上吊。
⑨ 覺：覺察。
⑩ 丈夫：成年男子。
⑪ 戒：告誡。戚（qī）：悲傷。
⑫ 特：只。年餘：一年多。
⑬ 昧爽：黎明時分。詣（yì）：到。海岱門：即今北京市的崇文門。貫：古代銅錢用繩穿，千錢爲一貫。贖（shú）：用財物換回抵押品。這裏是買回的意思。
⑭ 謹（jǐn）誌：小心地記下。

其石在尚書家，更無出雲之異，久亦不甚貴重之①。明年，尚書以罪削職，尋死②。邢如期至海岱門，則其家人竊石出售，因以兩貫市歸③。後邢至八十九歲，自治葬具，又囑子必以石殉④。及卒，子遵遺教，瘞石墓中⑤。半年許，賊發墓，劫石去⑥。子知之，莫可追詰⑦。越二三日，同僕在道，忽見兩人,奔躓汗流,望空投拜曰⑧:"邢先生勿相逼,我二人將石去⑨,不過賣四兩銀耳。"遂縶送到官,一訊即伏⑩。問石,則鬻諸宮氏⑪。取石至,官愛玩,欲得之,命寄諸庫⑫。吏舉石,石忽墮地,碎爲數十餘片,皆失色⑬。官乃重械兩盜論死⑭。邢子拾碎石出,仍瘞墓中。

記述邢氏死時以石陪葬,佳石墓中被盜、又被某官劫取而終歸於邢家的曲折遭遇。

① 更無出雲之異:再也沒有"孔孔生雲"的奇異景象。貴重之:把石看得特別貴重。
② 削職:撤職。尋:不久。
③ 其家人:尚書的家裏人。因:於是。市:買。
④ 囑(zhǔ):囑咐。殉:殉葬,用人或物品陪葬。
⑤ 卒:死。遺教:死前留下的話。瘞(yì):埋葬。
⑥ 發:打開。劫:強取。
⑦ 追詰(jié):追究。
⑧ 越:過了。奔躓(zhì):磕磕絆絆地跑。躓:跌倒,絆倒。投拜:身子仆倒下拜。
⑨ 將:拿。
⑩ 遂:於是。縶(zhí):捆綁。訊:審問。伏:承當(罪行)。
⑪ 鬻(yù):賣。
⑫ 玩:玩賞。寄:寄放,暫時存放。
⑬ 失色:(因驚恐而)表情改變,變臉色。
⑭ 重械:很重的刑具。論:判罪。

異史氏曰①:物之尤者禍之府②。至欲以身殉石,亦癡甚矣③。而卒之石與人相終始④,誰謂石無情哉?古語云"士爲知己者死",非過也⑤。石猶如此,何況於人。

發表議論,說明石亦有情,又何況是人。

① 異史氏：《聊齋志異》中作者用異史氏的名義發表議論。
② 物之尤者：即珍奇之物。尤：特出的，優異的。禍之府：災禍聚集的地方。
③ 癡（chī）：癡心，癡情，極度迷戀不能自拔。
④ 卒：到最後。
⑤ 士爲知己者死：語見《戰國策·趙策一》。士：士人。知己者：理解自己的人。

謝濟世

謝濟世（1688—1756），字石霖，號梅莊。清全州（在今廣西壯族自治區）人。歷任湖南糧儲道、驛鹽道等官。著作有《纂言》等。

選文據《梅莊雜著》，廣西人民出版社二〇〇一年版。

戇子記

【說明】文章描寫一個性情剛直的僕人，對主人忠心耿耿，不計個人得失，特別是在危難關頭能挺身而出，與主人共患難。主人最終認識到只有這樣耿直的人纔"可用""有用"。

梅莊主人在翰林①，傭僕三②：一黠，一樸，一戇③。

開頭交代梅莊主人有三個僕人。

① 梅莊：謝濟世的號。翰（hàn）林：翰林院，官署名。謝濟世考中進士後，改選翰林院庶吉士，後授翰林院檢討。
② 傭（yōng）：雇傭。出錢讓人給自己做事。
③ 黠（xiá）：聰明又狡猾。樸：爲人實在。戇（zhuàng）：性情剛直。

一日，同館諸公小集①。酒酣②，主人曰："吾輩興闌矣③，安得歌者侑一觴乎④？"黠者應聲曰："有。"既又慮戇者有言⑤,乃白主人,以他故遣之出⑥,令僕者司閽⑦,而自往召之。召未至,戆者已歸,見二人抱琵琶到門⑧,詫曰:"胡爲來哉⑨?"黠者曰:"奉主命。"戆者厲聲曰⑩:"自吾在門下十餘年,未嘗見此輩出入,必醉命也⑪。"揮拳逐去。客哄而散,主人愧之⑫。

記述戆子不顧主人的情面趕走了勸酒的歌者。

① 同舘諸公:同在翰林院的官員。小集:指聚在一起喝酒。
② 酣(hān):酒喝得痛快。
③ 闌(lán):意思是酒興差不多盡了。闌:殘,衰減。
④ 安得:哪裏能找到。侑(yòu)一觴(shāng):指勸酒。侑:勸(食、飲)。觴:古代的一種飲酒器。
⑤ 既又慮戆者有言:自己説過了又擔心戆直的僕人有反對的話要説。既:表示行爲動作完成。
⑥ 白:報告。以他故遣(qiǎn)之出:用別的事派他出去。遣:派,打發。
⑦ 司閽(hūn):看門。司:掌管。閽:門。
⑧ 琵琶(pípa):一種弦樂器。
⑨ 詫(chà):吃驚,覺得奇怪。胡爲:爲什麽。疑問代詞"胡"作"爲"的前置賓語。
⑩ 厲聲:(説話)聲音嚴厲。
⑪ 此輩:這類人。必醉命:一定是喝醉酒下的命令。
⑫ 哄(hòng):吵吵嚷嚷。愧之:對此感到羞愧。

　　一夕,然燭酌酒校書①。天寒,瓶已罄,顏未酡②。黠者眴僕者再酤③,遭戆者於道④,奪瓶還諫曰:"今日二瓶,明日三瓶,有益無損也⑤。多酤傷費⑥,多飲傷身,有損無益也。"主人強頷之⑦。

記述戆子阻攔主人過度飲酒。

① 然:點燃。後作"燃"。酌(zhuó)酒:斟酒喝。校(jiào)書:比較同一部書的不同版本,考訂文字異同。
② 罄(qìng):(器皿)空,盡。顏:臉面。酡(tuó):喝了酒臉色發紅。
③ 眴(shùn):眨眼。這裏指使眼色。酤(gū):買酒。
④ 遭:遭遇,碰到。
⑤ 今日二瓶,明日三瓶:今天喝兩瓶,明天就會喝三瓶。益:增加。損:減少。
⑥ 傷費:錢花費多。費:費用。
⑦ 强(qiǎng):勉强。頷(hàn):點頭。

既而改御史①。早朝,書童掌燈②,傾油污朝衣③,點者頓足曰:"不吉④。"主人怒,命僕者行杖⑤。戀者止之,諫曰:"僕嘗聞主言:古人有羹污衣、燭燃鬚不動聲色者,主能言不能行乎⑥?"主人遷怒曰⑦:"爾欲沽直耶?市恩耶⑧?"應曰:"恩自主出,僕何有焉⑨?僕效愚忠⑩,而主曰沽直。主今居言路⑪,異日跪御榻與天子爭是非⑫;坐朝班與大臣争獻替⑬;棄印綬其若屣,甘遷謫以如歸⑭。主亦沽直而爲之乎⑮?人亦謂主沽直而爲之乎⑯?"主人語塞,謝之,而心頗銜之⑰。

記述戀子不顧主人惱怒,阻攔杖責書童。

① 御史:官名,負責糾察官員。
② 書童:舊時在有錢人家侍候主人或子弟讀書並兼做雜事的未成年的僕人。掌燈:端著燈。
③ 傾(qīng)油:燈油斜倒出來。污:弄髒。朝衣:上朝穿的禮服。
④ 頓足:跺腳。不吉:不吉利。
⑤ 行杖:用棍杖責打。
⑥ 羹(gēng)污衣:《後漢書·劉寬傳》載,一次女僕給劉寬端肉羹,弄髒了朝服。劉寬神色如常,還問女僕燙傷了沒有。燭燃鬚:《宋名臣言行錄》載,北宋大臣韓琦在定州時晚上寫信,士兵端著蠟燭照

明,不慎燭火燒了韓琦的鬍鬚。韓琦揮揮手繼續寫信。能言不能行:能說卻不能做到。
⑦ 遷怒:把怒氣發到別人身上。
⑧ 沽(gū)直:賺取正直的名聲。沽:買。市恩:博得別人的感恩之情。
⑨ 恩德出自主人,我有什麼恩德可言呢？疑問代詞"何"作動詞"有"前置賓語。
⑩ 效:獻。
⑪ 居言路:指擔任御史。言路:指言官。御史負有諫諍進言的責職。
⑫ 異日:來日。跪御榻(tà):跪在皇帝面前。御榻:供皇帝坐臥的一種矮牀。
⑬ 朝班:古代臣下朝見皇帝時按官職高低分班排列的位次。獻替:臣下向君主進言,陳述那些是可行的,廢去不可行的。獻:進言。替:廢棄。
⑭ 印綬(shòu):官印。綬:繫佩官印的絲帶。屣(xǐ):鞋。甘遷謫(zhé)以如歸:受到貶官外放的懲處就像回家一樣樂意。甘:甘心,樂意。遷謫:官員因罪降職並外放。
⑮ 難道主人也是爲了博取正直的名聲而那樣做嗎？爲(wéi)之:做……事。
⑯ 人亦謂:別人也認爲。
⑰ 語塞:一時說不出話。謝:道歉。銜(xián):懷恨。

　　由是黠者日夜伺其短①,誘樸者共媒蘖②,勸主人逐之③。會主人有罪下獄,不果④。未幾,奉命戍邊,出獄治裝⑤。黠者逃矣,樸者亦力求他去⑥。戇者攘臂而前曰⑦:"此吾主報國之時,即吾儕報主之時也⑧。僕願往。"市馬,造車,制穹廬⑨,備糧糗以從⑩。

　　於是主人喟然嘆曰⑪:"吾向以爲黠者有用⑫,樸者可用也。乃今而知黠者有用而不可用,而戇者可用也;樸者可用而實無用,而戇者有用也。"

　　養以爲子,名曰戇子云⑬。

危難時刻,戇子追隨主人,不離不棄。

① 伺(sì)其短:窺察戇者的短處。
② 媒櫱(niè):發酵做酒。這裏指釀成他人的罪過。媒:通"酶",酵母。櫱:酒麴。
③ 逐:驅趕。
④ 果:(事情)做成,實現。
⑤ 未幾:不久。戍(shù)邊:這裏指流放邊塞。戍:防衛。治裝:置辦行裝。
⑥ 他去:到別處去。他:別的。
⑦ 攘(rǎng)臂:捋起袖子,露出胳膊。
⑧ 即:就是。吾儕(chái):我們這些人。儕:輩,類。
⑨ 穹(qióng)廬(lú):古代遊牧民族住的氈帳。這裏指流放途中供歇宿的幕帳。
⑩ 糧糗(qiǔ):乾糧。炒熟的米、麥等穀物。
⑪ 喟(kuì):嘆息。
⑫ 向:一向。
⑬ 云:助詞,用於句末,無意義。

閱讀文選

蜀賈①(劉基)

【說明】三個賣藥的商人,藥材不好而價格便宜的生意反而最好,故事發人深省。

蜀賈三人,皆賣藥于市。其一人專取良,計入以爲出②,

不虛價亦不過取贏。一人良不良皆取焉,其價之賤貴,惟買者之欲而隨以其良不良應之。一人不取良,惟其多賣,則賤其價,請益則益之,不較③。於是爭趨之,其門之限月一易④,歲餘而大富。其兼取者趨稍緩,再朞亦富。其專取良者肆日中如宵⑤,旦食而昏不足。

郁離子見而歎曰⑥:"今之爲士者亦若是夫!昔楚鄙三縣之尹三⑦,其一廉而不獲于上官,其去也無以僦舟,人皆咲以爲癡⑧。其一擇可而取之,人不尤其取而稱其能賢⑨。其一無所不取以交于上官,子吏卒而賓富民⑩,則不待三年,舉而任諸綱紀之司⑪,雖百姓亦稱其善,不亦怪哉!"

① 選文據四部叢刊本《誠意伯劉文成公文集》卷二。作者劉基(1311—1375),字伯溫,青田(在今浙江省)人。輔佐朱元璋建立明朝,爲明初大臣。《明史》有傳。題目爲編者所加。
② 入:進價。出:賣出價。
③ 較:計較。
④ 限:門檻。易:更換。
⑤ 肆:店鋪。日中如宵:大白天如同夜晚。
⑥ 郁離子:是作者假託爲自己代言的人物。
⑦ 鄙:邊遠地區。尹:春秋時楚國的長官多稱尹。
⑧ 僦(jiù):租賃。咲:同"笑"。
⑨ 尤:責怪。
⑩ 子吏卒:把下屬當作兒子一樣對待。賓富民:把富人當作賓客一樣對待。
⑪ 綱紀之司:綜理一府或州郡之事的官員,地位高於縣尹。

徽州唐打獵①(紀昀)

【説明】故事描寫一個"鬚髮皓然"的老翁持斧斬殺猛虎,文筆生動有趣。

族兄中涵知旌德縣時②,近城有虎暴,傷獵戶數人,不能捕。邑人請曰:"非聘徽州唐打獵不能除此患也③。"乃遣吏持幣往。歸報唐氏選藝至精者二人,行且至。至則一老翁,鬚髮皓然,時咯咯作嗽;一童子十六七耳。大失望,姑命具食。老翁察中涵意不滿,半跪啟曰:"聞此虎距城不五里,先往捕之,賜食未晚也。"遂命役導往。

役至谷口,不敢行。老翁哂曰④:"我在,爾尚畏耶?"入谷將半,老翁顧童子曰:"此畜似尚睡,汝呼之醒。"童子作虎嘯聲,果自林中出,徑搏老翁。老翁手一短柄斧,縱八九寸,橫半之,奮臂屹立。虎撲至,側首讓之。虎自頂上躍過,已血流仆地。視之,自頷下至尾閭⑤,皆觸斧裂矣。乃厚贈遣之。

老翁自言煉臂十年,煉目十年。其目以毛帚掃之不瞬⑥;其臂使壯夫攀之,懸身下縋不能動。……嘗見史舍人嗣彪⑦,暗中捉筆書條幅,與秉燭無異。又聞靜海勵文恪公⑧,剪方寸紙一百片,書一字其上,片片向日疊映,無一筆絲毫出入。均習而已矣,非別有謬巧也。

① 選文據《閱微草堂筆記》卷十一《槐西雜誌一》,上海古籍出版社一九八〇年版。《閱微草堂筆記》二十四卷,作者紀昀(1724—1805),字曉嵐,一字春帆。直隸獻縣(在今河北省)人。清代學者、文學家。文章題目爲後加。
② 知:主持(一個地區的政務)。旌德縣:在今安徽省。
③ 徽州:在今安徽省。
④ 哂(shěn):微笑。
⑤ 尾閭(lú):身體的末端。
⑥ 瞬(shùn):眨眼。
⑦ 舍人:官名。
⑧ 靜海:縣名,在今天津市。

練習三

一、熟讀本單元講過的文章。

二、閱讀本單元的閱讀文選。

三、給下面句子中加點的字注音：
1. 中軒敞者爲艙，箬篷覆之。（魏學洢《核舟記》）
2. 矯首昂視，神情與蘇黃不屬。（魏學洢《核舟記》）
3. 方入旅店時，門外有男子著紅帩頭，狀貌甚獰。（王士禛《女俠》）
4. 邢知其神，强曳之歸，長跽請之。（《聊齋志異·石清虛》）
5. 叟乃以兩指捏一竅。（《聊齋志異·石清虛》）
6. 至欲以身殉石，亦癡甚矣。（《聊齋志異·石清虛》）
7. 天寒，瓶已罄，顏未酡。（謝濟世《戇子記》）
8. 棄印綬其若屣。（謝濟世《戇子記》）

四、解釋下面句子中加點的詞：
1. 罔不因勢象形，各具情態。（魏學洢《核舟記》）
2. 左刻"清風徐來，水波不興"。（魏學洢《核舟記》）
3. 啓牕而觀，雕欄相望焉。（魏學洢《核舟記》）
4. 久之，持砘封鐍山門而入。（王士禛《女俠》）
5. 驢背負木夾函數千金，殊無所苦。（王士禛《女俠》）
6. 徒手握束香擲於地，衆皆仆。（王士禛《女俠》）
7. 百計冥搜，竟不可見。（《聊齋志異·石清虛》）
8. 半年許，賊發墓，劫石去。（《聊齋志異·石清虛》）
9. 尚書怒，陰以他事中傷之。（《聊齋志異·石清虛》）
10. 傭僕三：一點，一樸，一戇。（謝濟世《戇子記》）

五、查閱工具書，解釋下面語詞中加點的字：
1. 興起　題字　啓封　封存　徒手　負責　讀竟　揭發　質樸　容顏
2. 興風作浪　小題大做　封山育林　難以啓齒　徒勞無功　負荆請罪　有志者事竟成　滄海一粟　引而不發　和顏悅色

六、把下面的句子譯成現代漢語：
1. 佛印絕類彌勒，袒胸露乳，矯首昂視，神情與蘇黃不屬。（魏學洢

《核舟記》）
2. 其人視端容寂,若聽茶聲然。（魏學洢《核舟記》）
3. 頃刻東逝,疾若飛隼。（王士禛《女俠》）
4. 叩門久之,有老嫗出應。告以故,嫗云："但宿西廂不妨。"（王士禛《女俠》）
5. 役相戒勿夜寢,明燈燭,手弓刀伺之。（王士禛《女俠》）
6. 徒手握束香擲於地,衆皆仆。比天曉始甦,銀已亡矣。（王士禛《女俠》）
7. 既見,舉付健僕,策馬徑去。（《聊齋志異・石清虛》）
8. 邢無以對,但執不與。（《聊齋志異・石清虛》）
9. 官欲杖責賣石者,賣石者自言以二十金買諸市,遂釋之。（《聊齋志異・石清虛》）
10. 既又慮戇者有言,乃白主人,以他故遣之出。（謝濟世《戇子記》）

七、名詞解釋：
　　隸變　六書　異體字　分化字
八、分析下面的字形結構：
　　示例　(1)牧：從牛從攴會意。　(2)注：從水主聲。
　　牢　鳴　逐　功　郊　膳　聞　賞　怒　悲
九、"漢字"一節介紹了繁簡字、異體字、分化字,各舉三組例子說明。
　　示例　(1)举/舉："举"是"舉"的簡化字。(2)遍/徧："徧"是"遍"的異體字。(3)反/返：在返回的意義上,"反"是初文,"返"是分化字。
十、"本無其字,依聲託事"這句話是什麼意思？舉三例說明。

常用詞

奉　因　啓　封　策　樸　逐　顔　治　題

21. 奉

《説文》："奉，承也。"捧著；恭敬地秉持。《禮記·内則》："少者奉槃，長者奉水。"《韓非子·功名》："楚人和氏得玉璞楚山中，奉而獻之厲王。"由恭敬地秉持引申爲恭敬地獻上。《晏子春秋·晏子辭千金不受》："使吏致千金與市租，請以奉賓客。"雙音詞有［奉獻］。又引申爲恭敬地接受；遵從。謝濟世《戇子記》："點者曰：'奉主命。'"成語有［奉公守法］。由恭敬對待引申爲尊崇某人；擁戴。《左傳·公孫無知之亂》："奉公子小白出奔莒。"雙音詞有［尊奉］。

22. 因

因的本義是指席墊一類東西（後來寫作"茵"）。席墊用來襯墊憑藉，因的基本義是憑藉。《孟子·離婁上》："爲高必因丘陵，爲下必因川澤。"蘇軾《超然臺記》："而園之北，因城以爲臺者舊矣。"由憑藉引申爲依據；依順。魏學洢《核舟記》："罔不因勢象形，各具情態。"成語有［因地制宜］。由憑藉轉指產生某種結果需憑藉的條件，即原因。《梁書·范縝傳》："因果竟在何處？"詞義虛化爲連詞，於是。《史記·高祖本紀》："秦軍解，因大破之。"

23. 啓

《廣雅·釋詁三》："啓，開也。"打開。這是"啓"的基本義。《禮記·月令》："蟄蟲咸動，啓户始出。"（户：蟲穴。）王士禎《女俠》："衆急持械以待，而廨門已啓。"魏學洢《核舟記》："啓牕而觀，雕欄相望焉。"雙音詞有［啓封］。引申爲開導。《論語·述而》："子曰：'不憤不啓。'"（憤：心中憋悶。）雙音詞有［啓發］［啓蒙］。

24. 封

封的本義是聚土給樹木培土。《左傳·昭公二年》："宿敢不封殖此樹。"（宿：人名。殖：培育。）由聚土引申爲封合；封閉。《史記·秦始皇本紀》："封宮室府庫。"王士禎《女俠》："持硃封鐍山門而入。"（硃封：這裏指朱砂寫的封條。）由堆土轉指堆土爲界；作名詞指界，疆界。《荀子·強國》："土地之大，封內千里。"用作動詞，帝王把某一疆界內的土地賜給臣屬、親戚作爲領地。《孟子·告子下》："周公之封於魯，爲方百里也。"《晏子春秋·晏子辭千金不受》："昔吾先君桓公，以書社五百封管仲。"又指給予官爵封號。《史記·魏公子列傳》："封公子爲信陵君。"雙音詞有[分封]。

25. 策

"策"字的意符是"竹"。《說文》："策。馬箠（chuí）也。"指馬鞭。《戰國策·趙策三》："齊閔王將之魯，夷維子執策而從。"用作動詞，拿鞭子趕馬；鞭打。《論語·雍也》："將入門，策其馬。"《聊齋志異·石清虛》："既見，舉付健僕，策馬徑去。"雙音詞有[鞭策]。策又通"册"，指書寫用的成編的竹簡、木簡。這是它的假借義。《韓詩外傳·樊姬進美人》："楚史援筆而書之於策曰：'楚之霸，樊姬之力也。'"雙音詞有[簡策]。

26. 樸

"樸"字的意符是"木"。《說文》："樸，木素也。"指未經加工的木材。《老子》二十八章："樸散則爲器。"（散：破開。器：器物。）引申指事物未改變的原初的性質、狀態。《老子》十五章："敦兮其若樸。"（敦：淳厚。）雙音詞有[質樸]。常形容人純真實在的性情。謝濟世《懲子記》："梅莊主人在翰林，傭僕三：一點，一樸，一戇。"雙音詞有[純樸]。

27. 逐

"逐"字從"辵"從"豕"會意。《說文》："逐，追也。"追趕。《商君書·定分》："一兔走，百人逐之。"雙音詞有[追逐]。引申爲趕走。謝濟世《懲子記》："揮拳逐去。客哄而散，主人愧之。"雙音詞有[驅逐]。

28. 顔

"顔"字的意符是"頁（xié）"，表示跟頭有關。《小爾雅·廣服》："顔，額也。"指額頭。《素問·刺熱論》："心熱病者顔先赤。"轉指面容；神色。謝濟世《懲子記》："天寒，瓶已罄，顔未酡。"杜甫《茅屋爲秋風所破歌》："安得廣廈千萬間，大庇天下寒士俱歡顔。"成語有[鶴髮童顔][和顔悅色]。

29. 治

《廣韻·至韻》："治，理也。"治的基本義是治理，即處置辦理以達到一個好的效果。治理的對象有多種。《晏子春秋·社鼠猛狗》："治國何患？"蘇軾《超然臺記》："於是治其園圃，潔其庭宇。"《聊齋志異·石清虛》："後邢至八十九歲,自治葬具,又囑子必以石殉。"謝濟世《戇子記》:"未幾,奉命戍邊,出獄治裝。"引申指國家治理得好(跟"亂"相對)。《墨子·兼愛上》:"故天下兼相愛則治,交相惡則亂。"成語有[長治久安]。

30. 題

"題"字的意符是"頁(xié)",表示跟頭有關。《說文》:"題,額也。"指額頭。《韓非子·解老》:"是黑牛也而白題。"引申指事物的前端。《孟子·盡心下》:"榱(cuī)題數尺。"(榱題:椽子頭。)又指文章前端的題目。《宋史·晏殊傳》:"請試他題。"用作動詞,指題寫(題目、匾額等);寫上。魏學洢《核舟記》:"其船背稍夷,則題名其上。"

古漢語常識

漢字

一　漢字的性質

文字是記錄語言的符號,認識一種文字的性質,就要考慮它同語言的關係。我們看到的漢字是一個一個的方塊形體,大體說來,這一個一個的方塊形體對應的是漢語中一個一個的語素(語素是語言中音義結合的最小單位)。如果是不同的語素,常常要用不同的字形來表示。比如{gāo}和{gǎo}的讀音不一樣,意思也不同,是兩個語素,寫出來就是"篙"和"稿"兩個不同的形體。"樹木"的{mù}和"目光"的{mù}讀音一樣,但意思不同,寫出來是"木"和"目"兩個不同的形體。進一步觀察,組成一個漢字的字形符號很多跟語素也有聯繫。如形聲字"篙",它的意符"竹"原本就是一個語素,它的聲符"高"原本也是一個語素;聲符"高"並不是專職用來表音的,不同於表音文字中的字母。總之,從總體上看,漢字使用的字形符號並不是直接地或單純地用來表示讀音的，它記錄的對象大體上是漢語中的語素。從語音形式上觀察，漢語中一個語素往往（並非全部）是一個音節，一個漢字讀出來也往往是一個音節。基於上面的分析，可以知道漢字是一種語素文字（也有人稱爲語素音節文字）。

不過，我們又不能簡單地認爲一個漢字只記錄一個語素，在以後的學習中會看到，漢字同漢語的語素有著複雜的對應關係。

二　漢字形體的演變

漢字的歷史悠久，從現在發現的古文字資料看，一般認爲商代後期（公元前十四世紀——前十一世紀）的甲骨文和金文已經是成熟的文字了。可以推測，漢字在此前的一個階段已經形成，至少應當有三千五百年以上的歷史了。在漫長的發展過程中，漢字的形體發生了很大得變化，這種變化可以分爲兩個大的階段：古文字階段和隸（書）、楷（書）階段。小篆和小篆以前的甲骨文、金文、籀文、古文屬於古文字階段，後來是隸、楷階段。

甲骨文是龜甲和獸骨（主要是牛的肩胛骨）上的文字，絕大多數是用刀刻的，所以也叫"契（qì）文"。從內容上看，大部分是商王占卜各種大事的記錄，所以又稱"卜辭"①。甲骨文是商代使用的最主要的一種文字。金文從商代後期逐漸流行，西周時達到全盛。金文主要是鑄在青銅器上的。青銅是銅和錫的合金，秦代以前銅稱金，所以叫"金文"。鐘鼎是主要的青銅器，所以又叫"鐘鼎文"。金文是研究西周春秋時代的主要文字資料。籀文得名於《史籀篇》（已散佚）。傳統上認爲《史籀篇》是西周周宣王時（公元前九至八世紀）的太史編寫的一種兒童習字書。到了後來，又把籀文稱作大篆。大篆實際上是指籀文這一類早於小篆而書寫風格跟小篆相近的古文字。這種字體春秋戰國間流行於西方的秦國。古文（又稱"戰國古文"）是戰國時期在東方各國流行的文字，與當時西方秦國的文字有比較明顯的區別。秦王朝統一各國之後，通行的字體主要是小篆（秦國統一以後的石刻文字可以作爲這種字體的代表）。小篆是在春秋戰國時期

---

① 出土於河南省安陽西北小屯村的甲骨文是約公元前十四世紀盤庚遷殷以後的文字材料，所以甲骨文又叫"殷虛書契""殷虛文字"。

秦國文字的基礎上逐步演變形成的,通常説的"書同文",是説秦王朝經過一番文字整理的工作,小篆成了一種由政府推行的規範字體。

隸書出現在戰國晚期,屬於秦系文字。秦代小篆是正體,那時候隸書是一種書寫簡便的俗體文字,到了西漢時期,就取代了小篆成爲正體。楷書又稱"正書""真書",形成於漢末,經魏晉盛行起來,以後就成爲通行的字體,形體固定,至今我們還在使用。觀察下面的古文字字形:

古文字階段漢字的特點是象形程度高,筆畫繁複,字形不夠固定。在漢字的發展歷程中隸書取代小篆是一個轉折點,從此漢字形體的演變就進入了一個新的階段(由篆書到隸書的變化叫"隸變")。從象形到不象形、由繁趨簡,這是漢字形體變化的主要趨勢。

三　漢字的結構

很多漢字的字形同語素的意義有聯繫,那麼通過對漢字形體結構的分析就有助於認識不同語素的意義;古文字階段的漢字象形程度高,漢字的這一功用尤其顯著。比如《晏子春秋·景公不知天寒》中説:"(齊景公)乃令出裘發粟。"在甲骨文中,"出"字像是一只脚從地穴中邁出來;"裘"字寫作"求",像是毛朝外的皮衣;"粟"字像是穀物上長出許多籽粒。所以我們學習古代漢語有必要對漢字的形體結構有所了解。

分析漢字的結構,傳統上有"六書"的説法,這是從造字的角度把漢字分成六種類型。下面是東漢學者許慎在《説文解字·叙》中對六書的説明①:

---

① 《説文解字》是東漢許慎編著,成書約在公元一〇〇年,以下簡稱《説文》。

一曰指事,指事者,視而可識,察而見意,"上、下"是也。二曰象形,象形者,畫成其物,隨體詰詘,"日、月"是也。三曰形聲,形聲者,以事爲名,取譬相成,"江、河"是也。四曰會意,會意者,比類合誼,以見指撝,"武、信"是也。五曰轉注,轉注者,建類一首,同意相受,"考、老"是也。六曰假借,假借者,本無其字,依聲託事,"令、長"是也。

下面簡要説明六書的劃分。

1. 象形字。象形的"象"是模擬的意思。象形字要依據事物的形狀屈折其筆畫,所以説是"隨體詰詘"。觀察下面的甲骨文字形:

日　羊　刀　豆　矢　木　貝　齒

象形字的數量不多,但常常充當造字的字形部件,是最基本的一種類型。

2. 指事字。指事的"事"涉及的是一些概括的事物或抽象的概念,不像具體的"物"那樣可以用象形字摹寫,因此需要用抽象的符號表示。"視而可識"指對形體的辨識,"察而見意"指對意義的理解。觀察下面的古文字字形:

上　下　丩　回　小　本　末　亦

3. 會意字。"比類合誼"是説把兩個或兩個以上的字放在一起形成一個新的意義,"指撝"是説組成的新字所指向的意義。會意字由兩個或兩個以上的意符構成,合起來表示一個新的意義。比如:

林　析　取　好　牢　采　逐　牧

4. 形聲字。形聲字(又叫"諧聲字")由意符和聲符兩個部分構成,意符表示一個詞的意義範疇(比如"江、河"的意符都是"水"),聲符與詞的讀音有聯繫(比如"江、河"的聲符分別是"工"和"可")。"以事爲名"是説依據一個詞表示的事物取一個字作爲意符,"取譬相成"是説取一個讀音相同或相近的字作爲聲符組成一個新的字。大部分形聲字是由兩部分構成的。如:

棋　胡　期　空　箕　基　詔　固

有的形聲字構造比較複雜。比如"寶"字:從"宀",從"玉",從"貝","缶"

聲。"融"字:從"鬲",聲符是"蟲"的省寫。

　　值得注意的是,有一部分形聲字的聲符不僅同讀音有關,同這個字所表示的的意義也有關係,這就是古人說的"形聲之字多含會意"①。比如"駟"這個字中的"四",表示古時一車四馬,"四"既表音又有義,這就是形聲兼會意。再比如(意義的說明依《說文》):

　　　淪:小波爲淪。　　綸:青絲綬也。　　輪:有輻曰輪。

"淪"的水波有層次,青絲的綬帶編織有紋理,車輪的車輻依序均匀排列。三個字的聲符"侖"表示次序、條理,顯示出這三個詞都含有次序、條理的意思。

　　5. 假借字。"假借字"的"假"也是借的意思,假借是一種文字的借用。"本無其字"是說語言中的某個詞並沒有造出專門的字來表示它,這就需要借用別的字來記錄這個詞,借過來用的那個字就是假借字。借用的條件是假借字的讀音跟借來所表示的詞的讀音(指古代的讀音)相同或相近,這就是"依聲"。"託事"是說一個字被借用後它所表示詞的意義就寄託在了這個字上。比如古漢語中有一個第二人稱代詞{rǔ},但沒有造一個專門的字來表示,就借用原本表示女性的"女"字來表示。再比如:

假借字	本義	借用來表示的詞
其	畚箕	代詞
何	負擔	疑問代詞
難	一種鳥	困難的{nán}

有一些字,長期借用表示某種意義,本來的意思反而不怎麼用了。比如:"我",本是一種兵器,借用表示第一人稱代詞。

　　6. 轉注字。關於轉注字,《說文》舉出"老"和"考"兩個例字,此外沒有更多的例證和說明。後來對轉注字有很多不同的解釋,一般認爲轉注同漢字本身的結構沒有關係,這裏就不再討論了。

　　六書的劃分對我們分析漢字的結構、認識字形結構同詞的意義關係有很大的幫助,所以直到今天人們還在使用這些名稱。不過六書的劃分有不够科學的地方,象形、指事和會意之間的界限也有模糊不清之處,對漢字的結構類型還可以作更爲科學的分析歸納。

---

①　段玉裁《說文解字注》"池"字注。

了解漢字的結構，考察詞的本義，東漢許慎撰寫的《說文解字》十分重要。這部著作通過對字形的分析探討詞的本義，在中國傳統的語文學中有十分重要的地位，受到歷代學者的重視。在工具書一節中我們還要作進一步的介紹。

四　古書的用字

上面說到，漢字雖然是語素文字，但不能簡單地認爲一個漢字只記錄一個語素。閱讀古書，我們有一個深切的感受：很多漢字一個字表示好幾個意義，一個字又有幾個不同的讀音。比如"說"這個字，字典裏的解釋有：(1)shuō 解說。(2)shuì 說服。(3)yuè 喜悅。(4)tuō 解脫。相反的情況是：不同的字表示同一個意義，不同的字有相同的讀音。如上面"說"的第(3)項意義又可以寫作"悅"；第(4)項意義又寫作"脫"。這給我們讀古書帶來很大的困難。

爲什麽古書的用字會出現這樣複雜的情況呢？從根本上來講，用數量有限的字去記錄語言中數量龐大的詞是不可能做到一一對應的，這就造成漢字同詞的複雜對應關係。這種對應關係有種種不同的情況，其中繁簡字、異體字、假借字和分化字是我們初學古代漢語應當首先了解的。

（一）繁簡字

如前所說，由繁到簡是漢字形體演變的一個總趨勢。新中國成立後，有關部門對繁體字又進行了有計劃的整理工作，公布了《簡化字總表》。漢字的簡化，一方面是筆畫的減少，另一方面是漢字數量的減少。對繁簡字，特別要注意的有兩點：第一，一個簡化字對應的兩個或幾個繁體字意義不同。如：

　　　坛/壇，罎　干/乾，幹　发/發，髮

"壇"是臺子，"罎"是容器。"乾"是乾燥，"幹"是事物的主體部分。"發"是發出，"髮"是頭髮。

第二，用一個已有的字作爲簡化字，這個字跟對應的繁體字原本的意義不同。如：

　　　谷/穀　面/麵　淀/澱　里/裏

"谷"是山谷,"穀"是穀物。"面"是臉面,"麵"是麵粉。"淀"是淺水湖泊,"澱"是沉澱。"里"是居住區,"裏"是衣服内層。

(二) 異體字

"異體"就是字形不同。通常說,異體字是形體不同而音義完全相同、在任何情況下都可以互相代替的字。從漢字同詞的對應關係看,異體字實際上是表示同一個詞的幾個不同的書寫形式。漢字的數量龐大,其中一個重要的原因就是異體字很多。《説文解字》收的一千多個"重文"就是異體字,清代編纂的《康熙字典》收了四萬七千多字,其中約三分之一是異體字。

從字形結構看,異體字常見的類型有下面幾種。

第一,都是形聲字,意符不同。如:

　　暖／煖　猫／貓　甄／磚　覩／睹　咏／詠　雞／鷄

第二,都是形聲字,聲符不同。如:

　　綫／線　螾／蚓　猨／猿　綉／繡　韻／韵　啖／啗　鐮／鎌

第三,都是形聲字,聲符和意符的位置不同。如:

　　鄰／隣　匈／胸　畧／略　稟／稿　峰／峯　裏／裡　鵝／鵞

第四,一個是會意字,一個是形聲字。如(會意字在前):

　　岳／嶽　邨／村　泪／涙　岩／巖　躬／躳

第五,隸變後的字形同小篆成爲異體。如:

　　年—秊　前—歬　享—亯　並—竝　侯—矦

對異體字的認識有廣義和狹義的不同,學習古代漢語,應當取狹義的標準,就是要看不同的字形原本表示的是不是同一個詞。在古書中,幾個漢字在某一些意義上常常有通用或者混用的情況;通用或混用的字,原來的意義可能有聯繫,也可能沒有聯繫。無論有沒有聯繫,如果這幾個字原本表示的不是同一個詞,就不宜看作異體字。比如:

(1) 朽木不可雕也。(《論語・公冶長》)
(2) 寡助之至,親戚畔之。(《孟子・公孫丑下》)
(3) 自天子以至於庶人,壹是皆以脩身爲本。(《禮記・大學》)

"雕"是一種猛禽,例(1)彫飾的意思當作"彫",古書中也寫作"雕"。"畔"是田界,例(2)叛離的意思當作"叛",古書中也寫作"畔"。"脩"是乾肉,例(3)修養的意思當作"修",古書中也寫作"脩"。彫飾、叛離、修養這三個意義,每個意義都有不同的書寫形式,但我們不能認爲它們是異體字。

(三) 假借字

"六書"說的假借字,《說文》的定義是"本無其字,依聲託事"。從古書中用字的情況看還有另外一種情況,就是一個詞本來有一個專門的字記錄,但書寫時却借用了另外的字。對應"本無其字"的說法,這叫作"本有其字"。比如:

(1) 多徭役以罷民力,則苦之也。(《說苑·政理》)
(2) 數戰則士疲,數勝則君驕,驕君使疲民,則國危。(《管子·幼官》)

{pí}(疲勞)這個詞,本來有一個專門的字"疲"來記錄,如第(2)例。但在第(1)例中寫作"罷"。"罷"字本來的意思跟"疲"沒有關係,只是因爲語音上的聯繫被借用。這同"本無其字"的假借都是一種文字的借用(從古書用字的角度有的人又把這種"本有其字"的借用叫作通假,通假就是通用假借的意思)。再比如:

(1) 尺蠖(huò)之屈,以求信也。(《周易·繫辭下》)
(2) 且以冬春閑月,不妨農事。(《後漢書·劉般傳》)
(3) 今人固與禽獸、麋鹿、蜚鳥、貞蟲異者也。(《墨子·非樂上》)

例(1)伸展的意思應作"伸",借"信"(信實)表示。例(2)空閒的意思應作"閒",借"閑"(柵欄一類的遮攔物)表示。例(3)飛翔的意應思作"飛",借"蜚"(一種昆蟲)表示。

這種"本有其字"的假借,原本用來記錄某個詞的那個字叫作本字,借過來用的那個字就是假借字;一個字被借用表示的意義就是這個字的假借義。比如表示伸展的{shēn}這個詞,"伸"是本字,"信"是假借字,伸展的意義是"信"這個字的假借義。

中國的古書,越是早的書文字的借用就越多。如果一個字的本義和假借義在古書裏都有使用,那麼在一句話裏用的是哪個意思,就需要細心考察。

（四）分化字

在我們學習的文選中有這樣的例子：

(1) 使者反，言之公。(《晏子春秋·晏子辭千金不受》)
(2) 兩小兒笑曰："孰爲汝多知乎？"(《列子·兩小兒辯日》)

我們已經知道，例(1)的"反"後來寫作"返"，例(2)的"知"後來寫作"智"。這兩組字的關係可以表示如下：

反→返　　知→智

從每組字中兩個字在文獻中出現的時間看，一個在前一個在後，古代的學者就把這樣一前一後的兩個字叫作"古今字"。不過只考慮時間的先後還不夠，還需要從字的形音義三方面作進一步的考察。以"反/返"爲例，從字形看，"返"字是在"反"字的上面又加了一個意符"辵"（chuò）；從字音看，有的沒有變化（如"反/返"），有的有變化（如"知/智"）；從意義看，"反"的意思是翻轉，"返"是返回，意義有明顯的聯繫（都有反向變動的意思）。前一個字通常叫作"初文"，後一個字就是我們說的分化字。

爲什麼有了初文又要造分化字呢？我們看到，在"返"字出現以前，"反"字至少表示了翻轉和返回這樣兩個意義（其實不止兩個），這如同一個人承擔了多個職責，難免會引起混淆，所以有必要分散這個字的幾個職責；分散辦法就是再造分化字，讓它分擔初文承擔的某個意義。由此可知，分化字是爲了區分原來由某個字（初文）表示的幾個意義而造的後起字；從字形上看，通常是在初文上另加形旁或改變偏旁構成，前後兩個字的字形多數有相承的關係。

分化字分擔的意義大致有以下三種情況：

1. 分化字分擔的是初文的本義：

(1) 益/溢　灉水暴益。(《呂氏春秋·察今》)["益"的本義是水溢出]
(2) 戚/鏚　是干戚用於古，不用於今也。(《韓非子·五蠹》)["戚"的本義是一種兵器]
(3) 然/燃　若火之始然，泉之始達。(《孟子·公孫丑上》)["然"的本義是燃燒]

(4) 要/腰　昔者楚靈王好士細要。(《墨子·兼愛中》)["要"的本義是人體的腰部]

2. 分化字分擔的意義是初文表示的引申義：

　　(1) 取/娶　取妻如之何？(《詩經·齊風·南山》)[婚娶是"取"(取得)的引申義]

　　(2) 景/影　飛鳥之景，未嘗動也。(《莊子·天下》)[影子是"景"(日光)的引申義]

　　(3) 竟/境　亡不越竟，反不討賊。(《左傳·宣公二年》)[邊界是"竟"(終極)的引申義]

　　(4) 解/懈　三日不怠，三月不解。(《禮記·雜記下》)[懈怠是"解"(分解)的引申義]

3. 分化字分擔的是初文的假借義：

　　(1) 采/彩　衣被則服五采。(《荀子·正論》)["采"的本義是採摘，彩色是"采"的假借義]

　　(2) 辟/避　室高足以辟潤濕。(《墨子·辭過》)["辟"的本義是法度，避開是"辟"的假借義]

　　(3) 戚/慼　哭泣無涕，中心不戚。(《莊子·大宗師》)["戚"本是一種兵器，悲傷是"戚"的假借義]

　　(4) 厭/饜　學而不厭，誨人不倦。(《論語·述而》)["厭"的本義是壓迫，厭棄是"厭"的假借義]

　　初文同分化字並不完全是一對一的關係，有的初文可以對應幾個分化字。比如：采—彩、採；戚—慼、憾、鏚；辟—避、僻、譬、闢。

　　前面說過，雖然漢字是一種語素文字，但不能簡單地認爲一個字對應的就只是一個語素，一個初文表示幾個意義就說明了這一點。

第四單元

講讀文選

李翱

李翱(772—841),字習之,隴西成紀(在今甘肅省)人,一說趙郡(在今河北省)人。謚文。唐代散文家、哲學家。他曾向韓愈學習古文,文學創作的主張跟韓愈大致相同。著作有《李文公集》等。

選文據四庫全書本《李文公集》卷十二,略有删節。

楊烈婦傳

【説明】堅守義節的婦女稱爲烈婦。楊烈婦是一位縣令的妻子,在縣城被叛軍包圍的危難時刻,她挺身而出,發動吏人百姓保衛家鄉,激勵丈夫守城抗敵,取得了最終的勝利。文章對這樣一位有智有勇、忠於國家的女子高度讚揚。

建中四年,李希烈陷汴州①。既又將盜陳州,分其兵數千人抵項城縣②,蓋將掠其玉帛,俘纍其男女,以會於陳州③。

叛軍一路取勝,直抵項城縣。

① 建中四年：公元七八三年。建中是唐德宗年號。李希烈：唐德宗時爲淮寧節度使，建中四年發動叛亂。陷：攻破。汴(biàn)州：今河南省開封市。
② 既：表示一件事情過去或一種行爲完成後不久。盜：侵襲。陳州：在今河南省，在汴州南。抵：到達。項城縣：在陳州南，在今河南省。
③ 蓋：連詞，放在句首表示推斷原因。掠：奪取。玉帛：財物。俘纍(léi)：俘獲拘繫。俘：把敵對一方的人擒獲。纍：捆綁。

　　縣令李侃不知所爲①，其妻楊氏曰："君縣令，寇至當守②；力不足，死焉，職也③。君如逃，則誰守？"侃曰："兵與財皆無，將若何④？"楊氏曰："如不守，縣爲賊所得矣！倉廩皆其積也，府庫皆其財也，百姓皆其戰士也⑤，國家何有⑥？奪賊之財而食其食，重賞以令死士，其必濟⑦！"
　　於是召胥吏百姓於庭⑧，楊氏言曰："縣令誠主也⑨；雖然，歲滿則罷去，非若吏人百姓然⑩。吏人百姓，邑人也⑪，墳墓存焉，宜相與致死以守其邑⑫。忍失其身而爲賊之人耶⑬？"衆皆泣，許之⑭。乃狥曰⑮："以瓦石中賊者與之千錢⑯，以刀矢兵刃之物中賊者與之萬錢。"得數百人，侃率之以乘城⑰。楊氏親爲之爨以食之，無長少必周而均⑱。使侃與賊言曰："項城父老，義不爲賊矣，皆悉力守死⑲。得吾城不足以威，不如亟去⑳；徒失利，無益也㉑。"賊皆笑。有蜚箭集於侃之手㉒，侃傷而歸。楊氏責之曰："君不在，則人誰肯固矣㉓？與其死於城上，不猶愈於家乎㉔？"侃遂忍之，復登陴㉕。

　　記述楊烈婦深明大義，激勵丈夫堅守城池，發動百姓英勇抗敵。

① 不知所爲：不知道怎麼辦。爲：做。
② 寇(kòu)：入侵的敵人，這裏指叛軍。

③ 力量不够,就死在(抗敵)這件事上,這是你的職分。焉:代詞,意思相當於"於此"。職:在一定的職務範圍內應當做的事。
④ 若何:如何,怎麼辦。
⑤ 倉廩(lǐn)皆其積:倉庫裏都是他們聚集的糧食。倉廩:糧倉。其:代叛軍。府庫皆其財:府庫裏都是他們的財物。府庫:存放財物、器械的地方。百姓皆其戰士:百姓都是他們的戰士。這幾句是說,如果項城縣被攻破,一切都會被叛軍掠奪。
⑥ 何有:有什麼。疑問代詞"何"作動詞"有"的前置賓語。
⑦ 奪賊之財而食其食:意思是現在就利用縣城一旦攻破後為叛軍所有的財物和糧食。食:吃。其食:為叛軍所得的食糧。令死士:指揮那些不怕死的勇士。令:動詞,號令。濟:成功。
⑧ 胥(xū)吏:官府中沒有官階的吏人差役。庭:院子。
⑨ 誠主:固然是一縣之主。
⑩ 歲滿:官員規定的任職年限滿期。罷去:(一件事)做完離開。非若吏人百姓然:並非像吏人百姓這樣。意思是吏人百姓不會離開這裏。若……然:像……一樣。
⑪ 邑人:本縣的人。邑:人聚居的地方。
⑫ 存焉:在這裏。宜:應當。相與:在一起,共同。致死:拼著性命。
⑬ 失其身:指被叛軍俘獲。
⑭ 許之:答應"相與致死以守其邑"。
⑮ 狥(xùn):通"徇",宣布。
⑯ 中(zhòng):擊中,打中。千錢:一千文錢。
⑰ 乘城:登上城牆。
⑱ 楊氏親為之爨(cuàn):楊氏親自為他們燒火做飯。爨:燒火做飯。食(sì)之:給他們吃。無長少必周而均:不論年長年幼都能得到飯食,而且很公平。周:沒有缺漏。均:均衡。
⑲ 義不為賊:堅守大義不順從叛賊。悉力:全力。守死:守城到死。
⑳ 威:顯示威力。亟(jí):趕快。去:離開。
㉑ 徒:白白地。
㉒ 蜚(fēi):通"飛"。集:射中。《新唐書·列女傳》:"侃中流矢。"
㉓ 固:固守。堅持守衛。
㉔ 如果死在城上,不是比死在家裏更好嗎?與其:如果。愈(yù):超過,勝過。

㉕ 遂:於是。復:又。陴(pí):城上的小牆。這裏指城牆。

項城,小邑也,無長戟勁弩、高城深溝之固①。賊氣吞焉,率其徒將超城而下②。有以弱弓射賊者③,中其帥,墜馬死。其帥,希烈之壻也④。賊失勢,遂相與散走⑤。項城之人無傷焉。

刺史上侃之功,遷絳州太平縣令⑥。楊氏至茲猶存⑦。

記述擊退叛軍的進攻,最終取得項城保衛戰的勝利。

① 戟(jǐ):古代的一種兵器。有長柄,故曰長戟。勁弩(nǔ):強有力的弓。弩:弓的一種,設有機關用來發箭。城:城牆。溝:護城河。
② 賊氣吞焉:叛賊的氣焰囂張,好像要把項城一口吞掉。徒將:部下的兵卒將領。超城:躍過城牆。超:跳過。
③ 弱弓:一般的弓,對上文"勁弩"而言。
④ 希烈之壻:李希烈的女婿。壻:同"婿"。
⑤ 失勢:氣勢喪失。散走:四散逃跑。
⑥ 刺史:州的長官。這裏指陳州刺史。上侃之功:把李侃的功勞上報朝廷。遷:升遷。太平縣比項城縣的級別高,所以是升遷。絳州太平縣:在今山西省。一本"遷"前有"詔"字。詔(zhào):皇帝的命令。
⑦ 茲(zī):此(時)。猶存:還活著。

婦人女子之德,奉父母舅姑盡恭順①,和於姊姒②,於卑幼有慈愛而能不失其貞者,則賢矣③。至於辨行陣,明攻守勇烈之道,此公卿大臣之所難④。厥自兵興,朝廷寵旌守禦之臣⑤。憑堅城深池之險,儲蓄山積,貨財自若⑥,冠冑服甲負弓矢而馳者不知幾人⑦。其勇不能戰,其智不能守,其忠不能死,棄其城而走者有矣⑧。彼何人哉⑨!楊氏者,婦人也。孔子曰:"仁者必有勇。"楊氏當之矣⑩。

讚揚楊氏雖然是一個女子，但遠勝過那些朝廷的守禦之臣。

① 奉：事奉。舅姑：公公和婆婆。盡恭順：盡恭敬順從之禮。
② 姊：姐姐。這裏指姐妹。姒（sì）：嫂子。這裏指妯娌（zhóulǐ）。哥哥的妻子和弟弟的妻子合稱妯娌。
③ 卑幼：晚輩。貞：貞操。舊禮教提倡女子應堅持的一種道德標準（如不失身、不改嫁等）。賢：有德行。
④ 辨行（háng）陣：懂得排兵布陣。辨：辨識，明白。行陣：軍隊作戰時的行列和組合方式。勇烈之道：指用兵作戰的學問。此公卿大臣之所難：這是公卿大臣也不容易做到的事情。
⑤ 厥（jué）：句首語氣詞。兵興：起兵。公元八世紀中葉，唐王朝發生安史之亂，此後屢有叛亂發生。這裏兵興指安史之亂後朝廷對地方割據勢力的征討。寵（chǒng）旌（jīng）：優待，表彰。寵：過分的愛。旌：表彰。守禦（yù）之臣：守衛國土、抵禦叛軍的臣子。
⑥ 城：城牆。池：護城河。儲蓄山積：儲積的物品堆積如山。貨財：錢財。自若：自如。意思是（錢財寬裕）行動不受拘束限制。
⑦ 冠（guàn）胄（zhòu）：戴著頭盔。服甲：穿著鎧甲。負弓矢而馳：手持弓箭武器往來馳騁。不知幾人：不知有多少人。這是說平時"憑堅城深池之險，儲蓄山積，貨財自若"且全副武裝往來馳騁的武將很多。
⑧ 走：逃跑。有：（戰時這樣的人）有的是。
⑨ 彼何人哉：那是些什麼樣的人啊！作者這樣說是表示自己對"棄其城而走者"的憤慨和斥責。
⑩ 仁者必有勇：語見《論語·憲問》。意思是有仁德的人必然有勇。當（dāng）之：當得起這句話。

王禹偁

王禹偁（954—1001），字元之，巨野（在今山東省）人。北宋文學家。歷任左司諫、翰林學士、知制誥等職。他是北宋初期文學革新運動的重要人物之一，著作有《小畜集》等。《宋史》有傳。

選文據四部叢刊本《小畜集》卷十七。

黃州新建小竹樓記

【説明】這篇文章是宋真宗咸平二年(999)作者被貶爲黄州(在今湖北省)刺史的時候寫的。文章先寫竹可代陶瓦,次寫樓中六"宜"皆"竹樓所助",後寫謫居生活的悠然自得,抒寫士大夫官場失意後寄情山水的情調。

　　黃岡之地多竹,大者如椽①。竹工破之,刳去其節,用代陶瓦②。比屋皆然,以其價廉而工省也③。

點出黄岡那個地方竹可代瓦,價廉而工省。

① 黄岡:在今湖北省。椽(chuán):椽子,架著屋頂的木條。
② 刳(kū)去其節:從内把竹節去除。刳:挖空。用代陶瓦:用來代替泥土燒成的瓦。
③ 比(舊讀 bì)屋皆然:挨家挨户都是這樣。比:連接。以:因爲。

　　子城西北隅①,雉堞圮毁,蓁莽荒穢②,因作小樓二間與月波樓通③。遠吞山光,平挹江瀨④,幽闃遼敻,不可具狀⑤。夏宜急雨,有瀑布聲⑥;冬宜密雪,有碎玉聲⑦。宜鼓琴,琴調虛暢⑧;宜詠詩,詩韻清絶⑨;宜圍棋,子聲丁丁然⑩;宜投壺,矢聲錚錚然⑪。皆竹樓之所助也⑫。

描寫竹樓周圍的優美環境,點明主人在此怡然自得,"皆竹樓之所助"。

① 子城:在大城的城門外建起的套城,也叫甕城、月城。隅(yú):角。
② 雉(zhì)堞(dié):城牆上齒狀的矮牆。圮(pǐ)毁:毁壞。蓁(zhēn)莽:雜亂叢生的草木。荒穢(huì):荒蕪污穢。穢:髒。
③ 因:於是。月波樓:黄岡城上的一座城樓。
④ 遠望的時候,山上的風光盡收眼中;平視的時候,江水的急流就在

眼前,好像可以舀取。吞:容納。挹(yì):舀取。瀨(lài):(沙石上的)急流。
⑤ 幽闃(qù):清幽静寂。闃:静。遼敻(xiòng):遼闊廣遠。敻:遠。不可具狀:不能完全描述出來。狀:用作動詞,描述(狀態)。
⑥ 宜:適宜於。這裏是説竹樓與⋯⋯相適宜。
⑦ 碎玉:細小的玉粒。
⑧ 虛暢:清虛和暢。
⑨ 詩韻清絕:詩的韻味極其清越。絕:到頂的。
⑩ 棊:同"棋"。丁(zhēng)丁然:形容棋子敲在棋盤上發出的清脆響聲。
⑪ 投壺:古代宴飲時的一種娛樂活動。主人和客人依次把箭向壺裏投擲,得勝的人斟酒給輸的人喝。錚(zhēng)錚然:金屬互相撞擊的聲音。這裏形容箭投入壺中發出的響聲。
⑫ 這些清妙的聲音都是竹樓助成的。

　　公退之暇,披鶴氅,戴華陽巾①,手執《周易》一卷,焚香默坐,消遣世慮②;江山之外,第見風帆、沙鳥、煙雲、竹樹而已③。待其酒力醒,茶烟歇,送夕陽,迎素月,亦謫居之勝槩也④。彼齊雲、落星,高則高矣;井幹、麗譙,華則華矣⑤;止于貯妓女、藏歌舞,非騷人之事,吾所不取⑥。

抒寫作者"消遣世慮"的高雅生活情調。

① 公退之暇:辦完公事回來後的閒暇時間。鶴氅(chǎng):一種用鳥羽做的外衣。華陽巾:道士戴的頭巾。
② 消遣世慮:消除排遣世俗的念頭。遣:排除。
③ 第見⋯⋯而已:只見⋯⋯罷了。第:只。
④ 茶烟歇:煮茶的烟火熄滅了。歇:止息。謫居:貶官在外地居住。勝槩(gài):美妙的境界。勝:優越,美好。槩:同"概",境況。
⑤ 齊雲、落星、井幹(hán)、麗譙(qiáo):都是古代有名的高樓。華:華美。
⑥ 貯(zhù):藏。妓女:專門表演歌舞的女子。騷人:戰國時楚國的

屈原被放逐後作《離騷》，後用"騷人"指詩人、文人。

吾聞竹工云："竹之爲瓦僅十稔，若重覆之，得二十稔①。"噫②！吾以至道乙未歲自翰林出滁上③，丙申移廣陵④，丁酉又入西掖⑤，戊戌歲除日有齊安之命⑥，己亥閏三月到郡⑦。四年之間奔走不暇，未知明年又在何處，豈懼竹樓之易朽乎⑧？幸後之人與我同志，嗣而葺之，庶斯樓之不朽也⑨。

咸平二年八月十五日記。

作者"四年之間奔走不暇"，希望這座竹樓在自己離開後能有人不斷修整，表達了作者對竹樓的感情。

① 爲（wéi）瓦：做瓦用。十稔（rěn）：十年。稔：（莊稼）成熟。穀物一年成熟一次，一稔就是一年。重覆（fù）：鋪兩層。覆：蓋。得：能夠（使用）。
② 噫（yī）：感嘆詞。
③ 至道乙未歲：宋太宗至道元年（995），這一年是乙未年。自翰林出滁上：從翰林學士被貶到滁州（在今安徽省）做刺史。
④ 丙申：至道二年。這一年是丙申年。移廣陵：調到揚州（在今江蘇省）做官。
⑤ 丁酉：至道三年。這一年是丁酉年。又入西掖：這一年宋真宗即位，王禹偁被招回京城以刑部郎中知制誥（負責起草詔令），屬中書省（官署名）。西掖即指中書省。作者前後三次在中書省做官，所以說"又"。
⑥ 戊戌歲除日：宋真宗咸平元年（998，這一年是戊戌年）除夕那一天。有齊安之命：指被貶爲黃州刺史。齊安：郡名。唐代的每一個州還有一個郡名，黃州的郡名是齊安。
⑦ 己亥：咸平二年是己亥年。閏三月：農曆每逢閏年（閏年有十三個月）所加的一個月叫閏月。閏月加在某月之後稱閏某月。郡：齊安郡。
⑧ 易朽：容易朽壞。

⑨ 幸:希望。同志:志向相同。嗣(sì):繼承。葺(qì):修整。庶(shù):差不多,或許。

歐陽修

歐陽修(1007—1072),字永叔,號醉翁,晚號六一居士。廬陵(在今江西省)人。北宋著名文學家、史學家。官至樞密副使、參知政事。謚文忠。歐陽修是北宋古文運動的領袖,唐宋八大家之一。他的散文從容自然,委婉暢達,跌宕有致。著作有《歐陽文忠公文集》。

選文據四部叢刊本《歐陽文忠公文集》卷三十九。

醉翁亭記

【說明】醉翁亭在今安徽省滁州市。宋慶曆五年(1045),作者被貶爲滁州太守。文章記述滁州山間四時和朝暮景色的變化,著意表達作者遊賞醉翁亭的山水之樂。全文疊用二十一個"也"字,駢散相間,錯落有致,充分顯示了歐文的風格。

環滁皆山也①。其西南諸峯,林壑尤美②。望之蔚然而深秀者,琅琊也③。山行六七里,漸聞水聲潺潺而瀉出于兩峯之間者,釀泉也④。峯回路轉,有亭翼然臨于泉上者⑤,醉翁亭也。作亭者誰?山之僧智仙也。名之者誰?太守自謂也⑥。太守與客來飲于此,飲少輒醉⑦,而年又最高,故自號曰醉翁也。醉翁之意不在酒,在乎山水之間也⑧。山水之樂,得之心而寓之酒也⑨。

由琅琊山、釀泉引出醉翁亭及其由來,點明醉翁的意趣不在酒,而在山水之樂,極有層次。

① 環滁皆山:環繞滁州四面的都是山。

② 壑（hè）：山溝。
③ 蔚（wèi）然：草木茂盛的樣子。深秀：幽深秀麗。琅（láng）琊（yá）：山名。
④ 釀（niàng）泉：即琅琊泉。據説泉水適宜釀酒。
⑤ 峯回路轉：山勢回環，路也跟著曲折回轉。翼然：亭子的四角翹起像禽鳥展翅的樣子。臨于泉上：亭子在上，可以俯視釀泉。臨：俯視。
⑥ 給亭子命名爲"醉翁亭"的是誰呢？"醉翁"是太守稱自己的名號，所以太守給亭子這樣命名。太守：漢代稱郡的長官爲太守，宋代沿用，把州的行政長官也稱太守。
⑦ 飲少輒（zhé）醉：喝不多的酒就醉。輒：總是，就。
⑧ 醉翁之意不在酒：醉翁的意趣不在酒。在乎：在於。
⑨ 遊賞山水的快樂，領會在心裏，寄託在酒中。

若夫日出而林霏開，雲歸而巖穴暝①，晦明變化者，山間之朝暮也②。野芳發而幽香，佳木秀而繁陰③，風霜高潔，水落而石出者④，山間之四時也。朝而往，暮而歸，四時之景不同，而樂亦無窮也。

描寫山間四時及朝暮景色的變化。

① 若夫：用以引起下文。有"要説那……"的意思。林霏（fēi）開：林間瀰漫的霧氣散開。雲歸：雲霧聚攏。巖穴暝（míng）：山巖洞穴變得陰暗起來。暝：昏暗。
② 晦（huì）明變化：（從早到晚天色）陰暗明亮的變化。晦：昏暗不明。
③ 芳：花。佳木：指松柏桃李之類的樹。佳：好。秀：枝葉滋長。繁陰：樹蔭濃鬱。
④ 風霜高潔：就是風高霜潔。天高氣爽，霜色潔白。水落而石出：水位下落，山石露出。

至於負者歌于途，行者休于樹①，前者呼，後者應，傴僂提攜②，往來而不絕者，滁人遊也。臨溪而漁③，溪深而魚肥;釀泉爲酒,泉香而酒洌④;山肴野蔌,雜然而前陳者⑤,太守宴也。宴酣之樂,非絲非竹⑥;射者中,弈者勝⑦,觥籌交錯,起坐而諠譁者⑧,眾賓歡也。蒼顏白髮,頹然乎其間者⑨,太守醉也。

寫滁人遊賞飲宴之樂。

① 負者:背東西的人。休于樹:在樹下休息。
② 傴(yǔ)僂(lǚ)提攜:指老老少少的行人。傴僂:駝背。提攜:牽扶著小孩。
③ 臨:挨著;靠近。
④ 泉香而酒洌:"香""洌"同指泉和酒。洌:清澈。
⑤ 山肴(yáo):野味。肴:魚、肉之類的葷菜。野蔌(sù):野菜。蔌:蔬菜。雜然:錯雜的樣子。
⑥ 這種飲宴的快樂不在於音樂。絲:絃樂器。竹:管樂器。
⑦ 射者中:投壺的射中了。"投壺"見《黃州新建小竹樓記》注。弈(yì)者勝:下棋的贏了。
⑧ 觥(gōng):一種酒器。籌:酒籌。飲酒計數用的簽子。諠譁:即"喧嘩"。
⑨ 蒼顏:蒼老的容顏。頹然:(身體難以振作而)倒臥的樣子。乎:相當於"於"。

　　已而夕陽在山,人影散亂,太守歸而賓客從也。樹林陰翳,鳴聲上下,遊人去而禽鳥樂也①。然而禽鳥知山林之樂,而不知人之樂;人知從太守遊而樂,而不知太守之樂其樂也②。醉能同其樂,醒能述以文者③,太守也。太守謂誰?廬陵歐陽修也④。

寫歸去的情景。結尾點明太守之樂在於樂民之樂。

① 陰:枝葉茂密成蔭。翳(yì):遮蓋。鳴聲上下:林中上上下下一片

鳥鳴聲。

② 不知太守之樂其樂：不知太守爲他們的樂而樂。

③ 同其樂：跟大家同樂。述以文：用文章記述。

④ 謂誰：說的是誰。

蘇軾

蘇軾（1037—1101），字子瞻，號東坡居士，眉山（在今四川省）人。北宋著名文學家、書畫家，唐宋八大家之一。蘇軾博學高才，擅詩文，工書畫，集多方面的成就於一身，卓然成一代大家，對後世有很大的影響，足以"雄視百代"。著述豐富，有《蘇軾文集》《蘇軾詩集》《東坡志林》等。

選文據《蘇軾文集》卷十一，中華書局一九八六年版。

超然臺記

【說明】超然臺在宋密州（在今山東省）城上。作者於北宋熙寧七年（1074）調任密州知州，這篇文章寫於到任後的第二年。"超然"取超然物外的意思，能"遊於物之外"，故"無所往而不樂"。表明了作者隨遇而安、曠達樂觀的人生態度。

凡物皆有可觀①。苟有可觀，皆有可樂，非必怪奇瑋麗者也②。餔糟啜醨皆可以醉③，果蔬草木皆可以飽；推此類也，吾安往而不樂④？

點明凡物"皆有可樂"，引出"吾安往而不樂"。

① 皆有可觀：都有值得觀賞之處。

② 皆有可樂：都有值得快樂的地方。非必怪奇瑋（wěi）麗者：並非一定要是奇異瑰麗的東西。瑋：珍奇。

③ 餔（bū）：食，吃。糟：濾酒後的酒渣。啜（chuò）：飲，喝。醨（lí）：

薄酒。

④ 推此類:照此類推。吾安往而不樂:我到哪裏去會不快樂呢？安往:疑問代詞"安"作"往"的前置賓語。安:哪裏。

夫所爲求福而辭禍者，以福可喜而禍可悲也①。人之所欲無窮，而物之可以足吾欲者有盡②。美惡之辨戰乎中，而去取之擇交乎前③，則可樂者常少而可悲者常多，是謂求禍而辭福④。夫求禍而辭福，豈人之情也哉⑤？物有以蓋之矣⑥。彼遊於物之內而不遊於物之外⑦；物非有大小也⑧，自其內而觀之，未有不高且大者也⑨。彼挾其高大以臨我⑩，則我常眩亂反覆⑪，如隙中之觀鬭，又烏知勝負之所在⑫？是以美惡橫生而憂樂出焉，可不大哀乎⑬？

闡明"可樂者常少而可悲者常多"是因爲"遊於物之內而不遊於物之外"。

① 夫(fú):句首語氣詞，表示要發表議論。所爲(wèi):一本作"所謂"。所說的。求福而辭禍者:"求福而辭禍"的原因。辭:拒絕，不接受。以(福可喜):因爲。
② 窮:窮盡。足吾欲者:滿足我們欲望的東西。者:代詞。
③ 對事物美惡的判斷總是在心中鬥爭，取捨的選擇總是在眼前糾纏。辨:判別。乎:於。中:內心。去:去除，捨棄。
④ 是謂求禍而辭福:這就叫作"求禍而辭福"。是:代詞,這。
⑤ 情:本意，真心。
⑥ 這是因爲外物蒙蔽了人的本意。蓋:遮蔽。有以:表示有某種條件、原因。
⑦ 彼:那些人。遊於物之內:遊心於外物之內。這是說內心的活動思慮不能擺脫外物的束縛。
⑧ 物非有大小:外物本身並沒有所謂大小的絕對區分。
⑨ 如果只是從一物之內觀察，外物沒有不是高而且大的。
⑩ 外物依仗它的高大，居高俯視著我們。挾(xié):憑藉。臨:從高

處向下看。
⑪ 眩(xuàn)亂:迷亂。眩:眼睛昏花看不清楚。反覆:反覆變化,不能決定。
⑫ 隙中之觀鬭:在縫隙中觀戰。烏知:怎麽知道。烏:疑問代詞。
⑬ 美惡:指對外物美惡的看法。横生:縱横雜亂地產生。出焉:產生於此。焉:代詞,意思相當於"於此"。大哀:非常可悲。

余自錢塘移守膠西①,釋舟楫之安而服車馬之勞②,去雕牆之美而庇采椽之居③,背湖山之觀而行桑麻之野④。始至之日,歲比不登⑤,盜賊滿野,獄訟充斥⑥;而齋厨索然,日食杞菊⑦。人固疑余之不樂也⑧。處之朞年而貌加豐⑨,髮之白者日以反黑。

寫作者調任膠西,雖然生活條件大不如前,但生活態度十分樂觀。

① 宋神宗熙寧七年(1074),蘇軾從杭州通判任上調往密州(在今山東省)擔任知州。錢塘:縣名。在今浙江省杭州市。移:調遷。守:做知州。膠(jiāo)西:這裏指密州。
② 釋:放下。楫(jí):船槳。安:舒適。服:承當,承受。勞:辛苦。
③ 去:離開。雕牆之美:有浮雕、彩繪的牆壁。這裏指華美的屋舍。庇(bì):受遮蔽。這裏指寄居。庇:一本作"蔽"。采椽(chuán)之居:用櫟木作椽子的房舍。指居處極簡陋。采:櫟樹。後又寫作"棌"。
④ 背:離開。觀:值得觀賞的景象。
⑤ 歲:農作物的收成。比(舊讀 bì):連接。這裏指連年。登:成,指穀物成熟。
⑥ 獄訟(sòng):訴訟案件。
⑦ 齋(zhāi)厨:厨房。索然:空蕩蕩的樣子。索:盡。杞(qǐ)菊:枸杞和菊花,嫩苗可以做菜蔬。作者寫有《後杞菊賦》,可參看。
⑧ 固:一定。
⑨ 朞(jī)年:一周年。豐:(肌體)豐滿潤澤。

余既樂其風俗之淳,而其吏民亦安予之拙也①。於是治其園圃,潔其庭宇②,伐安丘、高密之木以修補破敗③,爲苟完之計④。而園之北,因城以爲臺者舊矣⑤;稍葺而新之⑥,時相與登覽,放意肆志焉⑦。南望馬耳、常山,出没隱見,若近若遠,庶幾有隱君子乎⑧?而其東則盧山,秦人盧敖之所從遁也⑨。西望穆陵,隱然如城郭⑩,師尚父、齊桓公之遺烈猶有存者⑪。北俯濰水,慨然太息,思淮陰之功而弔其不終⑫。臺高而安,深而明⑬,夏涼而冬温。雨雪之朝,風月之夕,余未嘗不在,客未嘗不從⑭。擷園蔬⑮,取池魚,釀秫酒⑯,瀹脱粟而食之⑰。曰:樂哉遊乎!

　　方是時,余弟子由適在濟南⑱,聞而賦之,且名其臺曰"超然"⑲,以見余之無所往而不樂者,蓋遊於物之外也⑳。

叙寫自己在密州"放意肆志"的生活,以見其"無所往而不樂"的生活態度。

① 淳:淳樸。亦安予之拙(zhuō):也習慣了我的愚拙。拙:遲鈍,不靈巧。
② 潔:使……乾净,打掃。庭宇:院子和房舍。
③ 安丘、高密:二縣名,都屬於當時的密州。
④ 做暫且修整的計劃。苟:姑且,暫且。完:使……完好,修整。
⑤ 因城:藉著城墙。因:憑藉。舊矣:很久了。
⑥ 稍葺(qì):稍微加以修補。新之:使……新。
⑦ 相與:同別人一起。登覽(lǎn):登上城臺觀賞(風景)。覽:觀看。放意肆志:放縱自己的感情,盡情舒展自己的情緒。肆:放開,不受拘束。
⑧ 馬耳、常山:二山名。没(mò):消失。見(xiàn):顯現。後寫作"現"。庶幾(jī)有隱君子乎:那裏或許有隱居的君子吧?庶幾:差不多,或許。
⑨ 盧山:山名,本名固山,在密州城東。盧敖:秦始皇時的博士,爲秦始皇求仙藥未成,隱居在盧山。遁:逃隱。
⑩ 穆陵:關名,形勢險峻。隱然:高起的樣子。
⑪ 師尚父:姜姓,吕氏,名尚,號太公望。周武王尊爲師尚父,輔佐武

王滅商。被封於齊,是齊國的始祖。齊桓公:春秋時齊國的國君,名小白,春秋五霸之一。烈:事業,功業。

⑫ 俯:俯視。濰(wéi)水:濰河。淮陰:公元前三世紀初,劉邦同項羽爭霸天下,韓信是劉邦手下的大將,被封爲淮陰侯。他曾在濰水大破楚軍。弔(diào)其不終:對韓信的不得善終深感悲傷。弔:傷痛。不終:韓信對漢王朝有大功,但後來被吕后(漢高祖皇后)所殺,所以説不得善終。

⑬ 安:堅實安固。深而明:雖深廣但明亮。

⑭ 從:跟隨。

⑮ 擷(xié):採摘。

⑯ 秫(shú)酒:用黏米做的酒。秫:穀物名。籽實有黏性。

⑰ 瀹(yuè):煮。脱粟:穀米去殼,指糙米。

⑱ 方:當。子由:當時蘇軾的弟弟蘇轍(字子由)在濟南做官。適:正好。

⑲ 賦之:爲此寫了一篇《超然臺賦》。名:取名。超然:《老子》二十六章有"雖有榮觀(華美的居所),燕處(安處)超然"的話,這是"超然"二字的來歷。

⑳ 無所往而不樂:去往任何地方都是快樂的。

閱讀文選

方山子傳①(蘇軾)

【説明】文章記述了一位有抱負而不能爲世所用、往來於"窮山中"的豪俠之士。

方山子,光、黄間隱人也②。少時慕朱家、郭解爲人③,

閭里之俠皆宗之。稍壯,折節讀書④,欲以此馳騁當世,然終不遇。晚乃遯於光、黃間,曰岐亭⑤。菴居蔬食,不與世相聞。棄車馬,毀冠服,徒步往來山中,人莫識也。見其所著帽,方屋而高⑥,曰:"此豈古方山冠之遺像乎⑦?"因謂之方山子。

....

獨念方山子少時,使酒好劍,用財如糞土。前十有九年,余在岐下⑧,見方山子從兩騎、挾二矢游西山。鵲起於前,使騎逐而射之,不獲,方山子怒馬獨出,一發得之。因與余馬上論用兵及古今成敗,自謂一世豪士。今幾日耳,精悍之色猶見於眉間⑨,而豈山中之人哉?

然方山子世有勳閥,當得官⑩;使從事於其間,今已顯聞。而其家在洛陽,園宅壯麗與公侯等。河北有田,歲得帛千匹,亦足以富樂。皆棄不取,獨來窮山中,此豈無得而然哉⑪?

余聞光、黃間多異人,往往陽狂垢汙⑫,不可得而見,方山子儻見之與⑬!

① 選文據《蘇軾文集》卷十三(有刪節),中華書局一九八六年版。
② 方山子:即陳慥(zào),字季常,作者的友人。光、黃:光州和黃州,分別在今河南省和湖北省。
③ 朱家、郭解:秦漢之際有名的俠士。事蹟見《史記·游俠列傳》。
④ 折節:改變原來的志向。
⑤ 岐亭:在今湖北省。
⑥ 方屋:方形的帽頂。
⑦ 方山冠:古冠名。漢代祭祀宗廟時表演樂舞的人戴的禮帽。遺像:遺制,留下來的樣子。
⑧ 岐下:岐山(在今陝西省)之下。
⑨ 精悍:精明強悍。
⑩ 勳閥:功勳。當得官:當蔭補得官(因祖先功勳而補官)。
⑪ 無得而然哉:沒有獨到的修養而能如此嗎?

⑫ 陽狂：也作"佯狂"，裝瘋。垢汙：不整潔。
⑬ 儻：或許。

書浮屠事①（陸游）

【説明】法一不顧情面規勸自己的朋友，他的朋友宗杲亦能虛心接受。作者感嘆"今之士"遠不如他們這樣的浮屠。

　　浮屠師宗杲，宛陵人②。法一，汴人。相與爲友，資皆豪傑③，負氣好遊，出入市里自若。已乃折節④，同師蜀僧克勤，相與磨礲浸灌⑤，至忘寢食。

　　遇中原亂，同舟下汴⑥。杲數視其笠，一怪之。伺杲起去，亟視笠中，果有一金釵，取投水中。杲還，亡金，色頗動。一叱之曰："吾期汝了生死⑦，乃爲一金動耶？吾已投之水矣。"杲起，整衣作禮曰："兄真宗杲師也。"交益密。

　　於乎！世多詆浮屠者，然今之士有如一之能規其友者乎⑧？藉有之⑨，有如杲之能受者乎？公卿貴人，謀進退於其客，客之賢者不敢對，其不肖者則勸之進，公卿亦以適中其意而喜。謀於子弟亦然。一旦得禍，其客其子弟則曰："使吾公早退，可不至是。"而公卿亦歎曰："向有一人勸吾退，豈至是哉！"然亦晚矣。

① 選文據四部叢刊本《渭南文集》卷二十五。陸游（1125—1210），南宋著名文學家。字務觀，號放翁。山陰（在今浙江省）人。
② 浮屠：梵文佛教徒的音譯，指和尚。師：對僧、尼、道士的尊稱。
③ 資：天資，資質。
④ 折節：改變原來的志向。
⑤ 磨礲（lóng）：琢磨，鑽研。浸灌：灌輸，熏陶。
⑥ 中原亂：指公元十二世紀金兵南侵，北宋政權滅亡。下汴：沿汴水東下。

⑦ 了：領悟，明白。
⑧ 規：規勸。
⑨ 藉(jiè)：即使。

練習四

一、熟讀本單元講過的文章。
二、閱讀本單元的閱讀文選。
三、給下面句子中加點的字注音：
   1. 厥自兵興，朝廷寵旌守禦之臣。（李翱《楊烈婦傳》）
   2. 冠冑服甲負弓矢而馳者不知幾人。（李翱《楊烈婦傳》）
   3. 無長戟勁弩、高城深溝之固。（李翱《楊烈婦傳》）
   4. 竹工破之，刳去其節，用代陶瓦。（王禹偁《黃岡新建小竹樓記》）
   5. 子城西北隅，雉堞圮毀，蓁莽荒穢。（王禹偁《黃岡新建小竹樓記》）
   6. 遠吞山光，平挹江瀨，幽闃遼敻。（王禹偁《黃岡新建小竹樓記》）
   7. 其西南諸峯，林壑尤美。望之蔚然而深秀者，琅琊也。（歐陽修《醉翁亭記》）
   8. 若夫日出而林霏開，雲歸而巖穴暝。（歐陽修《醉翁亭記》）
   9. 射者中，弈者勝，觥籌交錯，起坐而諠譁者，衆賓歡也。（歐陽修《醉翁亭記》）
   10. 如隙中之觀鬪，又烏知勝負之所在？（蘇軾《超然臺記》）
四、下面是《楊烈婦傳》中的句子。翻譯句中加點的詞，注意單音詞和複音詞的轉換。
   1. 李希烈陷汴州。既又將盜陳州，分其兵數千人抵項城縣。
   2. 君縣令，寇至當守。
   3. 得吾城不足以威，不如亟去；徒失利，無益也。
   4. 以瓦石中賊者與之千錢。
   5. 兵與財皆無，將若何？
五、解釋下面句子中加點的詞：
   1. 有蜚箭集於侃之手。（李翱《楊烈婦傳》）

2. 以刀矢兵刃之物中賊者與之萬錢。(李翱《楊烈婦傳》)
3. 賊氣吞焉，率其徒將超城而下。(李翱《楊烈婦傳》)
4. 峯回路轉，有亭翼然臨于泉上者，醉翁亭也。(歐陽修《醉翁亭記》)
5. 野芳發而幽香，佳木秀而繁陰。(歐陽修《醉翁亭記》)
6. 山肴野蔌，雜然而前陳者，太守宴也。(歐陽修《醉翁亭記》)
7. 竹工破之，刳去其節，用代陶瓦。(王禹偁《黃州新建小竹樓記》)
8. 手執《周易》一卷，焚香默坐，消遣世慮。(王禹偁《黃州新建小竹樓記》)
9. 余自錢塘移守膠西，釋舟楫之安而服車馬之勞。(蘇軾《超然臺記》)
10. 背湖山之觀而行桑麻之野。(蘇軾《超然臺記》)

六、解釋下面句子中加點的詞，注意古今詞義的不同：
1. 婦人女子之德，奉父母舅姑盡恭順。(李翱《楊烈婦傳》)
2. 憑堅城深池之險，儲蓄山積。(李翱《楊烈婦傳》)
3. 棄其城而走者有矣。(李翱《楊烈婦傳》)
4. 比屋皆然，以其價廉而工省也。(王禹偁《黃州新建小竹樓記》)
5. 盜賊滿野，獄訟充斥。(蘇軾《超然臺記》)
6. 而園之北，因城以爲臺者舊矣。(蘇軾《超然臺記》)

七、查閱工具書，解釋下面語詞中加點的字：
1. 城邑　兵刃　超車　來臨　決堤　戒心　節奏　顛覆　解釋　服刑
2. 通都大邑　短兵相接　挾泰山以超北海　居高臨下　猶豫不決　戒驕戒躁　有禮有節　覆車之鑑　愛不釋手

八、把下面的句子譯成現代漢語：
1. 與其死於城上，不猶愈於家乎？(李翱《楊烈婦傳》)
2. 楊氏親爲之爨以食之，無長少必周而均。(李翱《楊烈婦傳》)
3. 比屋皆然，以其價廉而工省也。(王禹偁《黃州新建小竹樓記》)
4. 竹之爲瓦僅十稔，若重覆之，得二十稔。(王禹偁《黃州新建小竹樓記》)
5. 幸後之人與我同志，嗣而葺之。(王禹偁《黃岡新建小竹樓記》)
6. 醉翁之意不在酒，在乎山水之間也。(歐陽修《醉翁亭記》)
7. 人知從太守遊而樂，而不知太守之樂其樂也。(歐陽修《醉翁亭記》)
8. 推此類也，吾安往而不樂？(蘇軾《超然臺記》)
9. 夫所爲求福而辭禍者，以福可喜而禍可悲也。(蘇軾《超然臺記》)

10. 人之所欲無窮，而物之可以足吾欲者有盡。（蘇軾《超然臺記》）

九、舉三例説明詞的古義和今義不同。

常用詞

當 及 邑 兵 節 超 乘 覆 臨 陰

31. 當（dāng）

當的基本義是對等；地位相稱，配得上。《尹文子·魏田父得玉》："此無價以當之，五城之都僅可一觀。"李翱《楊烈婦傳》："孔子曰：'仁者必有勇。'楊氏當之矣。"成語有［門當户對］［旗鼓相當］。引申爲雙方相對；面對。《史記·項羽本紀》："吾起兵至今八歲矣，身七十餘戰，所當者破，所擊者服。"用作動詞，承擔；擔任（能力跟承擔的東西相當）。《新序·梁君出獵》："今必使以人祠乃且雨，寡人將自當之。"《史記·田敬仲完世家》："羈旅之臣幸得免負擔，君之惠也，不敢當高位。"

32. 及

《説文》："及，逮也。"本義是追上。《荀子·修身》："夫驥一日而千里，駑馬十駕亦及之矣。"成語有［望塵莫及］。由追上引申爲到達（某地、某時、某一範圍）。《左傳·鞌之戰》："將及華泉，驂絓於木而止。"又："病未及死，吾子勉之。"《晏子春秋·晏子辭千金不受》："以君之賜，澤覆三族，延及交遊，以振百姓，君之賜也厚矣！"雙音詞有［普及］，成語有［由表及裏］。由追上没有差距引申爲比得上。《戰國策·鄒忌諷齊王納諫》："君甚美，徐公何能及君也！"

33. 邑

邑是人聚居的地方，聚居的人口有多有少。《論語·公冶長》："十室之邑，必有忠信如丘者焉。"又："求也，千室之邑，百乘之家，可使爲之宰也。"泛指城鎮（大的叫都，小的叫邑）。《史記·商君列傳》："衛鞅既破魏還，秦封之於、商十五邑，號爲商君。"雙音詞有[城邑]。特指縣。李翱《楊烈婦傳》："吏人百姓，邑人也，墳墓存焉，宜相與致死以守其邑。"

34. 兵

《説文》："兵，械也。"本義是兵器。《史記·項羽本紀》："乃令騎皆下馬步行，持短兵接戰。"李翱《楊烈婦傳》："以刀矢兵刃之物中賊者與之萬錢。"成語有[兵不血刃]。引申爲軍事；戰爭。《孫子·計》："兵者，國之大事也。"成語有[紙上談兵]。又引申爲軍隊；兵士。《史記·蒙恬列傳》："今臣將兵三十餘萬。"

35. 節

《説文》："節，竹約也。"本義指竹節。王禹偁《黃州新建小竹樓記》："竹工破之，刳去其節，用代陶瓦。"竹節分段，節的基本義是劃定限度：木節、骨節、時節、節日、節奏、法度、節操、節制等都有這個意思。如《論語·微子》："長幼之節，不可廢也。"賈誼《論積貯疏》："倉廩實而知禮節。"王維《九月九日憶山東兄弟》："每逢佳節倍思親。"

36. 超

《説文》："超，跳也。"指跳越；跳上。《左傳·僖公三十三年》："左右免冑而下，超乘者三百乘。"（超乘：跳上車。）又指跳過；越過。李翱《楊烈婦傳》："賊氣吞焉，率其徒將超城而下。"由越過引申爲超過；勝過。《韓非子·五蠹》："超五帝侔三王者，必此法也。"雙音詞有[超越]。

37. 乘

乘（chéng）的意思是登在……之上。《周易·同人》："乘其墉。"（墉：牆。）李翱《楊烈婦傳》："得數百人，侃率之以乘城。"常用義是乘坐車船等交通工具（登在車船上）。《世説新語·管寧華歆》："有乘軒冕過門者，寧讀如故。"又《牛屋貴客》："公東出，乘估客船。"由登在……之上引申爲憑藉。《韓非子·五蠹》："故以義則仲尼不服於哀公，乘勢則哀公臣仲尼。"（哀公：魯國君主。）乘又讀 shèng。古時一車四馬爲一乘。《左傳·鄭伯克段于鄢》："命子封帥車二百乘以伐京。"

38. 覆

《說文》:"覆,覂(fěng)也。"意思是翻轉,底朝上翻過來。《荀子·王制》:"水則載舟,水則覆舟。"《莊子·逍遙遊》:"覆杯水於坳堂之上,則芥爲之舟。"成語有[重蹈覆轍]。引申爲蓋上。王禹偁《黃州新建小竹樓記》:"竹之爲瓦僅十稔,若重覆之,得二十稔。"雙音詞有[覆蓋]。

39. 臨

《爾雅·釋詁下》:"臨,視也。"俯視,從上往下看。《荀子·勸學》:"不臨深谿,不知地之厚也。"成語有[居高臨下]。由俯視引申爲向下對著;面對。《荀子·勸學》:"(西方有木)生於高山之上,而臨百仞之淵。"歐陽修《醉翁亭記》:"臨溪而漁,溪深而魚肥。"雙音詞有[面臨],成語有[如臨大敵]。由靠近俯視引申爲靠近。王勃《滕王閣序》:"臨別贈言。"《明史·周新傳》):"臨刑,大呼曰:'生爲直臣,死當作直鬼!'竟殺之。"雙音詞有[臨近]。

40. 陰

"陰"字的意符是"阜",意思是水的南面或山的北面。《史記·貨殖列傳》:"泰山之陽則魯,其陰則齊。"引申爲沒有陽光;陰暗。范仲淹《岳陽樓記》:"朝暉夕陰,氣象萬千。"特指樹的枝葉茂密成陰(也作"蔭")。歐陽修《醉翁亭記》:"樹林陰翳,鳴聲上下。"由陰暗引申爲暗中。《尹文子·魏田父得玉》:"鄰人陰欲圖之。"

古漢語常識

古代漢語的詞彙(上)

學習古代漢語,語音、文字、詞彙、語法幾方面的知識都需要了解。同語音、語法比較,詞彙是開放的,數量巨大,對社會發展的反應最爲敏感,處在不斷變化當中,這給我們的學習帶來不小的困難。提高閱讀古書的能力,掌握古漢語的詞彙(特別是常用詞語)是十分關鍵的一環。

一　單音節詞的優勢地位

　　從詞的音節構成看,古代漢語中單音詞占有優勢地位,現代漢語中複音詞特別是雙音詞占有優勢地位,這種差異使得古代漢語的詞彙面貌跟現代漢語有明顯的不同。把一段古文譯成現代漢語,譯文往往比原文長許多,主要就是因為要把文言中的很多單音詞譯成複音詞。比如:

　　(1) 儵與忽謀報渾沌之德。(《莊子·渾沌之死》)
　　(2) 樂羊為魏將而攻中山。(《韓非子·巧詐不如拙誠》)

把上面的句子譯成現代漢語,可以比較單音詞同雙音詞的對應:

　　謀/謀劃　報/報答　德/恩德　為/擔任　將/將領　攻/攻打

　　所以閱讀古書的時候要注意,不要把一些單音詞的組合輕易看作是一個雙音詞。如:

　　(1) 若賴兵權,滅亡可待矣。(《列子·說符》)("兵權"指軍力與權謀)
　　(2) 今齊地方千里,百二十城。(《戰國策·齊策一》)("地方"中的"地"是土地,"方"是方圓範圍)
　　(3) 人不學,不知道。(《禮記·學記》)("知道"指對"道"的領悟)

　　一個單音詞轉換為一個雙音詞,大致有三種情況:第一,原來是由兩個單音詞構成的一個短語,後來成為一個雙音詞。比較:(與我)同志/同志(們)。第二,在原來構成一個單音詞的詞根語素上再加上另外一個詞根語素。比較:謀/謀劃;德/恩德。第三,雙音詞由另外兩個不同的詞根語素構成。比較:為/擔任。

　　雖然說單音詞在古代漢語中占有優勢地位,但古代漢語中也有一些複音詞。其中有兩類複音詞值得注意:一類是聯綿詞,一類是偏義複詞。聯綿詞的例子如:

　　參差荇菜,左右流之。(《詩經·周南·關雎》)

"參差"的"參"和"差"只表音,分開講就沒有意義。這樣的詞還可以舉出不少,比如:崎嶇、踟躕、鴛鴦、猶豫、婆娑、崔巍、逍遙、荒唐等。通常把這樣一類詞叫作"聯綿詞"(又叫"聯綿字""謰語")。關於聯綿詞,有幾點需要説明。

第一,聯綿詞雖然由兩個音節構成,但一般認爲它是單純詞。構成聯綿詞的兩個音節(書面上是兩個字)分開來没有意義。遇到這類詞,我們不能死摳字面意思强作解釋。如:

  於是焉河伯旋其面目,望洋向若而歎。(《莊子·秋水》)

"望洋"的意思,據《經典釋文》所引,是仰視的樣子。"洋"這個詞,莊子的時代還没有海洋的意思。過去有的人説"洋"應該寫作"陽",因爲"太陽在天,宜仰而觀",這樣解釋是不對的。

第二,在讀音上(古代的讀音),聯綿詞的兩個音節往往有一定的聯繫。有的是聲母相同,稱作雙聲;有的是韻(主要元音和韻尾)同,稱作疊韻(參看"古書的讀音"一節)。

第三,表示聯綿詞的兩個字只是表音,所以書寫形式就不是十分固定,有的詞有好幾種書寫形式。上面提到的"望洋",又寫作"盱洋、妄羊、望陽"。"猶豫"一詞,又寫作"遊預、猶與、尤(yóu)豫、由預、優與、由與、容與、猶予"。幾個不同的書寫形式表示的是同一個詞。

關於偏義複詞,先看下面的例子:

  宫中府中,俱爲一體;陟(zhì)罰臧否(pǐ),不宜異同。(諸葛亮《出師表》)

句中"異同"的意思是異,不是有異有同。整個詞的意義只取其中一個語素的意義,另一個語素只是作爲陪襯,所以叫偏義複詞。可見偏義複詞同一般的複合詞有所不同。再比如:

(1) 鼓之以雷霆,潤之以風雨。(《周易·繫辭下》)("風雨"只是雨的意思)

(2) 大夫不得造車馬。(《禮記·玉藻》)("車馬"只是車的意思)

(3) 生子不生男,有緩急,非有益也。(《史記·孝文本紀》)("緩急"只是急的意思)

(4) 晝夜勤作息,伶俜縈苦辛。(《古詩爲焦仲卿妻作》)("作息"只是"作"的意思)

二　單音詞的多個意義

　　跟複音詞比較,在意義上古今漢語詞彙還有一個顯著的不同:古代漢語的一個單音詞往往有多個意義,而現代漢語一個複音詞的意義往往比較單一。比如"兵":

　　　(1) 兵器:兵不血刃。(《荀子·議兵》)
　　　(2) 軍隊:函谷關有兵守關。(《史記·項羽本紀》)
　　　(3) 戰爭:今兵不起七年矣。(《莊子·則陽》)

我們要知道單音詞"兵"在上面三句話中表示的是什麼意義,需要根據上下文加以判斷。如果把上面三例中的"兵"分別轉換成"兵器""軍隊""戰爭",它們的意義就變得單純明確,不再會有判斷上的困難。

　　一個單音詞有多個意義在古漢語中是常見的。再比如"管":

　　　(1) 是直用管窺天,用錐指地也。(《莊子·秋水》)
　　　(2) 百姓聞王鐘鼓之聲,管籥之音。(《孟子·梁惠王下》)
　　　(3) 鄭人使我掌其北門之管。(《左傳·僖公三十二年》)
　　　(4) (趙高)幸得以刀筆之文進入秦宮,管事二十餘年。(《史記·李斯列傳》)

"管"在例(1)的意思是管子,例(2)的意思是管樂器,例(3)的意思是鑰匙,例(4)的意思是掌管。

　　漢語音節的數量是有限的,一個單音詞派生的新義往往還要與舊義使用同一個單音形式,這就造成了古漢語中大量的一詞多義的情況。如果派生出的新義使用的是一個雙音的形式,那麼其中一個音節就限定了另一個音節表示的意義(如"兵器"中的"器"限定"兵"的意義),所以雙音詞的意義比較單一明確。

　　單音詞的多義性是一個詞有幾個意義;在書面上,一個漢字記錄一個單音形式,這樣顯示出來的就是一個字記錄了幾個意義。一個字記錄的幾個意義,有的是有聯繫的,有的是沒有聯繫的。這是性質不同的兩種情況,需要加以區分。比如"説":

　　　(1) 燕相受書而説之。(《韓非子·外儲説左上》)

(2) 世道衰微,邪説暴行有作。(《孟子·滕文公下》)
(3) 學而時習之,不亦説乎?(《論語·學而》)
(4) 文王有疾,武王不説冠帶而養。(《禮記·文王世子》)

上面四例中的"説",例(1)是解説的意思;例(2)是學説主張的意思;例(3)是喜悦的意思;例(4)是脱下的意思。前兩個意思相互有聯繫,後兩個意思同前兩個意思沒有聯繫,"喜悦"和"脱下"相互間也沒有關係。聯繫第三單元講過的假借字知識,可以知道"喜悦"和"脱下"都是"説"的假借義。

三 詞的古義和今義

詞義在不斷地變化。觀察詞義的變化,一是要看詞義發生了什麼樣的變化(變化的結果);二是看這樣的變化發生在什麼時候(變化的時間);三是要看這些變化是怎樣發生的(變化的途徑、機制和規律)。

基本詞彙是詞彙中跟人們的社會生活關係最密切、最穩定的一部分,變化相對比較小,我們今天所以還能看懂古書,原因之一就是漢語中很多最基本的詞語的意義變化不大。如:

人、馬、牛、羊、魚、犬;
天、地、山、水、風、霜、雨、雪;
東、南、西、北、上、下、左、右、前、後;
大、小、輕、重、長、短;
行、迎、過、追、進、退、遇、逃。

但的確也有很多詞的意義發生了變化。變化的情況大致有兩類:第一,古義同今義差別很大,難以用一個詞的今義去解釋這個詞在古代的含義。比如:

(1) 力田不如逢年,善仕不如遇合。(《史記·佞幸列傳》)
(2) 或脱簡,或脱編。(漢·劉歆《移書讓太常博士》)
(3) 兒寬既通《尚書》,以文學應郡舉,詣博士受業。(《史記·儒林列傳》)

例(1)的"年"是收成好意思,例(2)的"編"指用來穿連竹簡的繩子,例(3)的"文學"指文獻典籍。

第二,古義同今義差別似乎不是十分顯著,好像可以用今義去解釋它在古代的含義。如:

(1) 懲惡而勸善。(《左傳·成公十四年》)
(2) 今日病矣,予助苗長矣。(《孟子·公孫丑上》)
(3) 空谷傳響。(《水經注·江水》)

例(1)的"勸"似乎可以理解爲勸說,但句中是勉勵的意思。例(2)的"病"似乎可以理解爲生病,但句中是十分疲勞的意思。例(3)的"響"似乎可以理解爲一般的響聲,但句中指回聲。所以同前一種"迥別"的情況比較起來,第二種"微殊"的情況更容易引起誤解,更需要我們注意。

上面說到,一個詞有多個意義是古漢語詞彙的一個顯著特點(如"管")。到了現在,這多個意義中有的意義還可以單用,比如"管"的掌管的意義(如說"管孩子""管不了");有的用起來不自由、或者說不能單用了,比如"管"的竹管、樂器的意義(要說成"管子""管中窺豹""管弦樂");有的已經不用了,比如"管"的鑰匙的意義。這樣看來,"管"作爲一個單音詞,它的意義的數量減少了,這是古今詞義變化的另一個顯著方面。

在我們討論詞的古義和今義時,還需要區分詞和字這兩個概念。比如"畢",在古代有一個意思是指打獵用的有長柄的網;作動詞用,指用畢捕取鳥獸。① 這兩個意思現在都不用了,"畢"在今天是完畢的意思。我們能不能由此說"畢"這個詞的意義發生了很大的變化呢?不能。因爲"長柄網"的"畢"跟"完畢"的"畢"原本就不是一個詞,是"畢"這一個字記錄了兩個詞。再比如"的(dì)",古代有明亮的意思,又有目的、目標的意思:

(1) 朱唇的其若丹。(宋玉《神女賦》)
(2) 人主之聽言也,不以功用爲的。(《韓非子·外儲說左上》)

"的"的明亮義現在沒有了,"的"的目標義還保留在成語和一些詞語中(如"無的放矢""目的"),我們也不能由此說"的"這個詞的意義發生了很大的變化,因爲兩個意思不在一個詞的範圍內,是"的"這一個字記錄了兩個詞。

---

① 《詩經·小雅·鴛鴦》:"鴛鴦于飛,畢之羅之。"

四　詞義的探求和訓釋

　　對古書中字句的解釋傳統上叫訓詁,在中國有很長的歷史,在詞義的研究上給我們留下了豐富的成果。在探求和解釋詞義的方法上,有所謂形訓、義訓和聲訓的説法。
　　形訓的"形"指的是漢字的字形結構,形訓就是通過對字形結構的分析探求詞的意義。前面介紹的《説文》用的就是這種方法。比如:

　　(1) 呂:脊骨也。象形。(段玉裁注:"呂象顆顆相承,中象其繫聯也。")
　　(2) 本:木下曰本。從木,一在其下。(徐鍇《説文解字繫傳》:"一,記其處也。")
　　(3) 炙:炮(páo)肉也。從肉在火上。
　　(4) 肖:骨肉相似也。從肉,小聲。
　　(5) 喬:高而曲也。從夭,從高省。

上面每個詞的意義都可以從字形結構上得到反映,《説文》的解釋也可以在文獻中得到印證。比如:

　　(1) 作股肱心膂。(《尚書·君牙》)("膂"是"呂"的異體)
　　(2) 伐木不自其本,必復生。(《國語·晉語一》)
　　(3) 有兔斯首,燔之炙之。(《詩經·小雅·瓠葉》)

例(1)以"股肱心膂"比喻得力的輔佐之臣,例(2)"木本"就是樹的根部,例(3)"燔"是燒烤的意思。這些用例都可以印證《説文》釋義的可信性。
　　前面説過,漢字是一種語素文字,一些字的字形往往同語素的意義有聯繫,所以對字形結構的分析就成了探討詞的本義的一條重要途徑。不過這裏有兩個問題要注意。第一,《説文》對字形的解釋並不一定完全正確。比如《説文》把"爲"解釋成"母猴",這是一種臆測。第二,字形反映的直觀意義並不都是詞的本義。比如《説文》解釋"牧"爲"養牛人","養牛人"是字形反映的直觀意義,這個詞的意思是放養牲畜,不限於牛。
　　義訓就是用另外一個意思差不多的詞或一段話直接説明某個詞的意義,而不借助對讀音和字形的分析。比如《爾雅》(一部解釋詞義的書)一書對詞的解釋：

(1) 元：始也。(《釋詁上》)

(2) 愧：慚也。(《釋言》)

(3) 善父母爲孝，善兄弟爲友。(《釋訓》)

(4) 兕：似牛。(《釋獸》)

(5) 二足而羽謂之禽，四足而毛謂之獸。(《釋鳥》)

形訓著重於對詞的本義的探求，義訓的情況比較複雜，對詞義的解釋很多取自古代對文獻中詞的注釋，這些注釋往往要考慮解讀上下文的需要。

聲訓傳統上又稱作因聲求義，就是通過詞的讀音探求一個詞的意義。雖說形訓是探求詞義的一種重要途徑，但並不能夠完全解決問題，因爲並不是所有的字形都能顯示詞的意義。其次，從漢字的發展看，假借字占有一定的比例，而假借字表示的詞義跟字形是沒有關係的。第三，詞是音和義的結合體，漢語中很多詞的意義同聲音有密切的聯繫，不了解這種聯繫就不能更深入地理解詞的深層含義。所以，通過讀音探求詞義就是另外一條重要的途徑。

在對古書的訓釋中，聲訓的資料十分豐富，比如東漢劉熙的《釋名》對詞義的解釋：

(1) 山夾水曰澗。澗，間也。言在兩山之間也。(《釋水》)

(2) 肢，枝也。似木之枝格也。(《釋形體》)

(3) 頰，夾也。面旁稱也。(《釋形體》)

(4) 帽，冒也。(《釋首飾》)

上例中以"間"解釋"澗"，以"枝"解釋"肢"，以"夾"解釋"頰"，以"冒"解釋"帽"都是聲訓。古代的聲訓，有的有道理，有的是牽強附會，讀書的時候要注意。

第五單元

講讀文選

左傳

　　《左傳》原名《左氏春秋》,相傳是春秋末期魯國史官左丘明所作。漢代學者認爲此書是爲解釋魯國的史書《春秋》寫的,就改稱《春秋左氏傳》,簡稱《左傳》。成書大約在戰國中期。

　　《左傳》是中國第一部叙事詳明、體系完整的編年體通史。紀事起於魯隱公元年(前722),止於魯哀公二十七年(前468)。全書約18萬字,比較全面地記述了春秋時期周王室和各諸侯國在政治、經濟、軍事和文化等方面的活動,真實地展現了各諸侯國内部以及各諸侯國之間的鬥爭,是研究春秋社會的主要歷史文獻。

　　《左傳》是史學著作,也是一部文學著作。它善於記述紛繁複雜的歷史事件,尤其是大規模的戰爭和曲折的外交鬥争,有緊張生動的戲劇性情節,人物性格各具特徵,結構縝密,布局巧妙,語言簡練生動,對後代的文學創作有很大影響。

　　《左傳》在漢代以後有很多注本,通行的是《十三經注疏》中的《春秋左傳正義》(晉杜預注,唐孔穎達疏),今人楊伯峻《春秋左傳注》可資參考。

　　選文據影印本《十三經注疏》,中華書局一九八〇年版。文章題目爲後加。

鄭伯克段于鄢① (《隱公元年》)

【説明】本文記述鄭莊公同他的胞弟共叔段之間爲爭奪君位而進行的一場生死鬥爭。共叔段在母親姜氏的幫助下陰謀奪取君位，莊公欲擒故縱，一舉打敗了共叔段。作者著力刻畫了鄭莊公陰險僞善、姜氏偏心自私、共叔段貪婪愚蠢的性格。

初，鄭武公娶于申，曰武姜②，生莊公及共叔段。莊公寤生，驚姜氏，故名曰寤生，遂惡之③。愛共叔段，欲立之，亟請於武公④。公弗許。

追述武姜由於"莊公寤生"而偏愛共叔段，點明這場鬥爭的起因。

① 鄭伯：指鄭莊公，鄭屬伯爵，所以稱鄭伯。鄭，春秋時國名，姬姓，在今河南省新鄭一帶。克：戰勝。段：鄭莊公的弟弟共(gōng)叔段。名段，叔是排行。叔段叛亂失敗，出奔共國，所以又稱共叔段。鄢(yān)：鄭邑名，在今河南省鄢陵縣。
② 初：當初，追叙往事的習慣用語。鄭武公：莊公之父，名掘突，"武"是諡號。申：國名，姜姓，在今河南省南陽市。武姜：鄭武公之妻，"武"是她丈夫的諡號，"姜"是她娘家的姓。
③ 寤(wù)生：出生時脚先出，即難產。寤：通"牾"。逆，倒著。驚：使……驚。"驚"用作使動。惡(wù)：不喜歡，厭惡。
④ 立之：立他(爲太子)。亟(qì)：屢次，多次。

及莊公即位，爲之請制①。公曰："制，巖邑也，虢叔死焉②。佗邑唯命③。"請京，使居之，謂之京城大叔④。祭仲曰⑤："都城過百雉，國之害也⑥。先王之制，大都不過參國之一，中五之一，小九之一⑦。今京不度，非制也，君將不堪⑧。"公曰："姜氏欲之，焉辟害⑨？"對曰："姜氏何厭之有⑩！

不如早爲之所,無使滋蔓⑪。蔓,難圖也⑫。蔓草猶不可除,況君之寵弟乎⑬?"公曰:"多行不義,必自斃,子姑待之⑭!"

姜氏請求把制城作爲共叔段的封邑,但她的這一企圖被莊公識破。

① 及:到。即位:就位,登上君主的位置。鄭莊公在公元前七四三年即位。爲(wèi)之請制:(武姜)替共叔段請求把制城作爲他的封邑。爲:介詞,表示行爲的對象,給。制:城邑名,又名虎牢,在今河南省滎陽市西北。
② 巖邑:險要的城邑。虢(guó)叔:東虢國君。虢:古國名。有東虢、西虢、北虢之分。焉:指示代詞兼語氣詞,(在)那裏。
③ 意思是,除了制城,要別的地方作封邑都聽你的。佗:同"他"。指示代詞,別的。唯命:"唯命是從"的省略。
④ 京:地名,在今河南省滎(xíng)陽市東南。大(tài):對位次(地位、輩分等)高的人的尊稱,這個意義後來寫作"太"。
⑤ 祭(zhài)仲:鄭國大夫,字仲足。以"祭"爲氏,全稱是"祭仲足",簡稱"祭足"或"祭仲"。
⑥ 都:城邑。城:城牆。過:超過。雉(zhì):古代城牆長三丈、高一丈稱爲一雉。國之害:國家的禍害。
⑦ 先王:指西周統一天下的周文王和周武王。參(sān)國之一:三分其國(指國都的城牆)而有其一。參:三。國:國都。中五之一:"中都不過五國之一"的省略。小九之一:"小都不過九國之一"的省略。據説當時侯伯國都的城牆爲三百雉;鄭屬伯爵,所以鄭國國都的城牆是三百雉。鄭國城邑的城牆,大的不能超過國都的三分之一,即不能超過"百雉"。
⑧ 不度:不合制度。不堪:受不了。堪:承受。
⑨ 焉:哪裏,怎麽。辟:避免。這個意義後來寫作"避"。
⑩ 何厭(yàn)之有:意思是"有何厭",有什麽滿足。厭:後寫作"饜",滿足。"何……之有"是一個固定格式。"何厭"作賓語放在動詞"有"前,代詞"之"複指前置賓語。
⑪ 早爲之所:早點給他安排一個地方。爲:動詞,這裏有安排的意思。之:代詞,指共叔段。無:通"毋",不要。滋蔓:滋生蔓延,指

不斷擴展自己的勢力。
⑫ 圖:謀劃,這裏指設法對付。
⑬ 寵:寵貴。
⑭ 不義:指不合道義的事情。斃:倒下。子:古時對男子的尊稱。
　姑:暫且。之:指共叔段"自斃"的事。

　　既而大叔命西鄙北鄙貳於己①。公子呂曰②:"國不堪貳,君將若之何③? 欲與大叔,臣請事之④;若弗與,則請除之。無生民心⑤。"公曰:"無庸,將自及⑥。"大叔又收貳以爲己邑,至於廩延⑦。子封曰:"可矣,厚將得衆⑧。"公曰:"不義不暱,厚將崩⑨。"

　　共叔段大肆擴張自己的勢力,鄭莊公老謀深算,隱忍不發。

① 既而:不久。鄙:邊遠地區。貳於己:意思是原來屬鄭莊公管轄的地方也同時歸自己管轄。貳:兩屬,臣屬於二主。
② 公子呂:鄭國大夫,字子封。
③ 貳:兩屬的局面。若之何:對……怎麼辦。之:代詞,代兩屬的局面。"若之何"是一種固定格式。
④ 與:給予。請事之:請允許我去侍奉他。事:侍奉。
⑤ 生民心:使民產生二心。生:使……產生。"生"是使動用法。
⑥ 無庸:不用,用不著。庸:用。自及:自己遇上(災禍)。及:趕上。
⑦ 貳:指兩屬的"西鄙""北鄙"。以爲:把它作爲(自己的封邑)。至:到達。廩延:鄭國地名,在今河南省延津縣北。
⑧ 厚:這裏指土地擴大。衆:百姓。
⑨ 不義不暱(nì):意思是共叔段做事不合道義,人們就不會親附他。暱:通"昵",親近。崩:崩潰,垮臺。

　　大叔完聚,繕甲兵,具卒乘,將襲鄭①。夫人將啓之②。公聞其期③,曰:"可矣。"命子封帥車二百乘以伐京④。京叛大叔段。段入于鄢。公伐諸鄢⑤。五月辛丑,大叔出奔共⑥。

記述鄭莊公後發制人，一舉擊敗共叔段。

① 完：把城牆修補完整。聚：聚集(百姓)。繕(shàn)：修理整治。甲兵：鎧甲和兵器。具：準備。卒：步兵。乘(shèng)：兵車。
② 夫人：指武姜。啓：打開(城門)。這裏指做內應。
③ 期：指共叔段襲鄭的日期。
④ 乘(shèng)：古代軍隊編制單位，一乘有甲士(乘車帶盔甲的兵士)三人，步卒七十二名。
⑤ 諸："之"和"於"的合音字。這裏"之"指共叔段。
⑥ 辛丑：魯隱公元年五月二十三日。"辛丑"是干支記日。出奔：特指逃亡到國外去避難。共：國名，在今河南省輝縣。

············

遂寘姜氏于城潁，而誓之曰①："不及黃泉，無相見也②！"既而悔之③。

記述鄭莊公對姜氏的處置。

① 寘(zhì)：放置，安置。城潁(yǐng)：地名，在今河南省臨潁縣西北。誓之：對她(姜氏)發誓。
② 意思是不到死後不相見，即今生永不相見。及：到。黃泉：地下的泉水。
③ 悔之：對這件事感到後悔。之：指"寘姜氏於城潁而誓之"這件事。

潁考叔爲潁谷封人，聞之，有獻於公①。公賜之食②。食舍肉③。公問之。對曰："小人有母，皆嘗小人之食矣，未嘗君之羹④。請以遺之⑤。"公曰："爾有母遺，繄我獨無⑥！"潁考叔曰："敢問何謂也⑦？"公語之故，且告之悔⑧。對曰："君何患焉⑨？若闕地及泉，隧而相見⑩，其誰曰不然⑪？"公從之。公入而賦⑫："大隧之中，其樂也融融⑬。"姜出而賦："大隧之外，其樂也洩洩⑭。"遂爲母子如初⑮。

結尾記述鄭莊公聽從潁考叔的建議,與母親"隧而相見",恢復了母子關係,極富戲劇性。

① 潁考叔:鄭國大夫。潁谷:鄭國邊邑,在今河南省登封市西南。封人:管理疆界的官。封:疆界。獻:指進獻的物品。
② 賜之食:賞給他吃的。"之""食"都是動詞"賜"的賓語。這是一種雙賓語結構。下文"語之故""告之悔"結構相同。
③ 舍:放棄。這個意義後寫作"捨"。
④ 皆嘗小人之食:我的飯食都吃過。羹(gēng):帶汁的肉食。
⑤ 遺(wèi):贈與,送給。
⑥ 爾:你。繄(yī):句首語氣詞。獨:語氣副詞,有"偏偏"的意思。
⑦ 敢:表謙敬的副詞,有"冒昧"的意思。何謂:說的什麼意思。疑問代詞"何"作動詞"謂"的前置賓語。下文"何患"的結構相同。
⑧ 語(yù):告訴。故:緣故。
⑨ 何患:憂慮什麼。焉:於此,在這件事情上。
⑩ 闕(jué):通"掘",挖掘。隧:挖隧道。這裏名詞用作動詞。
⑪ 誰說不是這樣呢? 其:語氣副詞,加強反問語氣。然:指示代詞,這樣。指黃泉相見。
⑫ 賦:賦詩。
⑬ 其:指示代詞,那。融融:和睦快樂的樣子。
⑭ 洩(yì)洩:與"融融"義近,自由自在的樣子。
⑮ 爲:作爲。如初:像當初一樣的母子關係。

公孫無知之亂(《莊公八年》《莊公九年》)

【説明】文章記述春秋前期齊國的一場內亂。齊襄公的堂弟公孫無知發動政變殺死襄公自立爲君,不久又被人殺死,襄公的庶弟公子小白和公子糾爲爭奪君位展開了一場生死決戰。公子小白最終取得勝利而成爲國君,並任用管仲爲相,爲後來的霸業奠定了基礎。

　　齊侯使連稱、管至父戍葵丘①,瓜時而往②,曰:"及瓜而代③。"期戍④,公問不至⑤。請代,弗許⑥。故謀作亂。

此段記述連稱、管至父因襄公言而無信陰謀作亂。

① 齊侯:指齊襄公,齊僖公的嫡子。齊屬侯爵,所以稱"齊侯"。連稱、管至父:人名,二人都是齊國大夫。戍:守衛。葵丘:齊地名,又稱渠丘。在今山東省淄博市。
② 瓜時:夏天瓜熟之時。
③ 及瓜:到第二年瓜熟時節。代:替代,指派人替換。
④ 期(jī):一周年。
⑤ 問不至:(替換的)音訊沒有到。
⑥ 請求派人代替,襄公不答應。

僖公之母弟曰夷仲年①,生公孫無知②,有寵於僖公,衣服禮秩如適③。襄公絀之④。二人因之以作亂⑤。連稱有從妹在公宮⑥,無寵。使間公⑦,曰:"捷,吾以女為夫人⑧。"

記述公孫無知跟襄公的矛盾,連稱、管至父企圖與公孫無知合謀作亂。

① 僖公:襄公之父。母弟:同母的弟弟。夷仲年:夷是字,仲是排行,年是名。
② 公孫無知:齊襄公的堂弟,名無知。他是齊襄公祖父的孫子,稱公孫。
③ 衣服禮秩如適(dí):衣冠服飾等待遇級別都如同嫡子一樣。衣:衣冠禮服。服:服飾,如佩玉之類。禮秩:禮遇級別。適:正妻所生的長子。後來寫作"嫡"。
④ 絀(chù):通"黜",貶低。指不讓他享有原先的禮遇。
⑤ 二人:連稱和管至父。因之:靠著公孫無知。因:依靠。以:連詞,用法同"而"。
⑥ 從妹:堂妹。在公宮:在國君的宮裏,指作國君的妾。
⑦ 使間(jiàn)公:公孫無知讓她利用間隙探聽襄公的情況。間:利用

間隙探聽情況。
⑧ 捷：事情（奪取君位）成功。女（rǔ）：你。夫人：諸侯國君的正妻。這是公孫無知的話。

冬十二月①，齊侯游于姑棼②，遂田于貝丘③。見大豕④，從者曰："公子彭生也⑤。"公怒，曰："彭生敢見⑥！"射之。豕人立而啼⑦。公懼，隊于車⑧，傷足，喪屨⑨。反，誅屨於徒人費⑩。弗得，鞭之，見血⑪。走出，遇賊于門，劫而束之⑫。費曰："我奚御哉⑬！"袒而示之背⑭，信之。費請先入⑮。伏公而出，鬭，死于門中⑯。石之紛如死于階下⑰。遂入，殺孟陽于牀⑱。曰："非君也，不類⑲。"見公之足于戶下⑳，遂弒之㉑，而立無知㉒。

公孫無知乘襄公外出遊獵之機派黨徒殺死襄公，然後自立爲君。

① 冬十二月：這是周曆，夏曆是十月。
② 游：通"遊"，遊樂。姑棼（fén）：古地名，又叫薄姑，在今山東省博興縣東北。
③ 田：田獵。貝丘：山名，在今博興南。
④ 豕：豬。這裏指野豬。
⑤ 從者：隨從的人。公子彭生：齊襄公的親族，力士。魯桓公十八年（前694），公子彭生受齊襄公指使殺死魯桓公，後齊襄公又殺彭生以推卸責任。彭生的死是冤枉的。這是說在隨從眼中，"大豕"是公子彭生的冤魂所化，前來報仇。
⑥ 見（xiàn）：出現。這個意思後寫作"現"。
⑦ 人立：像人一樣站立。名詞"人"作動詞"立"的狀語。啼：號叫。
⑧ 隊（zhuì）：墜落。這個意思後寫作"墜"。
⑨ 喪：丟失。屨（jù）：鞋子。
⑩ 反：返回，這個意思後寫作"返"。誅屨：責令找鞋。誅：責求。徒人：當作"侍人"，形近而訛（據王引之）。侍人即寺人，古代宮中的近侍小臣，多以閹人充任。費（bì）：侍人之名。

⑪ 見血：指流出了血。
⑫ 賊：古時稱犯上作亂的人爲"賊"，這裏指公孫無知的黨徒。劫：劫持。束：捆綁。
⑬ 我奚御哉：我哪裏會抵抗你們呀！奚：疑問代詞，哪裏。御：抵抗。這個意義後來寫作"禦"。
⑭ 袒：脫去上衣。這是寺人費讓他們看自己背上的鞭傷，表示自己對襄公的怨恨。示：給人看。
⑮ 先入：先進宫（作内應）。
⑯ 伏公：把襄公掩藏起來。伏：藏匿。鬭：指費與叛亂者打鬥。
⑰ 石之紛如：襄公的侍人。石是氏，紛如是名。階下：指堂前的臺階下。
⑱ 孟陽：襄公的侍人，假扮襄公睡在牀上，因此被殺。
⑲ 不類：不像（襄公）。
⑳ 戶：指側室的門。
㉑ 弑：古代稱臣殺君、子殺父爲弑。
㉒ 立無知：擁護無知做了國君。立：使登上國君位置。

　　初，襄公立，無常①。鮑叔牙曰②："君使民慢③，亂將作矣④。"奉公子小白出奔莒⑤。亂作，管夷吾、召忽奉公子糾來奔⑥。

追述内亂將起，公子小白、公子糾出奔國外。

① 初：當初，表示追述往事。無常：指言行和政令没有準則。常：常規，準則。
② 鮑叔牙：齊大夫，鮑是氏，叔牙是字。他輔佐的是公子小白。
③ 國君使得臣民有輕慢之心。慢：態度輕忽，不放在心上。
④ 作：興起，發生。
⑤ 奉：事奉。公子小白：襄公的庶弟，名小白，即後來的齊桓公。莒（jǔ）：嬴姓小國，故地在今山東省莒縣。
⑥ 管夷吾：齊大夫，管是氏，字敬仲，夷吾是名。召（shào）忽：齊大夫，輔佐公子糾。召是氏，忽是名。公子糾：襄公的庶弟，小白之

兄。來奔:指投奔魯國。《左傳》作者以魯國史官口氣記述事件,故稱"來"。公子糾的母親是魯君之女,所以投奔魯國。奔:逃亡到國外避難。

初,公孫無知虐于雍廩①。九年春,雍廩殺無知②。

夏,公伐齊,納子糾③。桓公自莒先入④。秋,師及齊師戰于乾時⑤,我師敗績⑥。公喪戎路⑦,傳乘而歸⑧。秦子、梁子以公旗辟於下道⑨,是以皆止⑩。

公孫無知被殺,魯莊公護送公子糾回國繼位,但被先入爲君的公子小白打敗。

① 虐:虐待。雍廩:人名,葵丘大夫(葵丘是無知的封邑)。一説是地名。
② 九年:魯莊公九年(前685)。
③ 公:魯莊公。納子糾:護送子糾回齊當國君。納:使進入。
④ 桓公:齊桓公,即公子小白。小白即位前本應稱"公子","桓公"是史書作者用後來的諡號來稱呼他。
⑤ 師:軍隊,這裏指魯軍。及:與。乾(gān)時:齊地名,在今山東省青州市。
⑥ 我師:指魯軍。敗績:軍隊戰敗崩潰。
⑦ 公喪戎路:魯莊公丟棄所乘的指揮車。戎路:國君或主將乘坐的指揮車。
⑧ 傳乘而歸:改乘別的車回國(用杜預説)。傳:改換。
⑨ 秦子、梁子:二人是給魯莊公駕車的人和車右。以公旗辟於下道:打著莊公的旗幟躲在小路上。以:介詞,用。辟:躲避。這個意義後寫作"避"。下道:古代大道叫上道,下道指小路。這是爲了誘騙齊軍,掩護莊公逃跑。
⑩ 是以:因此。止:停止,指走不脫而被俘。

鮑叔帥師來言曰①:"子糾,親也,請君討之②;管、召,讎也，請受而甘心焉③。"乃殺子糾于生竇④。召忽死之⑤。管仲請囚⑥，鮑叔受之，及堂阜而稅之⑦。歸而以告⑧，曰："管夷吾治於高傒⑨，使相可也⑩。"公從之⑪。

公子糾被魯君所殺，齊桓公採納鮑叔牙的建議，赦免管仲並加以重用。

① 鮑叔率領軍隊來魯國，代表齊桓公致辭。
② 親：桓公的親兄弟。討：誅殺。
③ 讎（chóu）：同"仇"，指桓公的仇敵。請受而甘心焉：請讓我帶他們回去處死纔稱心如意。受：接受。甘心：使內心感到滿意。
④ 生竇（dòu）：魯地名，在今山東省菏澤市北。
⑤ 死之：為之而死，即自殺。之：指代公子糾。
⑥ 管仲請求把自己拘禁起來。管仲明白鮑叔要把他活著帶回齊國，所以主動請求這麼做。
⑦ 堂阜：齊地名，位於齊魯交界處，在今山東省蒙陰縣西北。稅：釋放。
⑧ 以告：即"以之告"，把這件事報告齊桓公。以：介詞，省略了賓語。
⑨ 管夷吾治於高傒：管夷吾治國的才能比高傒強。高傒：齊國的卿，高是氏，字敬仲，傒是名。
⑩ 使相：讓他輔佐。相：輔佐。
⑪ 公從之：齊桓公聽從了這個意見。

鞌之戰（《成公二年》）

【說明】文章記述了春秋時期北方齊、晉兩個大國為爭霸在鞌地進行的一場戰爭。齊侯在鞌之戰中驕傲輕敵，晉軍則同仇敵愾，這一戰最後以齊敗晉勝告終。

癸酉，師陳于鞌①。邴夏御齊侯，逢丑父為右②。晉解張御郤克，鄭丘緩為右③。齊侯曰："余姑翦滅此而朝食④！"

不介馬而馳之⑤。郤克傷於矢，流血及屨，未絕鼓音⑥。曰："余病矣⑦！"張侯曰："自始合，而矢貫余手及肘，余折以御，左輪朱殷⑧。豈敢言病？吾子忍之⑨！"緩曰："自始合，苟有險，余必下推車⑩。子豈識之⑪？然子病矣⑫！"張侯曰："師之耳目，在吾旗鼓，進退從之⑬。此車一人殿之，可以集事⑭。若之何其以病敗君之大事也⑮？擐甲執兵，固即死也⑯。病未及死，吾子勉之⑰！"左并轡，右援枹而鼓⑱。馬逸不能止⑲，師從之。齊師敗績⑳。逐之，三周華不注㉑。

齊晉兩國軍隊交鋒，齊侯驕傲輕敵，晉軍同仇敵愾，齊軍潰敗。

① 癸酉：成公二年（前589）六月十七日。"癸酉"是干支紀日。師：指齊晉兩國軍隊。陳：擺開陣勢。鞌：地名。在今山東省濟南市附近。
② 邴夏御齊侯：邴夏給齊侯駕車。邴夏：齊國大夫。邴是姓，夏是名。御：駕車。齊侯：齊國的國君齊頃公，名無野。逢（páng）丑父：齊國大夫。逢是姓，丑父是名。爲右：擔任車右。古代車戰，普通的車尊者居左，御者居中，陪乘的武士居右。如果是指揮者的車，君主或主帥居中，御者居左。
③ 解（xiè）張：晉國的臣子。姓解，字張，名侯，下文又稱"張侯"。郤（xì）克：晉軍的主帥。鄭丘緩：晉國的臣子，"鄭丘"是複姓，名緩。
④ 姑：姑且。翦（jiǎn）滅：消滅。翦：剪除。朝（zhāo）食：吃早飯。
⑤ 介馬：用帶子把馬尾束起來。介：用帶子束馬尾。馳：驅馬奔進。之：指代晉軍。
⑥ 郤克傷於矢：郤克被箭射傷。流血及屨（jù）：血一直流到鞋上。屨：鞋。絕：斷絕，使……停下來。鼓音：古代車戰，主帥指揮軍隊，擊鼓是進軍的號令。
⑦ 病：本指病重，這裏指傷勢重。郤克這樣說，表示難以堅持。
⑧ 張侯：即解張。自始合：從開始交戰。矢貫余手及肘：箭就射進了我的手掌和胳膊肘。貫：穿。及：連詞，和。殷（yān）：紅中帶黑的顏色。

⑨ 吾子:對人尊稱,比稱"子"更親熱些。忍:忍住(傷痛)。
⑩ 苟:連詞,表示假設。險:險阻。這裏指難走的路。
⑪ 豈:難道。識:知道。
⑫ 鄭丘緩發現郤克的傷勢確實很重,已經不能堅持擊鼓,這句話表示一種痛惜的心情。然:不過。
⑬ 軍隊關注的是我們旗鼓的指揮,前進、後退都聽從它們。
⑭ 殿:鎮守。可以集事:就可依靠它(主帥的車)成事。以:介詞,憑著,依靠。集事:成事,指戰事成功。
⑮ 怎麼能因爲受傷就壞了國君的大事呢?若之何:表示反問的固定格式,怎麼,如何。其:語氣詞,加強反問語氣。以:介詞,因爲。敗:敗壞。大事:指戰爭。
⑯ 擐(huàn)甲:穿上鎧甲。執兵:拿起武器。固:本來。即:走向。
⑰ 勉:努力,這裏有"盡力而爲"的意思。
⑱ 左并轡(pèi):解張把馬韁繩合併到左手裏握著。轡:馬韁繩。援:拿過來。枹(fú):鼓槌。鼓:動詞,敲鼓。
⑲ 逸:狂奔。
⑳ 敗績:軍隊崩潰。
㉑ 周:動詞,繞行。華不注,山名,在今山東省濟南市東北。

　　韓厥夢子輿謂己曰①:"旦辟左右②!"故中御而從齊侯③。邴夏曰:"射其御者,君子也④。"公曰:"謂之君子而射之,非禮也⑤。"射其左,越于車下⑥;射其右,斃于車中⑦。綦毋張喪車⑧,從韓厥曰:"請寓乘⑨!"從左右,皆肘之⑩,使立於後。韓厥俛定其右⑪。

　　記述晉軍追擊。韓厥依照父親夢中"辟左右"的囑咐,勇追齊侯。

① 韓厥:晉大夫,在這次戰役中任司馬(掌祭祀、賞罰等)。子輿:韓厥的父親。
② 旦:(第二天)早晨。辟(bì)左右:避開戰車上左右兩側的位置。辟:避開,這個意義後來寫作"避"。
③ 中御:立在車的中央(代替御者)駕車。春秋時車戰,一般的戰車

上將領居車之左,御者居中。韓厥本應居車之左,因爲要避左右,所以居中。從:追趕。
④ 君子:春秋時期貴族男子的統稱。這裏指軍隊的將領。
⑤ 非禮:不合於禮。
⑥ 越:墜。
⑦ 斃:倒下。
⑧ 綦(qí)毋張:晉大夫,複姓綦毋,名張。喪:失去。這裏指車子毀壞不能再用。
⑨ 寓乘:搭車。寓:寄居,身處別人的地方。
⑩ 從左右:往左邊、右邊站。從:跟隨。肘:名詞用如動詞,用肘撞。
⑪ 俛(fǔ):同"俯",彎下身子。定:穩定。這裏是"放穩當"的意思。

逢丑父與公易位①。將及華泉②,驂絓於木而止③。丑父寢於轏中,蛇出於其下,以肱擊之,傷而匿之,故不能推車而及④。韓厥執縶馬前,再拜稽首,奉觴加璧以進⑤,曰:"寡君使羣臣爲魯衛請⑥,曰:'無令輿師陷入君地⑦。'下臣不幸,屬當戎行,無所逃隱,且懼奔辟而忝兩君⑧。臣辱戎士,敢告不敏,攝官承乏⑨。"丑父使公下,如華泉取飲⑩。鄭周父御佐車,宛茷爲右,載齊侯以免⑪。韓厥獻丑父,郤獻子將戮之⑫。呼曰:"自今無有代其君任患者⑬,有一於此,將爲戮乎⑭?"郤子曰:"人不難以死免其君⑮,我戮之不祥。赦之,以勸事君者⑯。"乃免之⑰。

晉軍追上了齊侯,齊侯的車右逢丑父設計讓齊侯逃脱。丑父遭晉軍俘獲後被郤克釋放。

① 易位:交換位置。逢丑父估計齊侯有被俘的危險,故趁韓厥"俛定其右"的空當與頃公交換了位置。
② 及:到。華泉:泉名,在華不注山下,流入濟水。
③ 驂(cān):驂馬。古代用三馬或四馬駕車,中間駕轅的馬叫服馬,左右兩邊的馬叫驂馬。絓(guà):絆住,纏住。木:樹。

④ 輚(zhàn)：棧車，一種輕便的車子，車箱用竹木編成。肱(gōng)：胳膊從肩至肘的部分。匿：藏。這裏是"隱瞞"的意思。及：被趕上。逢丑父被蛇咬傷是插叙頭天晚上的事。
⑤ 縶(zhí)：絆馬索。再拜：拜了兩次。再：兩次。稽(qǐ)首：叩頭，古代十分恭敬的一種跪拜禮，雙手至地，頭也著地。奉：捧。觴(shāng)：盛酒器。璧：一種中間有孔的圓形玉器。進：進獻。以上三句寫韓厥追上齊侯後按當時的禮節向齊侯行臣僕之禮。
⑥ （這次打仗，不是我們要進攻貴國）是我國的國君讓我們這些臣子替魯、衛兩國來請求（請求您不要進攻魯衛兩國）。寡君：謙稱本國的國君（晉景公）。爲(wèi)：介詞，替。韓厥的話是一種外交辭令。
⑦ 無：通"毋"，不要。令：使，讓。興師：軍隊。陷入：指深入。君地：您的國土，指齊國國土。
⑧ 下臣：韓厥自稱。這是人臣對別國國君稱自己的謙詞。屬(zhǔ)：恰巧。當：面對著。這裏指遇上。戎行(háng)：兵車的行列，這裏指齊國的軍隊。逃隱：逃避躲藏。奔辟(bì)：逃跑躲避。忝(tiǎn)兩君：給兩國的國君帶來恥辱。忝：辱。這裏是使動用法。
⑨ 辱戎士：使戰士受辱，意思是我不稱職地當了名士兵。戎士：戰士。敢：表敬副詞，冒昧。不敏：謙詞，（說自己）才智低下。敏：聰明機智。攝(shè)官承乏：在人才缺乏的情況下暫時代理一個官職。攝：代理。承：承擔。乏：這裏指人員缺乏。這話的含義是我擔任了這個官職，就要履行職責，將你俘虜到晉國。
⑩ 如：往，到……去。飲：喝的水。逢丑父讓齊侯去取水以便借機逃脫。
⑪ 鄭周父、宛茷(fèi)：都是齊臣。佐車：副車，隨從主帥戰車的車。免：免於難。這裏指免於被俘。
⑫ 郤獻子：即郤克。獻是謚號。
⑬ 自今：自今以前。任患：承擔患難。
⑭ 爲戮(lù)：被殺。
⑮ 意思是不把"以死免其君"看作難事。難：意動用法。把……看作難事。免：使動用法，使……免於禍難。
⑯ 勸：鼓勵。
⑰ 乃：於是，就。免：赦免不殺。

衞侯爲夫人南子召宋朝(《定公十四年》)

【説明】故事記述一樁宫廷醜聞。衞靈公的夫人南子與宋公子朝私通,衞太子蒯聵不堪此辱,安排家臣趁拜見的機會刺殺自己的母親,事敗而被逐出奔。

衞侯爲夫人南子召宋朝①。會于洮②,大子蒯聵獻盂于齊,過宋野③。野人歌之曰④:"既定爾婁豬⑤,盍歸吾艾豭⑥?"大子羞之,謂戲陽速曰⑦:"從我而朝少君⑧,少君見我,我顧⑨,乃殺之。"速曰:"諾。"乃朝夫人。夫人見大子。大子三顧,速不進⑩。夫人見其色⑪,啼而走⑫,曰:"蒯聵將殺余⑬。"公執其手以登臺⑭。大子奔宋。盡逐其黨⑮,故公孟彄出奔鄭⑯,自鄭奔齊。

衞靈公的夫人南子與宋公子朝私通,衞太子蒯聵不堪此辱,安排家臣趁拜見的機會刺殺自己的母親,事敗而被逐出奔。

① 衞侯:衞國國君衞靈公,名元,公元前五三四—前四九三年在位。南子:衞靈公夫人,宋國國君的女兒,未出嫁時即與公子宋朝私通。召:召見。宋朝:宋公子,貌美。
② 會于洮(táo):齊、宋兩國國君因事在洮地會見。洮:地名,春秋時曹地,在今山東省鄄城縣西。
③ 大(tài)子:即太子。蒯(kuǎi)聵(kuì):衞靈公太子名。獻盂于齊:獻盂地給齊國。盂:地名,衞邑,具體所在不詳。野:郊外。
④ 野人:住在郊野的人。
⑤ 既:已經。定:使……安定,使動用法。爾:你的。婁豬:發情期的母豬,這裏喻指南子。
⑥ 盍(hé):何不,爲什麽不。歸:送還。艾:美貌。豭(jiā):未經閹割的公豬,這裏喻指宋朝。
⑦ 羞之:對此感到羞恥。戲陽速:人名,太子家臣。

⑧ 朝：拜見。少君：小君，諸侯國國君的夫人，這裏指南子。
⑨ 顧：回頭看，指回頭示意。
⑩ 進：上前，指上前（動手殺南子）。
⑪ 見其色：看出太子的臉色（是想殺自己）。
⑫ 走：跑。
⑬ 余：我。
⑭ 執：握著。
⑮ 其黨：太子的同夥；黨羽。
⑯ 故：所以。公孟彄（kōu）：衛國大夫，字公孟，名彄。太子的黨羽。《春秋·定公十四年》有"衛公孟彄出奔鄭"的話。

大子告人曰："戲陽速禍余①。"戲陽速告人曰："大子則禍余②。大子無道，使余殺其母③。余不許，將戕於余④。若殺夫人，將以余說⑤。余是故許而弗爲，以紓余死⑥。諺曰：'民保於信⑦。'吾以信義也⑧。"

家臣戲陽速辯稱自己不殺死南子是信守道義。

① 禍余：害我。
② 則：副詞，表示肯定。
③ 無道：違背道德規範。南子雖不是蒯聵的生母，但因爲是衛靈公的夫人，故稱之爲母。
④ 戕（qiāng）：殺害。
⑤ 將以余說（tuō）：就會用我（歸罪於我）來解脫自己的罪過。以：用。說：通"脫"，解脫。
⑥ 是故：所以。許而弗爲：答應而不做。以紓余死：意思是暫免一死。紓（shū）：緩，延遲。
⑦ 保於信：以信用保全自己。
⑧ 以信義：用道義作爲信用的準則。意思是自己的信用要合於道義，而不必拘泥於殺南子的諾言。

閲讀文選

晉陽處父侵蔡①（《左傳》）

【説明】文章記述晉國陽處父的一番話使楚軍不敢下決心渡河進攻，避免了一場戰爭。文章題目爲後加。

晉陽處父侵蔡，楚子上救之②，與晉師夾泜而軍③。陽子患之，使謂子上曰："吾聞之：'文不犯順，武不違敵④。'子若欲戰，則吾退舍，子濟而陳，遲速唯命⑤。不然，紓我⑥。老師費財⑦，亦無益也。"乃駕以待。子上欲涉，大孫伯曰："不可。晉人無信，半涉而薄我⑧，悔敗何及？不如紓之。"乃退舍。陽子宣言曰："楚師遁矣。"遂歸。楚師亦歸。大子商臣譖子上曰⑨："受晉賂而辟之，楚之恥也。罪莫大焉。"王殺子上。

① 選自《僖公三十三年》。陽處父：晉國大夫。蔡：春秋國名。
② 子上：楚國大夫。
③ 泜（zhì）：水名，在今河南省。
④ 文：（講）文德。犯：觸犯，抗拒。順：合理的（告誡）。武：（講）武德（使用武力應遵守的準則）。違敵：避開敵人。
⑤ 退舍：退避。遲速：早打晚打。
⑥ 紓我：楚軍如退避可以使晉軍緊張的情勢緩解，所以説"紓我"。紓：緩，用作使動。這是説楚軍如果不渡河，就退避讓晉軍過河列陣。
⑦ 老：軍隊因長期在外而疲弱。師：軍隊。
⑧ 薄：迫近。這裏指逼近攻擊。
⑨ 商臣：楚太子。譖（zèn）：説壞話誣陷。

楚人獻黿於鄭靈公①（《左傳》）

【説明】"染指"一詞就來源於這個故事。文章題目是後加的。

楚人獻黿於鄭靈公。公子宋與子家將見②。子公之食指動，以示子家，曰："他日我如此，必嘗異味③。"及入，宰夫將解黿，相視而笑。公問之，子家以告。及食大夫黿④，召子公而弗與也。子公怒，染指於鼎⑤，嘗之而出。公怒，欲殺子公。子公與子家謀先⑥。子家曰："畜老，猶憚殺之⑦，而況君乎？"反譖子家。子家懼而從之。夏，弑靈公。

① 選自《宣公四年》。黿(yuán)：一種大鱉。
② 公子宋：鄭國公子，即下文的子公。子家：鄭國公子。見：進見鄭靈公。
③ 他日：從前。如此：指"食指動"。必嘗異味：一定會吃到新奇的美味。異：不同一般。
④ 食(sì)：給……吃。
⑤ 染指：用手指蘸。
⑥ 謀先：謀劃先動手。
⑦ 畜(chù)：牲畜。憚：畏懼。這裏指有顧慮。

練習五

一、熟讀本單元講過的文章。
二、閱讀本單元的閱讀文選。
三、給下面句子中加點的字注音：
　1. 既而大叔命西鄙北鄙貳於己。（《左傳·鄭伯克段于鄢》）

2. 大叔完聚,繕甲兵,具卒乘,將襲鄭。(《左傳·鄭伯克段于鄢》)
3. 爾有母遺,繄我獨無。(《左傳·鄭伯克段于鄢》)
4. 有寵於僖公,衣服禮秩如適。(《左傳·公孫無知之亂》)
5. 公懼,隊于車,傷足,喪屨。(《左傳·公孫無知之亂》)
6. 余折以御,左輪朱殷。(《左傳·鞌之戰》)
7. 左并轡,右援枹而鼓。(《左傳·鞌之戰》)
8. 韓厥執縶馬前,再拜稽首,奉觴加璧以進。(《左傳·鞌之戰》)
9. 屬當戎行,無所逃隱,且懼奔辟而忝兩君。(《左傳·鞌之戰》)
10. 既定爾婁豬,盍歸吾艾豭?(《左傳·衛侯爲夫人南子召宋朝》)

四、解釋下面句子中加點的詞:
1. 莊公寤生,驚姜氏。(《左傳·鄭伯克段于鄢》)
2. 先王之制,大都不過參國之一。(《左傳·鄭伯克段于鄢》)
3. 多行不義,必自斃,子姑待之。(《左傳·鄭伯克段于鄢》)
4. 襄公絀之。二人因之以作亂。(《左傳·公孫無知之亂》)
5. 君使民慢,亂將作矣。(《左傳·公孫無知之亂》)
6. 流血及屨,未絕鼓音。(《左傳·鞌之戰》)
7. 自始合,苟有險,余必下推車。(《左傳·鞌之戰》)
8. 從左右,皆肘之,使立於後。(《左傳·鞌之戰》)
9. 人不難以死免其君,我戮之不祥。(《左傳·鞌之戰》)
10. 余是故許而弗爲,以紓余死。(《左傳·衛侯爲夫人南子召宋朝》)

五、把下面的句子譯成現代漢語:
1. 愛共叔段,欲立之,亟請於武公。(《左傳·鄭伯克段于鄢》)
2. 今京不度,非制也,君將不堪。(《左傳·鄭伯克段于鄢》)
3. 君何患焉?若闕地及泉,隧而相見,其誰曰不然?(《左傳·鄭伯克段于鄢》)
4. 期戍,公問不至。(《左傳·公孫無知之亂》)
5. 秦子、梁子以公旗辟於下道,是以皆止。(《左傳·公孫無知之亂》)
6. 齊侯曰:"余姑翦滅此而朝食!"(《左傳·鞌之戰》)
7. 以肱擊之,傷而匿之,故不能推車而及。(《左傳·鞌之戰》)
8. 韓厥夢子輿謂己曰:"且辟左右!"(《左傳·鞌之戰》)
9. 從我而朝少君,少君見我,我顧,乃殺之。(《左傳·衛侯爲夫人南

子召宋朝》）
　　10. 夫人見其色，啼而走。（《左傳·衛侯爲夫人南子召宋朝》）
六、查閱工具書，説明詞的本義：
　　　本　發　封　復　鑑　顧　及　覆
七、查閲工具書，解釋加點的字，注意古今詞義的不同：
　　　表現　待命　顯達　穿衣　當辦就辦　孔孟之道　半途而廢　走南
　　闖北

常用詞

國　作　險　朝　斃　鄙　謀　慢　病　從

41. 國
　　國指國家。《商君書·更法》："治世不一道，便國不必法古。"古代分封制度特指諸侯王的封地。《説文》："國，邦也。"《戰國策·齊策四》："孟嘗君就國於薛。"《漢書·地理志》："又立諸侯王國。"上古國家往往以一個城市爲中心，國又指國都；城邑。《韓非子·齊桓公好服紫》："其明日國中莫衣紫，三日境内莫衣紫也。"《孟子·齊人有一妻一妾》："施從良人之所之，徧國中無與立談者。"

42. 作
　　作的基本意義是出現；興起；發生。《周易·繫辭下》："包犧氏没，神農氏作。"《左傳·公孫無知之亂》："君使民慢，亂將作矣。"《荀子·勸學》："怠慢忘身，禍災乃作。"王士禎《女俠》："至三更，大風驟作。"又指起身；起立。《論語·先進》："舍瑟而作。"《禮記·少儀》："客作而辭。"由出現、産生引申爲開始。《老子》六十三章："天下大事必作於細。"又引申爲創製。杜甫《石犀行》："先王作法皆正道。"雙音詞有[創作]。

43. 險

"險"的意符是"阜",跟地勢有關。《説文》:"險,阻難也。"指地勢不平坦。《左傳·鞌之戰》:"自始合,苟有險,余必下推車。"(合:交戰。)又《文公十三年》:"逾越險阻。"引申爲山川形勢險要。《孟子·天時不如地利》:"固國不以山谿之險。"李翺《楊烈婦傳》:"憑堅城深池之險。"引申爲事情的態勢險惡難測;危險。《周易·蹇卦·象》:"見險而能止,知(zhì)矣哉。"(知:聰明。)人的險惡難測就是陰險。《吕氏春秋·去宥》:"其爲人甚險。"

44. 朝

《説文》:"朝,旦也。"指太陽剛出來的時候,早晨。讀 zhāo。《論語·里仁》:"朝聞道,夕死可矣。"雙音詞有[朝陽]。轉指日,天。《孟子·告子下》:"雖與之天下,不能一朝居也。"(居:居於君位。)雙音詞有[今朝]。用作動詞,在早上拜見尊長。讀 cháo。《國語·魯語下》:"(公父文伯)朝其母,其母方績。"特指臣下拜見君主,朝見。《孟子·公孫丑下》:"孟子將朝王。"《左傳·衛侯爲夫人南子召宋朝》:"從我而朝少君。"(少君:諸侯國國君的夫人。)

45. 斃

這個字《説文》作"獘",解釋爲"頓仆",(身體)倒下的意思。《左傳·鞌之戰》:"射其左,越于車下;射其右,斃于車中。"又《左傳·定公八年》:"籍丘子鉏擊之,與一人俱斃。"由倒下引申指敗亡;死去。殺死。《左傳·鄭伯克段于鄢》:"多行不義必自斃。"《晉書·孫惠傳》:"樹葉先零,根株乃斃。"《禮記·檀弓下》:"射之,斃一人。"雙音詞有[斃命][擊斃]。

46. 鄙

鄙指郊野。《史記·商君列傳》:"君之危若朝露,尚將欲延年益壽乎?則何不歸十五都,灌園於鄙。"又指邊遠的地方;邊境地區。《左傳·鄭伯克段于鄢》:"既而大叔命西鄙北鄙貳於己。"《公羊傳·莊公十九年》:"齊人、宋人、陳人伐我西鄙。"由邊遠地區轉指人質樸;粗俗。《史記·仲尼弟子列傳》:"子路性鄙,好勇力。"雙音詞有[鄙俗]。又指人見識短淺;鄙陋。諸葛亮《出師表》:"先帝不以臣卑鄙,猥自枉屈,三顧臣於草廬之中。"由見識短淺引申爲輕視。雙音詞有[鄙視]。

47. 謀

《說文》:"謀,慮難曰謀。"意思是商議對策;謀劃。《莊子·渾沌之死》:"儵與忽謀報渾沌之德。"成語有[不謀而合]。謀劃出的辦法就是計謀;策略。《戰國策·蘇秦以游說致富貴》:"陳篋數十,得《太公陰符》之謀,伏而誦之。"雙音詞[陰謀],成語有[出謀劃策]。由謀劃引申爲設法獲取,謀求。《論語·衛靈公》:"君子謀道不謀食。"雙音詞[謀生]。

48. 慢

"慢"字的意符是"心"。《說文》:"慢,惰也。"本義是不放在心上;懈怠。《荀子·勸學》:"怠慢忘身,禍災乃作。"《管子·內業》:"思索生知(zhī),慢易生憂。"雙音詞有[輕慢]。不把別人放在心上就是傲慢。《史記·淮陰侯列傳》:"王素慢無禮。"慢作速度不快講是它的假借義,這一意義上古少見。

49. 病

《說文》:"病,疾加也。"指重病。《韓非子·孤憤》:"與死人同病者,不可生也。"泛指疾病。《史記·高祖本紀》:"上使辟陽侯迎綰,綰稱病。"(綰:人名。)轉指嚴重的傷痛。《左傳·鞌之戰》:"郤克傷於矢,流血及屨,未絕鼓音。曰:'余病矣!'"又轉指極端的疲憊。《孟子·公孫丑上》:"今日病矣,予助苗長矣。"引申指毛病。曹植《與楊德祖書》:"世人之著述,不能無病。"

50. 從

《說文》:"從,隨行也。"相隨而行。《論語·公冶長》:"道不行,乘桴(fú)浮於海,從我者其由與?"(桴:筏子。由:人名。)雙音詞有[隨從]。引申爲在後追趕。《左傳·鄭伯克段于鄢》:"馬逸不能止,師從之。"由跟隨引申爲聽從;服從。《戰國策·蘇秦以游說致富貴》:"夫賢人在而天下服,一人用而天下從。"雙音詞有[依從][遵從]。意義虛化爲介詞,表示經由(出發);拿……做起點。《晏子春秋·晏子使楚》:"今臣使楚,不當從此門入。"《史記·項羽本紀》:"於是大風從西北而起。"

古漢語常識

古代漢語的詞彙（下）

一 詞的本義和引申義

我們已經知道，古代漢語中單音詞占優勢，單音詞很多是多義的。從詞義的發展看，一個詞所以會有多個意義，是因爲詞的舊義可以延伸派生出新的意義。我們把一個詞生成時那個最初的意義叫詞的本義，由本義延伸派生出來的意義叫詞的引申義。比如上一節說到"兵"有三個意義：兵器，軍隊，戰爭。其中兵器是本義，軍隊和戰爭是引申義。再比如"引"：

(1) 臣爲王引弓虛發而下鳥。（《戰國策·驚弓之鳥》）
(2) 時劉備爲曹公所破，欲引南渡江。（《三國志·周瑜傳》
(3) 妻乃引刀趨機而言曰……（《後漢書·樂羊子妻》）

例(1)的意思是拉開弓，例(2)的意思是引導率領，例(3)的意思是拿過來。"拉開弓"是本義，後兩項是引申義。

本義和引申義都是對語言中的詞而言；古人沒有詞的概念，他們常常是就字說義（比如清代學者段玉裁的《說文解字注》就曾對字的本義作過反復說明）。今天看來，他們說的字的本義往往指字形結構可以印證的意義。

引申義是由本義派生出來的意義，派生出來的意義往往不止一個。比如"間"：

(1) 從門間窺其夫。（《史記·管晏列傳》）
(2) 彼節者有間，而刀刃者無厚。（《莊子·養生主》）
(3) 道里悠遠，山川間之。（《穆天子傳》卷三）
(4) 月出於東山之上，徘徊於斗牛之間。（蘇軾《赤壁賦》）

(5) 因作小樓二間與月波樓通。(王禹偁《黃州新建小竹樓記》)
(6) 有間,雁從東方來。(《戰國策·驚弓之鳥》)
(7) 笙鏞以間。(《尚書·益稷》)
(8) 諸侯有間矣。(《左傳·昭公十三年》)
(9) 竭忠盡智以事其君,讒人間之,可謂窮矣。(《史記·屈原賈生列傳》)

《說文》:"間,隙也。"縫隙是間的本義,如例(1)(2)。縫隙是分開的空間,由此引申能為例(3)的隔開。由縫隙進而泛指空間的距離、區域,如例(4)。用作量詞,指房屋的單位(房子有空間),如例(5)。由空間向時間方面引申,指時間上的間隔,如例(6)。進而又指更迭交替(間隔一段時間交替進行),如例(7)。詞義的引申由具體到抽象,由此引申為例(8)的人與人的嫌隙隔閡。用作動詞,就是例(9)的離間(使產生隔閡)。

這樣一個複雜的引申序列,既有意義的變化,也有讀音的變化,如果不從根本上入手,對這個詞就很難有一個系統的清楚的了解。所以學習古漢語,把握詞的本義有著極端的重要性。本義是根本,引伸義是枝葉。掌握一個意義複雜的詞,首先要探求它的本義;本義清楚了,就可以從根本入手,以簡馭繁。

那麼如何考察一個詞的本義和引申義呢？我們已經知道,很多漢字的字形結構與詞義有聯繫,因此要重視對字形結構的分析,事實也證明,這是探求詞的本義的基本途徑之一。拿上面說到的"兵""間"來說,"兵"字從雙手持斤會意,斤表示兵器。"間"也是一個會意字,本作"閒",表示月光從門縫照進來。再比如《說文》:"牢,養牛馬圈也。""牢"字從"牛"從"宀"會意,"宀"表示房舍,字形同"養牛馬圈"有直接的聯繫。漢字絕大部分都是形聲字,形聲字的意符表示一個意義範疇,通過對意符的分析有助於對形聲字意義的理解。比如"顏、顛、頗、顧、頤"這幾個字的意符都是"頁"(xié),"頁"本來的意思是頭,以上幾個字的意義都跟頭有關:顏的意思是額,顛的意思是頭頂,頗的意思是頭偏,顧的意思是回頭看,頤的意思是下巴。這樣的例子還可以舉出很多。

其次,一定要把字形分析同文獻資料結合起來,要十分重視對語言事實的考察。比如前面說過,《說文》把"爲"解釋為"母猴"(猴的一種,即沐猴、獼猴),但在文獻中找不到這樣的意思(跟甲骨文字形也不合),這樣的解釋就值得懷疑。

第三,要注意詞義引伸關係的分析,對意義之間的聯繫找出合理的解釋。拿上一單元說到的"管"的四個意義來說,古代管樂器是竹管製成的,古代的鑰匙是管狀的,因此把管樂器、鑰匙稱爲管,又由鑰匙的鎖閉、打開引申爲掌管。這樣的分析合乎事理,也得到了文獻資料的印證。

二 詞義演變的趨勢和引申方式

由具體到抽象、由個別到一般是詞義演變的基本趨勢,這種趨勢反映了人們認識事物的一般規律。從具體到抽象的例子如上面說到的"引",本義是"拉弓",是具體的;引申義是"引導",是抽象的。再比如"素":

(1) 新人工織縑,故人工織素。(古詩《上山采蘼蕪》)
(2) 雖欲率物,亦緣其性真素。(《世說新語·德行》)

素的本義是沒有加工染色的生絹,如例(1);由此引申爲性情質樸,自然,如例(2)。"生絹"是具體,"質樸自然"是抽象。再比如"道":

(1) 民扶老攜幼,迎君道中。(《戰國策·齊策四》)
(2) 君飲太過,非攝生之道。(《世說新語·任誕》)
(3) 治國之道,愛民而已。(《說苑·政理》)

道的本義是道路,如例(1);由此引申爲途徑、方法,如例(2)(3)。"道路"是具體,"途徑、方法"是抽象。

從個別到一般的例子如"集":

(1) 黃鳥于飛,集于灌木。(《詩經·周南·葛覃》)
(2) 天下雲集響應。(賈誼《過秦論》)

集的本義是鳥聚集棲息,是個別;泛指聚集,是一般。再比如"習":

(1) 鷹乃學習。(《禮記·月令》)
(2) 學而時習之,不亦說乎?(《論語·學而》)

習的本義是鳥反復地飛,是個別;泛指行爲動作的重復進行,如練習、演習等,是一般。

關於詞義的引申方式,一般認爲有三種類型:連鎖型、輻射型和綜合型。比如"節":

(1) 竹節　竹，外有節理，中直空虛。（《史記·龜策列傳》）
(2) 物的分段　彼節者有間，而刀刃者無厚。（《莊子·養生主》）
(3) （恰當的）分寸、限度　喜怒哀樂之未發謂之中，發而皆中節謂之和。（《禮記·中庸》）
(4) 時節　四時八位十二度二十四節。（《史記·太史公自序》）
(5) 法度　禮不逾節。（《禮記·曲禮上》）
(6) 節操　妻有節操。（周）新未遇時，縫紉自給。（《明史·周新傳》）
(7) 節奏　歌者不期於利聲而貴在中節。（《鹽鐵論·相刺》）
(8) 節制　不以禮節之，亦不可行也。（《論語·學而》）

上面八個意義的序列可以圖示如下：

由上面的圖示可以看出：由"竹節"到"物的分段"再到"限度"，是一個逐層引申的意義序列；引申義順序生成，有前後相承的派生關係，這就是連鎖型。"時節""法度""節操""節奏""節制"五個引申義都是由"限度"這一個意義派生出來的；派生出的五個引申義向不同的方面、不同的事物（時間、禮法、品行、音樂、行爲等）延伸，呈輻射狀。它們相互之間沒有派生關係，在節的引申序列中地位是平等的，這就是輻射型。綜合型是說在一個引申序列中既有連鎖型，又有輻射型，節的引申序列就是綜合型。

進一步觀察可以知道，"物的分段"是由節的本義"竹節"（竹的分段）直接派生出來的（由個別到一般），這是一種直接引申。"限度"是由"物的分段"這個引申義派生出來的（由具體到抽象），是引申了再引申；對本義來說，就是一種間接引申。"時節"等五個意義也是間接引申。再拿"年"來說，本義是收成，由穀物的收成引申指一年的時間，由一年的時間再引申指年齡。對年的本義來說，一年的時間是直接引申，年齡是間接引申。

直接引申是就相鄰的兩個意義而言，意義有明顯的聯繫。不相鄰的是一種間接引申，兩個意義離得比較遠；離得越遠，意義上的聯繫就越弱，甚至會導致斷裂。

三　詞義的增減和詞義範圍的變化

詞義變化的結果有兩種情況：第一，意義的增加或減少。第二，詞義範圍的變化。詞義的增加或減少是就一個詞意義的多少說的，大致有三種情況。

第一，從古到今沒有什麼大的變化。比如"吹"指吹氣。《老子》二十九章："或吹或噓。"轉指風吹。又特指吹奏。《韓非子·內儲說上》："齊宣王使人吹竽。"再比如"粗"，指粗米。《左傳·哀公十三年》："粱則無矣，粗則有之。"引申指粗大。《禮記·月令》："其器高以粗。"又引申爲粗疏，不精細。《顏氏家訓·勉學》："粗通經義。""吹"和"粗"這幾個意義至今沒有變化。

第二種情況是意義的減少。一個多義詞，有的意義消亡了，有的還在用。比如"私"，是對公而言。《左傳·昭公五年》："爲政者不賞私勞，不罰私怨。"古代私還有偏愛的意思。《戰國策·齊策一》："臣之妻私臣。"偏愛的意思後來消亡了，這是意義的減少。

第三情況是意義的增加，新的意義生成後一直沿用到現在。比如"湯"指熱水、沸水。《孟子·告子上》："冬日則飲湯，夏日則飲水。"今雙音詞有[湯壺][湯盆]，成語有[赴湯蹈火]。後來又增加了一個意思，指烹調後汁水特別多的副食。《水滸》三十八回："宋江道：'得些辣魚湯醒酒最好。'"

這三種情況比較起來，最值得注意的是第二種。因爲對那些消亡的意義我們往往感到很陌生，理解起來不免就有困難。

詞的意義有一定的指稱範圍。詞義範圍的變化，是說詞義指稱的事物的範圍前後有大小的不同。比如上面說到的"節"，"竹節"的範圍小，"物的分段"指稱的範圍就大。通常認爲，詞義範圍的變化有三種情況：擴大、縮小、轉移。下面分別加以說明。

第一，擴大。比如：

（1）菜　《說文》："菜，草之可食者。"指植物性的蔬菜。《論語·鄉黨》："雖疏食菜羹，必祭。"後來肉類、蛋類都可以稱作菜，不再限於植物類蔬菜。

（2）匠　《説文》："匠,木工也。"本指木匠。《孟子·告子上》："大匠誨人必以規矩。"後來指各種有技術的工人。

（3）響　《玉篇》："響,應聲也。"指回聲。《水經注·江水》："空谷傳響,哀轉久絶。"後來泛指聲響。

第二,縮小。比如:

（1）宫　《説文》："宫,室也。"秦以前,非帝王居住的房屋也可以稱宫。《左傳·莊公十九年》："邊伯之宫近於王宫。"秦以後,主要指帝王住的宫殿。

（2）蟲　《説文》："蟲,有足謂之蟲。"《大戴禮記·曾子天圓》："毛蟲之精者曰麟,羽蟲之精者曰鳳,介蟲之精者曰龜,裸蟲之精者曰聖人。"後來蟲單用的時候主要指昆蟲。

（3）禽　《説文》："禽,走獸總名。"指獵獲的對象,包括飛禽和走獸。《孟子·滕文公下》："終日不獲一禽。"《三國志·魏書·華佗傳》："吾有一術,名曰五禽之戲:一曰虎,二曰鹿,三曰熊,四曰猿,五曰鳥。"後來主要指飛禽。

第三,轉移。轉移是詞義指稱的對象由一個範圍移動到了另一個範圍。比如"兵",本來的意思是兵器,後來指士兵。從指稱的對象看,兵器是一種器物,士兵是人,屬於不同的範圍,可見兵的詞義範圍發生了轉移。再比如:

（1）室　指屋室。《孟子·梁惠王下》："爲巨室,則必使工師求大木。"轉指妻室。《史記·仲尼弟子列傳》："商瞿年長無子,其母爲取室。"

（2）史　《説文》："記事者也。"史是古代的一種文職人員,包括在王的身邊負責卜筮、星曆的人,後來專指記事的人。《左傳·宣公二年》："董狐,古之良史也。"後來轉指歷史。

（3）樂府　樂府原是一種官署,是漢代採詩的音樂機關。《漢書·禮樂志》："內有掖庭（官署名）材人,外有上林樂府。"後轉指一種詩體（樂府詩原來是配樂的）。

在討論詞義變化的時候,詞義輕重的變化和色彩的變化也值得注意。不同的詞,詞義的輕重或許不一樣。拿表示溫度的詞來說,［冷］與［涼］不同,［熱］與［温］也不同。同一個詞,新義同舊義比較,意義的輕重有的也

不一樣,有的加重了,有的減輕了。詞義加重的例子如:

（1）誅　《説文》:"誅,討也。"指責備,譴責。《周禮・地官・司救》:"司救,掌萬民之邪惡過失而誅讓之。"後來詞義加重,引申爲懲罰。《韓非子・奸劫弑臣》:"聖人之治國也,賞不加於無功,而誅之必行於有罪者也。"

（2）謗　《玉篇》:"謗,對他人道其惡也。"原是議論批評過失的意思。《國語・楚語》:"近臣諫,遠臣謗。"引申爲毀謗。《史記・屈原列傳》:"信而見疑,忠而被謗。"

詞義減輕的例子如:

（1）購　指懸賞（不限於錢）徵求。《戰國策・韓策二》:"韓取聶政屍暴於市,懸購之千金。"後指一般的購買。

（2）取　古代捕獲到野獸或戰俘時割取左耳。引申常指用強力取得,據爲己有。《商君書・去強》:"興兵而伐必取,取必能有之。"後指一般的獲得。

詞義的色彩指詞義的情感色彩。情感色彩表明説話人的態度:或表示肯定滿意,就是褒義;或表示否定不滿,就是貶義。一些詞的情感色彩古今也有變化。

有的詞義變化之後含貶義。比如[爪牙],本指得力的武臣、衛士,含褒義。《詩經・小雅・祈父》:"祈父,予王之爪牙。"（朱熹《詩集傳》:"爪牙,鳥獸所用以爲威者也。"）《國語・越語上》:"夫雖無四方之憂,然謀臣與爪牙之士,不可不養而擇也。"後指幫兇一類的人。

也有的詞義變化之後帶有褒義。如[祥],原來指預兆,是一個中性詞。《左傳・僖公十六年》:"是何祥也？吉凶安在？"《論衡・異虚》:"善惡同時,善祥出,國必興;惡祥見,國必亡。"後來主要指吉兆。

詞義的變化是十分複雜的,我們讀古書,特別要注意不能以今律古,望文生義,要綜合考慮各種因素,仔細加以判斷。

第六單元

講讀文選

國語

　　《國語》是一部最早的國別史,全書二十一卷,記述西周末年至春秋時期周、魯、齊、晉、鄭、楚、吳、越等八國的史實,是研究春秋史乃至上古史的重要典籍。《國語》所記八國史料詳略不一,其中以《晉語》爲最詳。《國語》一書主要通過人物的對話、相互辯難來記述歷史事件,反映對治國理民、興亡成敗的看法;文辭渾厚古樸,對人物、事件也間有生動的描寫。《國語》以記言爲主,可以與《左傳》相參證(《左傳》以記事爲主),傳統上又稱《春秋外傳》。《國語》的作者已不可考,有學者認爲其成書的時間早於《左傳》。

　　《國語》現存的注本以三國時吳國韋昭的《國語解》爲最早。清人董增齡的《國語正義》、近人徐元誥的《國語集解》可資參考。

　　選文據點校本《國語》,上海古籍出版社一九七八年版。文章題目爲後加。

邵公諫厲王弭謗(《周語上》)

　　【説明】文章記述邵公勸阻周厲王"弭謗"(打壓批評言論)的一番議論,提出"防民之口,甚於防川"的卓越見解,規勸厲王通過不同渠道了解民情。厲王不聽,終於被放逐。

　　厲王虐,國人謗王①。邵公告曰②:"民不堪命矣③!"王怒,得衛巫,使監謗者④;以告,則殺之⑤。國人莫敢言,道路以目⑥。

　　王喜,告邵公曰:"吾能弭謗矣,乃不敢言⑦。"邵公曰:"是障之也⑧。防民之口,甚於防川⑨。川壅而潰,傷人必多,民亦如之⑩。是故爲川者決之使導⑪,爲民者宣之使言⑫。故天子聽政⑬,使公卿至於列士獻詩⑭,瞽獻曲⑮,史獻書⑯,師箴⑰,瞍賦⑱,矇誦⑲,百工諫⑳,庶人傳語㉑,近臣盡規㉒,親戚補察㉓,瞽、史教誨㉔,耆、艾修之㉕,而後王斟酌焉,是以事行而不悖㉖。民之有口,猶土之有山川也,財用於是乎出㉗;猶其原隰之有衍沃也,衣食於是乎生㉘。口之宣言也,善敗於是乎興㉙,行善而備敗㉚,其所以阜財用衣食者也㉛。夫民慮之於心而宣之於口㉜,成而行之,胡可壅也㉝?若壅其口,其與能幾何㉞?"

　　王不聽,於是國莫敢出言㉟,三年,乃流王於彘㊱。

① 厲王:周厲王,名胡,公元前八七八—前八四二年在位。虐:殘暴。國人:居住在國都的人,有議論國事的權利。謗:公開指責別人的過失。
② 邵公:名虎,周的卿士。
③ 民衆已經忍受不了厲王暴虐的政令了。堪:承受;經得起。
④ 衛巫:衛國的巫師。巫:古時以降神事鬼爲職業的人。監:監視。
⑤ 把謗者報告厲王,就殺掉。
⑥ 莫敢言:沒有什麼人敢說話。道路以目:路上相遇,人們只能用眼睛相互示意,什麼話也不敢說。
⑦ 弭(mǐ):止息;消除。乃:這裏是終究的意思。
⑧ 是:指代這種弭謗的做法。障:阻擋。
⑨ 堵塞民衆的嘴,後果比堵塞江河水流還要嚴重。防:堵塞。甚於:

⑩ 川壅而潰:水流堵塞就會潰決泛濫。民亦如之:堵塞民衆的言論也是這樣。
⑪ 所以治理河流要疏浚河道使水流暢通。爲:治理。導:通,流通。
⑫ 治理民衆要開通言路使他們敢於説話。宣:開放,使暢通。
⑬ 聽政:處理政事。
⑭ 公卿至於列士:周王室的官員有公、卿、大夫、士各級。士有三個等級,統稱"列士"。獻:進獻。詩:從民間採來的諷諫的詩。
⑮ 瞽(gǔ):盲人。"瞽"和下文的"瞍""矇"都指盲人樂官。曲:指反映民意的樂曲。
⑯ 史官進獻記載史實的典籍。
⑰ 少師進獻箴(zhēn)言。師:少師,樂官名。箴:一種規諫得失的文辭。
⑱ 瞍(sǒu):無眼珠的盲人。賦:吟誦(那些公卿列士進獻的詩)。
⑲ 矇(méng):有瞳仁的盲人。誦:誦讀(那些諷諫的文辭)。
⑳ 百工:(侍奉天子的)各種工匠。
㉑ 平民意見不能直接上達,只能通過他人傳達給天子。庶人:平民。
㉒ 近臣:在身邊侍奉天子的臣子。盡規:把規劃謀略全部進呈天子。"進"。
㉓ 親戚:父兄子弟等同族的親屬。補察:彌補過失,監督天子的行爲。
㉔ 樂官用樂曲、太史用掌握的有關知識對天子進行教誨。史:太史,官名。掌記載史事、編寫史書、起草文書,兼管國家典籍和天文曆法等。
㉕ 耆(qí)、艾:六十歲稱耆,五十歲稱艾。統指老年人。這裏指對天子負有教導責任的師傅。修之:整理瞽、史的教誨,上告天子。
㉖ 斟酌焉:對上告的意見考慮取捨。焉:於此。是以事行而不悖(bèi):所以政事能夠實行而不違背情理。悖(bèi):違背情理。
㉗ 民衆有口,就如同土地有山川,財物器用從這裏生出來。猶:如同。於是:在這裏。意思是山川可以使地氣暢通生出財用,民衆有口可以使人心舒展敞開發表規諫的意見。
㉘ 如同那平原低地上有水分充足的平坦沃土,衣食從這裏生出來。原:廣平的土地。隰(xí):低濕的土地。衍(yǎn):低下平坦的土

地。沃:有水流灌溉的土地。
㉙ 民衆的口發表言論,對國事讚美或批評的意見就從這裏產生。善:認爲政事好(的話)。敗:認爲政事不好(的話),批評(的話)。
㉚ 施行認爲好的事情,防範認爲不好的事情。
㉛ 這纔是用來增加財用、衣食的好辦法。阜:豐厚,增多。所以……者:用來……的辦法。
㉜ 慮之於心:用心考慮。宣之於口:用口表達。宣:説出來。
㉝ 成:考慮成熟。行:(就會)自然傳布開來。胡可壅(yōng):怎麼可以堵塞呢? 胡:何,怎麼。壅:堵塞。
㉞ 其與能幾何:那親附的人能有多少。與:親附。
㉟ 國莫敢出言:一本作"國人莫敢出言"。國人沒有人再敢説話。
㊱ 流王於彘(zhì):把厲王放逐到彘地。彘:地名,在今山西省霍州市境內。

梗陽人有獄(《晉語九》)

【説明】文章記述晉國的閻没、叔寬勸諫正卿魏獻子拒絕納賄的故事。閻没、叔寬十分講究勸諫的方式方法,借一食之間三嘆對魏獻子委婉規勸,使他欣然接受。文中"願以小人之腹爲君子之心"演變爲成語"以小人之心度君子之腹"。這段記事又見《左傳·昭公二十八年》。

　　梗陽人有獄①,將不勝②,請納賂於魏獻子,獻子將許之③。閻没謂叔寬曰④:"與子諫乎⑤! 吾主以不賄聞於諸侯⑥,今以梗陽之賄殃之⑦,不可。"二人朝,而不退⑧。
　　獻子將食,問誰於庭⑨,曰:"閻明、叔褒在。"召之,使佐食⑩。比已食,三嘆⑪。既飽,獻子問焉⑫,曰:"人有言曰:唯食可以忘憂。吾子一食之閒而三嘆⑬,何也?"同辭對曰⑭:"吾小人也,貪。饋之始至,懼其不足⑮,故嘆。中食而自咎也⑯,曰:豈主之食而有不足⑰? 是以再嘆⑱。主之既已食⑲,願以小人之腹爲君子之心⑳,屬饜而已㉑,是以三嘆。"獻子曰："善。"乃辭梗陽人㉒。

① 梗(gěng)陽：地名，在今山西省清徐縣。當時是晉國貴族魏氏的領地。獄：訴訟。
② 不勝：敗訴。
③ 納賂：行賄。納：獻出。賂：財物。魏獻子：名舒，是當時晉國的正卿。
④ 閻沒：字明。叔寬：姓女，字襃(bāo)。《左傳》作"女寬"。二人都是晉國的大夫。
⑤ 與子：與你。子：對對方的尊稱。諫：勸諫。
⑥ 吾主：指魏獻子。不賄：不收受賄賂。聞：聞名。
⑦ 殃：殃及，傷害。
⑧ 朝：朝見魏獻子。退：退出，離開。
⑨ 於：在。"於"一本作"在"。庭：院子。
⑩ 佐食：陪同吃飯。
⑪ 比(bì)：及，等到。已食：停下不再吃。已：停止。
⑫ 焉：於此。指三歎這件事。
⑬ 吾子：對對方親近的稱呼（一般用於男子之間）。閒：後寫作"間"。
⑭ 同辭：說一樣的話，異口同聲。
⑮ 饋(kuì)：贈送的（飯食）。不足：不夠。
⑯ 中食：飯吃到一半。自咎(jiù)：自己責備自己。咎：責備。
⑰ 豈：副詞，難道。
⑱ 再：第二次。
⑲ （看到）您停下不再吃了。已：停止。一本無"已"字。
⑳ 但願我們的小人之腹能像您的君子之心。願：希望。腹：肚子。心：心思。
㉑ 屬(zhǔ)饜(yàn)而已：剛剛吃飽就停下不再吃了（意思是知足）。屬：恰好。饜：飽，足。已：停止。
㉒ 辭：拒絕，不接受。

戰國策①

鄒忌諷齊王納諫（《齊策一》）

【説明】鄒忌由妻妾、門客對自己相貌的虛言讚美想到宫婦、臣下和國內的人對國君的蒙蔽，勸諫齊王虛心納諫。題目爲後加。

鄒忌脩八尺有餘①，身體昳麗②。朝服衣冠窺鏡③，謂其妻曰："我孰與城北徐公美④？"其妻曰："君美甚，徐公何能及君也⑤！"城北徐公，齊國之美麗者也。忌不自信，而復問其妾曰："吾孰與徐公美？"妾曰："徐公何能及君也！"旦日客從外來⑥，與坐談，問之客曰⑦："吾與徐公孰美？"客曰："徐公不若君之美也。"

明日徐公來，孰視之⑧，自以爲不如。窺鏡而自視，又弗如遠甚⑨。暮寢而思之曰⑩："吾妻之美我者，私我也⑪；妾之美我者，畏我也；客之美我者，欲有求於我也。"

妻妾、門客對鄒忌的相貌虛言讚美，這引起鄒忌的深思。

① 鄒忌：齊國人，曾作齊相。脩：長。這裏指身高。
② 昳（yì）麗：光豔美麗。
③ 朝：早上。服：穿戴。窺（kuī）鏡：照鏡子看。
④ 我與城北徐公誰美。孰（shú）：誰。
⑤ 及：趕上。這裏是比得上的意思。
⑥ 旦日：第二天。客：門客。
⑦ 之：指代問的內容（就是"吾與徐公孰美"）。

---

① 《戰國策》見本書第一單元的介紹。

⑧ 孰:仔細;周詳。後寫作"熟"。
⑨ 遠甚:很遠。這裏是說差距很大。
⑩ 寢(qǐn):躺下休息。
⑪ 美我:認爲我美。美:形容詞用作意動。私:偏愛。

　　於是入朝見威王曰①:"臣誠知不如徐公美。臣之妻私臣,臣之妾畏臣,臣之客欲有求於臣,皆以美於徐公②。今齊地方千里③,百二十城,宮婦左右莫不私王④,朝廷之臣莫不畏王,四境之內莫不有求於王⑤。由此觀之,王之蔽甚矣⑥!"王曰:"善。"乃下令:"羣臣吏民,能面刺寡人之過者受上賞⑦;上書諫寡人者,受中賞;能謗議於市朝,聞寡人之耳者⑧,受下賞。"
　　令初下,羣臣進諫,門庭若市⑨。數月之後,時時而間進⑩。期年之後,雖欲言,無可進者⑪。燕、趙、韓、魏聞之,皆朝於齊。此所謂戰勝於朝廷⑫。

鄒忌勸諫齊王虛心納諫,不要受別人的蒙蔽,齊王接受了他的意見。

① 威王:齊威王,齊國的國君。
② 美於徐公:比徐公美。
③ 方:(土地)縱橫,方圓。
④ 宮婦:君主的姬妾。左右:君主身邊的人。
⑤ 四境之內:指國內的人。
⑥ 蔽:(受)蒙蔽。甚:厲害,嚴重。
⑦ 面刺:當面指責。面:名詞用作狀語。上賞:最高的賞賜。
⑧ 謗議:相互議論別人的過失。市朝:指公共場所。市:市場。朝:朝廷。聞寡人之耳:使我聽到。聞:用作使動。
⑨ 門庭若市:門前和庭院像市場一樣。形容來的人很多。
⑩ 時時:往往,常常。間(jiàn):間或;偶或。進:進諫。
⑪ 期(jī)年:滿一年。無可進者:沒有什麼可以進諫的。
⑫ 此所謂戰勝於朝廷:這就是所說的在朝廷上戰勝敵人。意思是內

政修明，不必上戰場就可以戰勝別的國家。

蘇秦以游說致富貴①（《秦策一》）

【說明】選文記述蘇秦游說秦王未能成功，不甘失敗，爲追求"勢位富貴"發憤自勵，又繼而游說趙王，鼓吹合縱，終於大獲成功。文章生動地刻畫了一個戰國縱橫家的形象。題目爲後加。

（蘇秦）說秦王書十上而說不行②。黑貂之裘弊③，黃金百斤盡④，資用乏絕⑤，去秦而歸⑥。羸縢履蹻⑦，負書擔橐⑧，形容枯槁⑨，面目犁黑⑩，狀有歸色⑪。歸至家，妻不下紝⑫，嫂不爲炊⑬，父母不與言。蘇秦喟歎曰："妻不以我爲夫⑭，嫂不以我爲叔⑮，父母不以我爲子，是皆秦之罪也。"乃夜發書⑯，陳篋數十⑰，得《太公陰符》之謀⑱，伏而誦之⑲，簡練以爲揣摩⑳。讀書欲睡，引錐自刺其股㉑，血流至足。曰："安有說人主不能出其金玉錦繡，取卿相之尊者乎㉒？"期年揣摩成㉓，曰："此真可以說當世之君矣㉔！"

蘇秦游說秦王未能成功，狼狽而歸，備受家人鄙視。他不甘失敗，發憤讀書。

① 蘇秦（前？—前284）：字季子，東周洛陽（在今河南省洛陽市）人，戰國時縱橫家的代表人物之一，主張聯合六國抗秦。
② 指最初蘇秦向秦惠王提出兼併天下的主張而未被採納。說(shuì)：游說，勸說。書：文書。上：遞送給國君。說：言論，主張。行：接受。
③ 貂(diāo)：一種獸，皮毛很珍貴。裘(qiú)：皮衣。弊(bì)：破。
④ 百斤：形容多。
⑤ 資用：用的財物。乏：缺乏。絕：用盡。
⑥ 去：離開。歸：回家。

⑦ 贏(léi)縢(téng)：纏著裹腿。贏：通"累"，纏繞。縢：裹腿的布。履(lǚ)蹻(juē)：穿著草鞋。履：動詞，腳踏。蹻：通"屩"，草鞋。
⑧ 負書：背著書。擔橐(tuó)：扛著口袋。橐：口袋。指行李。
⑨ 形容：容貌。枯槁(gǎo)：憔悴。槁：枯乾。
⑩ 犁黑：黑黃色。犁：通"黧"，黑。
⑪ 狀有歸(kuì)色：看樣子很羞愧。歸：通"愧"，慚愧，羞愧。色：神色。
⑫ 下紝(rèn)：從織機上下來。紝：紡織。這裏指織機。
⑬ 爲炊：燒火做飯。
⑭ 不把我作爲她的丈夫(對待)。
⑮ 叔：小叔，丈夫的弟弟。
⑯ 發書：打開藏書。
⑰ 陳篋(qiè)：擺開書箱。篋：小箱子。
⑱ 太公：西周初人，姜姓，呂氏，名望，輔佐周武王滅商。又稱姜太公。《太公陰符》：傳說是姜太公寫的一部兵書。謀：謀略。
⑲ 伏：身體前屈。這裏形容埋頭讀書。誦：誦讀。
⑳ 挑選書中的精華研讀，用來揣摩人主的心思。簡練：挑選。揣(chuǎi)摩：估量研求。一說"揣摩"是蘇秦寫的文章。
㉑ 引錐(zhuī)：把錐子拿過來。股：大腿。
㉒ 哪有游說人主而不能說服他，讓他拿出金玉錦繡來賞賜自己，使自己取得卿相的尊貴之位呢？安：疑問代詞，哪裏。出：用作使動，使拿出。錦繡：花色圖案精美的絲織品。尊：高貴。
㉓ 期(jī)年：一周年。
㉔ 當世之君：當今的君主。

　　於是乃摩燕烏集闕①，見說趙王於華屋之下②，抵掌而談③。趙王大悅，封爲武安君④。受相印⑤，革車百乘⑥，錦繡千純⑦，白璧百雙⑧，黃金萬溢⑨，以隨其後。約從散橫⑩，以抑強秦⑪。故蘇秦相於趙而關不通⑫。

　　蘇秦游說成功，受相印，力倡合縱之策。

① 摩:迫近。這裏指走到。燕烏集:趙國宮殿名。闕(què):宮門、城門兩邊的高臺,中間有道路,臺上建有樓觀。
② 見:晉見。説(shuì):游説。趙王:趙肅侯。華屋:華麗的宮室。
③ 抵(zhǐ)掌:拍手。抵:是"扺"的訛字。扺:拍擊。"扺掌而談"形容談話時激動興奮,拍起手來。
④ 武安:地名,在今河北省。
⑤ 受:授予。後作"授"。相:相是百官之長。
⑥ 革車:古代的一種兵車。乘(shèng):一車四馬爲一乘。
⑦ 純(tún):束。量詞,用於絲織品,相當於段、匹。
⑧ 璧:一種中心有孔的圓形玉器。
⑨ 溢:通"鎰",重量單位,二十兩爲一鎰(一説二十四兩)。
⑩ 約從:約定"合縱"。從:後作"縱"。散橫:離散"連橫"。合縱:戰國時蘇秦游説六國諸侯聯合抗秦的主張。秦在西方,六國地處東方之南北,所以稱合從。連橫(又作"連衡"):戰國時張儀游説東方六國共同事奉西方秦國稱連橫,與蘇秦的"合縱"相對。
⑪ 抑:壓制。
⑫ 關不通:這是説六國合縱抗秦使得函谷關交通斷絶。函谷關:關名,在今河南省靈寶市,是六國通往秦國的要道。

當此之時,天下之大,萬民之衆,王侯之威,謀臣之權①,皆欲決蘇秦之策②。不費斗糧③,未煩一兵④,未戰一士,未絶一絃⑤,未折一矢⑥,諸侯相親,賢於兄弟⑦。夫賢人在而天下服,一人用而天下從⑧。故曰:式於政,不式於勇⑨;式於廊廟之内,不式於四境之外⑩。當秦之隆⑪,黃金萬溢爲用⑫,轉轂連騎⑬,炫熿於道⑭;山東之國,從風而服⑮,使趙大重⑯。且夫蘇秦特窮巷掘門、桑户棬樞之士耳⑰,伏軾撙銜⑱,横歷天下⑲,廷説諸侯之王⑳,杜左右之口㉑,天下莫之能伉㉒。

蘇秦推行合縱之策,不費一兵一卒,大獲成功。

① 威:威勢,使人畏懼的氣勢。權:權術,謀略。
② 都取決於蘇秦的計謀。
③ 斗:一種量器。
④ 兵:兵器。
⑤ 絕:斷。絃:弓弦。
⑥ 折:折斷。矢:箭。
⑦ 賢:勝過。
⑧ 服:信服。一人:指蘇秦。從:順從。
⑨ 把力量用在政治謀略上,不用在戰爭上。式:用。勇:勇武,指戰爭。
⑩ 廊廟之內:指朝廷上的謀劃。廊:堂周圍的屋。廟:太廟。式於四境之外:指對外用兵。
⑪ 秦:蘇秦。隆:盛。指蘇秦全盛的時候。
⑫ 爲用:被(他)使用。
⑬ 轉轂(gǔ)連騎(舊讀 jì):形容車輛隨從衆多。轂:車輪上穿車軸的部件。代指車子。騎:騎馬的人,騎士。
⑭ 炫(xuàn)熿(huáng):光彩閃耀。熿:同"煌"。
⑮ 山東之國:指戰國時崤山以東的東方六國。山:崤山,在今河南省西部,三門峽以南。從風而服:形容迅速服從。從風:順著風勢。
⑯ 使趙大重:使得趙國極大地提高了地位。
⑰ 特:只(是)。窮巷:冷僻狹窄的里巷。掘(kū)門:開鑿洞穴作爲居處。掘:通"窟",挖洞。門:當作"穴"。桑戶:用桑樹枝條編的門扇。戶:門扇。棬(quān)樞:用彎曲的木條做門軸。棬:彎曲的木頭。樞:門軸。
⑱ 伏軾:身子伏在車的橫木上。軾:車箱前的橫木。撙(zǔn)銜:勒著馬嚼子。撙:抑制。銜:嚼子,橫放在牲口嘴裏的小鐵鏈。
⑲ 橫歷:橫行。指周遊天下。
⑳ 廷說(shuì):在朝廷上游說。廷:名詞用作狀語。
㉑ 杜:堵塞。左右:國君身邊的人。
㉒ 莫之能伉(kàng):沒有什麼人能與他抗衡。伉:通"抗"。莫:否定性無定代詞。之:代蘇秦。"之"作動詞"伉"的前置賓語。

　　將説楚王①,路過洛陽,父母聞之,清宫除道②,張樂設飲③，郊迎三十里④。妻側目而視⑤，傾耳而聽⑥；嫂虵行匍伏⑦，四拜自跪而謝⑧。蘇秦曰："嫂，何前倨而後卑也⑨？"嫂曰："以季子之位尊而多金⑩。"蘇秦曰："嗟乎！貧窮則父母不子⑪，富貴則親戚畏懼。人生世上，勢位富貴⑫，蓋可忽乎哉⑬！"

蘇秦富貴還鄉，家人熱情相迎，蘇秦感嘆人生在世"勢位富貴"不可忽視。

① 楚王：指楚威王。公元前三三九—前三二九年在位。
② 清宮：打掃屋子。除道：修整道路。除：修治。
③ 張樂（yuè）：安排音樂。設飲：擺設酒宴。
④ 郊迎：在郊外迎接。名詞"郊"作"迎"的狀語。
⑤ 側目：斜著眼睛，不敢正視。
⑥ 傾耳：側著耳朵，形容恭敬地聽。
⑦ 虵行：像蛇一樣爬行。虵：同"蛇"。匍（pú）伏：爬行。
⑧ 謝：道歉。
⑨ 何前倨（jù）而後卑：怎麼以前那麼傲慢，現在這麼謙卑呢？倨：傲慢。卑：低下。
⑩ 以：因爲。季子：蘇秦字季子。尊：高。金：錢財。
⑪ 不子：不當作自己的兒子對待。子：名詞用作動詞。
⑫ 勢位：權勢地位。
⑬ 怎麼能忽視呢？蓋（hé）：通"盍"，疑問代詞。忽：忽略，不放在心上。

呂不韋相秦（《秦策五》）

【説明】文章記述呂不韋爲追求"無數"之利，以商人特有的眼光敏鋭地發現秦質子異人的"商業"價值，於是赴秦國奔走游説，幫助異人立爲國君，終於如願以償，取得了預期的成功。題目爲後所加。

濮陽人呂不韋賈於邯鄲①，見秦質子異人②，歸而謂父曰:"耕田之利幾倍③?"曰:"十倍。""珠玉之贏幾倍④?"曰:"百倍。""立國家之主贏幾倍⑤?"曰:"無數。"曰:"今力田疾作,不得煖衣餘食⑥;今建國立君,澤可以遺世⑦。願往事之⑧。"

呂不韋發願立異人爲君,以圖贏無數之利。

① 濮陽:衛國的都城。在今河南省濮陽市。呂不韋(? —前235):原是一個富商,後幫助子楚立爲秦太子。子楚繼位爲秦莊襄王,任用呂不韋爲相國。秦王政(即秦始皇)繼位,繼任相國。後被放逐到蜀郡,憂懼自殺。呂不韋的事蹟參見《史記·呂不韋列傳》。賈(gǔ):做買賣。邯鄲:戰國時趙國的都城,在今河北省邯鄲市。
② 質子:派往別國去作人質的太子或宗室子弟。異人:秦孝文王的庶子(非嫡長子),當時在趙國作人質。
③ 利:贏利。
④ 珠玉之贏(yíng):做珠寶生意的贏利。
⑤ 國家之主:國君。
⑥ 力田:努力耕田。疾作:盡力勞作。煖:同"暖"。
⑦ 澤:恩澤。遺(yí)世:留給後代子孫。
⑧ 事之:做"建國立君"這件事。事:動詞,做……事。

秦子異人質於趙,處於廫城①。故往説之曰②:"子傒有承國之業③,又有母在中④。今子無母於中,外託於不可知之國⑤,一日倍約⑥,身爲糞土⑦。今子聽吾計事,求歸,可以有秦國⑧。吾爲子使秦,必來請子⑨。"

呂不韋爲異人分析形勢,勸其歸國。

① 廫(liáo)城:地名。高誘的注説廫城在趙國。
② 説(shuì):勸説。
③ 子傒(xī):秦孝文王之子,異人的同父異母兄長。承國:繼承王位。

業:事業。
④ 中:宮中。
⑤ 無母於中:如同沒有母親在宮中一樣。《史記·吕不韋列傳》説"子楚母曰夏姬,毋愛"。託:寄託。不可知:安危不可測。國:指趙國。
⑥ 一旦倍約:(趙國)一旦背棄盟約。倍:通"背"。
⑦ 糞土:比喻極其卑賤。
⑧ 聽吾計事:聽從我的計謀。有:擁有。
⑨ 爲(wèi)子:爲你。必來請子:一定請你回去。

乃説秦王后弟陽泉君曰①:"君之罪至死②,君知之乎?君之門下無不居高尊位③,太子門下無貴者④。君之府藏珍珠寶玉,君之駿馬盈外廄⑤,美女充後庭⑥。王之春秋高⑦,一旦山陵崩⑧,太子用事⑨,君危於累卵⑩,而不壽於朝生⑪。説有可以一切⑫,而使君富貴千萬歲⑬,其寧於太山四維⑭,必無危亡之患矣⑮。"陽泉君避席⑯,請聞其説⑰。不韋曰:"王年高矣⑱,王后無子,子傒有承國之業,士倉又輔之⑲。王一日山陵崩,子傒立⑳,士倉用事,王后之門,必生蓬蒿㉑。子異人賢材也㉒,棄在於趙㉓,無母於内,引領西望㉔,而願一得歸㉕。王后誠請而立之,是子異人無國而有國㉖,王后無子而有子也㉗。"陽泉君曰:"然㉘。"入説王后,王后乃請趙而歸之㉙。

呂不韋對王后的弟弟陽泉君講明利害:如子傒立爲國君,必將威脅到太后。

① 秦王后弟陽泉君:秦孝文王之妻華陽夫人的弟弟陽泉君。
② 意思是你有死罪。至死:要到死的地步。
③ 門下:手下的人。高尊位:高位。
④ 太子:指子傒。貴:高貴。
⑤ 駿馬:好馬。盈:充滿。外廄(jiù):宮廷外的馬圈。廄:同"廏"。

⑥ 後庭:後面的房室,指女眷住的地方。
⑦ 王:秦孝文王。春秋:年歲。
⑧ 山陵崩:比喻帝王死。
⑨ 用事:掌權,當權。
⑩ 危於累(lěi)卵(luǎn):危險就如同摞起來的蛋,隨時可能翻倒摔碎。形容極其危險。
⑪ 不比朝開暮落的木槿花長命。不壽於:不比……長壽。朝生:指朝開暮落的木槿花。
⑫ 意思是我有一個權宜之計。說:計謀,主意。一切:權宜,變通。
⑬ 富貴千萬歲:永遠富貴。
⑭ 比泰山的四維還要安穩牢固。寧:安寧。太山:即泰山(在今山東省)。四維:天的四角。這是說像支撐泰山的四角,不可移動。
⑮ 患:憂患。
⑯ 避席:離席。古人坐於席上,離席表示謙敬。
⑰ 希望聽到對此的解釋。請:敬辭。
⑱ 年高:年老。
⑲ 士倉:秦國的臣子。
⑳ 立:立爲國君。
㉑ 必生蓬蒿(hāo):(門前)必然長起飛蓬和蒿草。形容門庭冷落。
㉒ 賢材:材質優秀的人。
㉓ 棄:被拋棄。指在趙國爲質。
㉔ 引領:伸著脖子。領:脖子。望:向遠處看,表示企盼。
㉕ 希望有一天能夠回國。得:能。
㉖ 誠請而立之:如果能夠請求秦王立他爲太子。是子異人無國而有國:是:這樣(的話)。無國而有國:本來不能成爲國君,(立爲太子後)就可以繼承王位。無國:指不能做國君。有國:指繼承王位。
㉗ 王后本來沒有兒子也就有了兒子了。
㉘ 然:是這樣的。表示贊同對方的話。
㉙ 請趙而歸之:請求趙國讓異人回來。

　　趙未之遣①,不韋說趙曰:"子異人,秦之寵子也②,無母於中,王后欲取而子之③。使秦而欲屠趙④,不顧一子以留計⑤,是抱空質也⑥。若使子異人歸而得立⑦,趙厚送遣之⑧,是不敢倍德畔施⑨,是自爲德講⑩。秦王老矣,一日晏駕⑪,雖有子異人,不足以結秦⑫。"趙乃遣之。

呂不韋勸説趙國遣送異人回秦。

① 未之遣:没把異人遣送回來。"之"作動詞"遣"的前置賓語。遣:打發離開。
② 寵子:寵貴的兒子。有學者認爲"寵"字有誤。
③ 取而子之:接回來認作自己的兒子。
④ 使:假使。屠(tú)趙:攻打趙國。
⑤ 就不會顧惜一個作人質的兒子而停止攻趙的計劃。顧:關心;關懷。留:停止不動。
⑥ 這是抓著一個無用的人質。是:這。空:虛有其名,無用。
⑦ 得立:能立爲太子。
⑧ 厚:用厚禮。
⑨ 這樣自然不敢忘恩負義。倍德畔施:背棄別人對自己的恩德。倍:通"背"。畔:通"叛",也是背棄的意思。施:給予的恩德。
⑩ 是自爲德講:這樣他自然會以恩德與趙國結好。爲:以。講:修好,結好。
⑪ 晏(yàn)駕:帝王的車駕晚出。指帝王死。晏:晚。駕:車駕。
⑫ 結秦:與秦國結好。

異人至,不韋使楚服而見①。王后悦其狀②,高其知③,曰:"吾楚人也。"而自子之④,乃變其名曰楚⑤。王使子誦⑥,子曰:"少棄捐在外⑦,嘗無師傅所教學⑧,不習於誦⑨。"王罷之,乃留止⑩。間曰⑪:"陛下嘗軔車於趙矣⑫,趙之豪桀,得知名者不少⑬。今大王反國,皆西面而望⑭。大王無一介之使以存之⑮,臣恐其皆有怨心。使邊境早閉晚開⑯。"王以爲然,奇其計⑰。王后勸立之。王乃召相⑱,令之曰:"寡人子莫若楚⑲。"立以爲太子。

子楚立㉑，以不韋爲相，號曰文信侯，食藍田十二縣㉑。王后爲華陽太后㉒，諸侯皆致秦邑㉓。

　　異人返秦，博得王后和秦王的歡心，終於即位爲國君。

① 楚服而見：穿上楚國的服裝見華陽夫人（華陽夫人是楚國人）。
② 悅其狀：喜歡他（穿楚服）的樣子。
③ 高其知（zhì）：認爲他很聰明。高：形容詞用作意動，認爲……高。知：後作"智"。
④ 而：乃，於是。子之：認他作兒子。子：用作動詞，把……作兒子對待。
⑤ 給他改名字叫楚。
⑥ 誦：誦讀經典之書。
⑦ 很小就被拋棄在外（指在趙國爲人質）。
⑧ 過去未曾得到師傅的教導。
⑨ 習：熟悉。
⑩ 罷之：不再讓異人誦讀經典。罷：停止不再做一件事。之：指叫異人誦讀經典一事。留止：留在宮中居住。
⑪ 間（jiàn）曰：乘著空閒的機會進言。間：空隙。
⑫ 陛下：指秦孝文王。嘗：曾經。軔車於趙：這是説孝文王過去曾在趙爲質。軔（rèn）車：停下車來。這裏指留居爲質。"軔車"是委婉的説法。軔：墊在車輪前不讓車輪轉動的木頭。
⑬ 豪桀：才能出衆的人。桀：後作"傑"。得知名者：能夠讓大王知道其名的人。指與孝文王結識的人。
⑭ 反：後作"返"。西面：面向西。
⑮ 一介：一個。存：慰問，問候。
⑯ 還是讓邊境關卡早閉晚開爲好（意思是加強警戒）。
⑰ 以爲然：認爲説的對。奇其計：認爲他的計策不一般。奇：用作意動。
⑱ 相：相國。官名，爲百官之長。
⑲ 莫若楚：沒有什麽人如同子楚一樣。
⑳ 立：即位。就是秦莊襄王。

㉑ 食藍田十二縣：以藍田等十二縣的稅賦供呂不韋享用。食：享用稅賦。藍田：縣名，在今陝西省。
㉒ 王后被尊爲華陽太后。太后：帝王母親的尊稱。
㉓ "秦邑"當作"奉邑"（參王念孫《讀書雜志》卷二之一）。這是說諸侯都奉送土地作爲太后的奉養之地。致：送。奉邑：即養邑，收取賦稅以供給生活資料的封地。

閱讀文選

董叔將娶於范氏① （《國語》）

【説明】董叔娶范氏是想攀附權貴，結果自取其辱。這一則故事寫得幽默生動，意趣橫生。

董叔將娶於范氏，叔向曰②："范氏富，盍已乎③！"曰："欲爲繫援焉④。"他日，董祁愬於范獻子曰⑤："不吾敬也⑥。"獻子執而紡於庭之槐⑦，叔向過之，曰："子盍爲我請乎⑧？"叔向曰："求繫，既繫矣⑨；求援，既援矣⑩。欲而得之⑪，又何請焉？"

① 選自《晉語九》。董叔：晉大夫。范氏：指晉國正卿范宣子之女。
② 叔向：晉國大夫，名肸（xī），羊舌氏。
③ 盍（hé）已乎：何不作罷呢？已：停止。
④ 意思是想攀附范家以爲援助。繫：繫連，連綴。援：（作爲）援助。
⑤ 董祁：董叔的妻子。愬：傾訴，訴苦。范獻子：董祁之兄。
⑥ 即"不敬吾"。代詞"吾"作動詞"敬"的賓語前置。
⑦ 紡：吊掛。
⑧ 請：請求饒恕。

⑨（既）繫：捆綁。
⑩（既）援：牽引。指把董叔吊起來。
⑪ 想要的都得到了。

昭陽爲楚伐魏①（《戰國策》）

昭陽爲楚伐魏，覆軍殺將②，得八城，移兵而攻齊。陳軫爲齊王使③，見昭陽，再拜賀戰勝，起而問："楚之法，覆軍殺將，其官爵何也？"昭陽曰："官爲上柱國，爵爲上執珪④。"陳軫曰："異貴於此者何也⑤？"曰："唯令尹耳⑥。"陳軫曰："令尹貴矣！王非置兩令尹也⑦，臣竊爲公譬可也。楚有祠者⑧，賜其舍人卮酒⑨。舍人相謂曰：'數人飲之不足，一人飲之有餘。請畫地爲蛇，先成者飲酒。'一人蛇先成，引酒且飲之⑩，乃左手持卮，右手畫蛇，曰：'吾能爲之足⑪。'未成，一人之蛇成，奪其卮，曰：'蛇固無足，子安能爲之足⑫？'遂飲其酒。爲蛇足者終亡其酒。今君相楚而攻魏，破軍殺將，得八城，不弱兵⑬，欲攻齊，齊畏公甚，公以是爲名足矣⑭，官之上非可重也⑮。戰無不勝而不知止者，身且死，爵且後歸⑯，猶爲蛇足也。"昭陽以爲然，解軍而去⑰。

① 選自《齊策二》。昭陽：楚國主將。這次伐魏在公元前三二三年。
② 覆軍：魏軍被全部打垮。覆：覆滅。
③ 陳軫：齊國人。
④ 上柱國：楚國最高武官。上執珪：楚國最高爵位。
⑤ 此外比這更尊貴的是什麼官職呢？異：其他；別的。
⑥ 令尹：楚國最高官職，爲軍政首腦。
⑦ 不會設置兩個令尹。
⑧ 祠：祭祀。
⑨ 舍人：侍從於貴族左右較爲親近的人。卮：同"卮"，一種飲酒器。

"卮酒"一本作"酒一卮"。
⑩ 引：拿過來。
⑪ 爲之足：給它添上足。
⑫ 固：本來。安能：怎麼能。
⑬ 不弱兵：當爲"又移兵"。
⑭ 爲名：成就名聲。
⑮ 重(chóng)：再加上。
⑯ 且：將要。爵且後歸：身死之後爵位也將歸於國家。
⑰ 解：撤離。

練習六

一、熟讀本單元講過的文章。
二、閱讀本單元的閱讀文選。
三、給下面句子中加點的字注音：
  1. 吾能弭謗矣，乃不敢言。(《國語·邵公諫厲王弭謗》)
  2. 師箴，瞍賦，矇誦。(《國語·邵公諫厲王弭謗》)
  3. 猶其原隰之有衍沃也，衣食於是乎生。(《國語·邵公諫厲王弭謗》)
  4. 梗陽人有獄，將不勝，請納賂於魏獻子。(《國語·梗陽人有獄》)
  5. 羸縢履蹻，負書擔橐。(《戰國策·蘇秦以游說致富貴》)
  6. 且夫蘇秦特窮巷掘門、桑户棬樞之士耳。(《戰國策·蘇秦以游說致富貴》)
  7. 嫂，何前倨而後卑也？(《戰國策·蘇秦以游說致富貴》)
  8. 革車百乘，錦繡千純。(《戰國策·蘇秦以游說致富貴》)
  9. 陛下嘗軔車於趙矣。(《戰國策·呂不韋相秦》)
  10. 王后之門，必生蓬蒿。(《戰國策·呂不韋相秦》)
四、解釋下面句子中加點的詞：
  1. 國人莫敢言，道路以目。(《國語·邵公諫厲王弭謗》)
  2. 川壅而潰，傷人必多。(《國語·邵公諫厲王弭謗》)
  3. 饋之始至，懼其不足，故歎。(《國語·梗陽人有獄》)

4. 願以小人之腹爲君子之心,屬饜而已。(《國語·梗陽人有獄》)
5. 吾妻之美我者,私我也。(《戰國策·鄒忌諷齊王納諫》)
6. 期年之後,雖欲言,無可進者。(《戰國策·鄒忌諷齊王納諫》)
7. 面目犁黑,狀有歸色。(《戰國策·蘇秦以游説致富貴》)
8. 父母聞之,清宫除道,張樂設飲。(《戰國策·蘇秦以游説致富貴》)
9. 今力田疾作,不得煖衣餘食。(《戰國策·呂不韋相秦》)
10. 王后悦其狀,高其知。(《戰國策·呂不韋相秦》)

五、把下面的句子譯成現代漢語:
1. 防民之口,甚於防川。(《國語·邵公諫厲王弭謗》)
2. 是故爲川者決之使導,爲民者宣之使言。(《國語·邵公諫厲王弭謗》)
3. 口之宣言也,善敗於是乎興。(《國語·邵公諫厲王弭謗》)
4. 吾主以不賄聞於諸侯,今以梗陽之賄殃之,不可。(《國語·梗陽人有獄》)
5. 吾子一食之間而三歎,何也?(《國語·梗陽人有獄》)
6. 我孰與城北徐公美?(《戰國策·鄒忌諷齊王納諫》)
7. 能謗議於市朝,聞寡人之耳者,受下賞。(《戰國策·鄒忌諷齊王納諫》)
8. 讀書欲睡,引錐自刺其股,血流至足。(《戰國策·蘇秦以游説致富貴》)
9. 王以爲然,奇其計。(《戰國策·呂不韋相秦》)
10. 入説王后,王后乃請趙而歸之。(《戰國策·呂不韋相秦》)

六、解釋下面句子中加點的詞的意義和用法:
1. 今京不度,非制也。(《左傳·鄭伯克段于鄢》)
2. 故中御而從齊侯。(《左傳·鞌之戰》)
3. 從左右,皆肘之。(《左傳·鞌之戰》)
4. 豕人立而啼。(《左傳·公孫無知之亂》)
5. 臣爲王引弓虚發而下鳥。(《戰國策·驚弓之鳥》)
6. 而自子之,乃變其名曰楚。(《戰國策·呂不韋相秦》)
7. 王以爲然,奇其計。(《戰國策·呂不韋相秦》)
8. 貧窮則父母不子,富貴則親戚畏懼。(《戰國策·蘇秦以游説致富貴》)
9. 生之勿殺,與之勿奪,樂之勿苦,喜之勿怒。(《説苑·政理》)
10. 多徭役以罷民力,則苦之也。(《説苑·政理》)

常用詞

說　決　諫　張　已　尊　習　領　獄　聽

51. 說

"說"的意思是解說；解釋。許慎《說文解字叙》："孝平皇帝時，征禮等百餘人，令說文字未央廷中。"（禮：人名。）《戰國策·呂不韋相秦》："陽泉君避席，請聞其說。"雙音詞有[說明]。用作名詞，指說法；主張。《戰國策·蘇秦以游說致富貴》："（蘇秦）說秦王書十上而說不行。"《孟子·滕文公下》："世衰道微，邪說暴行有作。"雙音詞有[學說]。泛指陳述，講述。《世說新語·德行》："有人向張華說此事。""說"又讀shuì，勸說別人聽從自己的意見。《戰國策·蘇秦以游說致富貴》："將說楚王，路過洛陽。"《戰國策·呂不韋相秦》："乃說秦王后弟陽泉君曰……"雙音詞有[游說]。

52. 決

"決"字的意符是"水"。《說文》："決，行流也。"在堵塞的地方開口子疏通水道。《國語·邵公諫厲王弭謗》："是故爲川者決之使導。"《孟子·滕文公上》："決汝、漢。"（汝、漢：水名。）由開口子抽象引申爲對事情的分析判斷。《荀子·解蔽》："以疑決疑，決必不當。"《列子·兩小兒辯日》："孔子不能決也。"雙音詞有[決定]，成語有[猶豫不決]。

53. 諫

諫的意思是下對上規勸。《戰國策·鄒忌諷齊王納諫》："上書諫寡人者，受中賞。"又："令初下，羣臣進諫，門庭若市。"雙音詞有[諫言]，成語有[從諫如流]。引申爲糾正；挽回。陶淵明《歸去來兮辭》："悟已往之不諫，知來者之可追。"

54. 張

"張"字的意符是"弓"。《說文》:"張,施弓弦也。"指把弓弦緊繃在弓上(與"弛"相對)。《韓非子·外儲説左上》:"夫工人張弓也……"由繃緊弓弦引申爲緊;緊張。《禮記·雜記下》:"一張一弛,文武之道也。"由上弓弦引申爲開弓。《漢書·王尊傳》:"使騎吏五人張弓射殺之。"泛指張開;展開陳設。《晏子春秋·晏子使楚》:"張袂成陰,揮汗成雨。"《戰國策·蘇秦以游説致富貴》:"清宫除道,張樂設飲。"成語有[張燈結彩]。

55. 已

已的基本義是停止。《荀子·勸學》:"學不可以已。"《韓非子·齊桓公好服紫》:"寡人好服紫,紫貴甚,一國百姓好服紫不已。"引申爲完成;結束。陸游《老學庵筆記》卷三:"鄰有住庵僧召老葉飯,飯已,亟辭歸。"虛化爲副詞,已經。《史記·高祖本紀》:"老父已去,高祖適從旁舍來。"

56. 尊

《說文》:"尊,酒器也。"古代一種盛酒的禮器。《周禮·春官·小宗伯》:"辨六尊之名物。"泛指酒杯一類的酒器(後作"樽"或"罇")。元稹《有酒》詩:"有酒有酒香滿尊。"尊用於禮敬場合,引申爲地位高,尊貴(與"卑"相對)。《戰國策·吕不韋相秦》:"君之門下無不居高尊位,太子門下無貴者。"用作動詞,尊敬。《論語·子張》:"君子尊賢而容衆。"雙音詞有[尊重]。

57. 習

《說文》:"習,數(shuò)飛也。"意思是鳥反復多次地飛。《禮記·月令》:"鷹乃學習。"泛指反復地練習;反復地進行。《論語·學而時習之》:"學而時習之,不亦説乎?"引申爲學習。《禮記·學記》:"五年視博習親師。"由多次做引申爲熟悉。《列子·歧路亡羊》:"人有濱河而居者,習於水,勇於泅。"

58. 領

《說文》:"領,項也。"本指脖子。《戰國策·吕不韋相秦》:"引領西望。"(引領:伸著脖子。)雙音詞有[領巾]。轉指衣領。陶淵明《閒情賦》:

"願在衣而爲領。"

59. 獄

獄指官司,訴訟案件。《左傳·莊公十年》:"大小之獄,雖不能察,必以情。"(情:實情。)《明史·周新傳》:"授大理寺評事,以善決獄稱。"雙音詞有[斷獄]。轉指監獄。《聊齋志異·石清虛》:"邢出獄始知,罵妻毆子,屢欲自經。"

60. 聽

《説文》:"聽,聆也。"用耳朵接受聲音。《論語·公冶長》:"聽其言而觀其行。"《荀子·勸學》:"目不能兩視而明,耳不能兩聽而聰。"引申爲聽從;任憑。《莊子·運斤成風》:"匠石運斤成風,聽而斲之。"《漢書·朱買臣傳》:"買臣不能留,即聽去。"雙音詞有[聽任]。又引申爲聽取情況進行裁斷;處理。《國語·邵公諫厲王弭謗》:"故天子聽政,使公卿至於列士獻詩。"《史記·田單列傳》:"乃迎襄王於莒,入臨菑而聽政。"

古漢語常識

古代漢語中詞類的活用

語法是學習古代漢語不可缺少的一部分,這裏主要介紹古代漢語中詞類的活用、古代漢語的詞序以及一些重要虛詞的用法。跟詞彙一樣,漢語語法從古至今也發生了不少的變化,所以學習的時候要特別注意古漢語語法跟現代漢語語法有哪些主要的差異。

詞類是根據詞的語法意義和語法功能劃分的類別。上古漢語的詞類大致可以分爲名詞、動詞、形容詞、數詞、代詞、副詞、介詞、連詞、語氣詞、嘆詞、擬聲詞等。與現代漢語相比,那時候還沒有量詞,這是同現代漢語詞類系統明顯的不同。

詞類活用主要是有關名詞、動詞、形容詞的問題。名詞是表示人或事物名稱的詞,它的基本功能是充當主語、賓語和定語。動詞是表示動作行爲和事物變化的詞,它的基本功能是充當謂語。形容詞是表示事物的性質或狀態的詞,它的基本功能是充當定語、狀語、謂語。在古漢語中,名詞可以在判斷句中充當謂語,這一點需要關注。

　　從上面的介紹可以知道,名詞、動詞和形容詞各有自己的語法功能,這是詞類的本用,三類詞中的每個詞都有原本的類屬。但在古代漢語中,這三類詞中的有些詞又可以按照一定的語言習慣靈活運用,在句子中臨時改變它們的類屬,當另外一類詞來用,這就是詞類活用。例如:

　　　　(1) 夫厚取之君而施之民,是臣代君君民也。(《晏子春秋·晏子辭千金不受》)
　　　　(2) 吾妻之美我者,私我也。(《戰國策·鄒忌諷齊王納諫》)

第一句話中有三個"君",前兩個"君"是君主的意思,是名詞,這是君這個詞原本的類屬;但第三個"君"帶有賓語"民",是作君主治理的意思,這就活用爲動詞了。第二句話中"美"本是一個形容詞,但在句子中帶有賓語"我",是認爲(我)美的意思;和"君"一樣,在句中也具備有動詞的語法功能,也活用爲動詞了。

　　在漢語中又有一種稱作兼類的情況,就是有的詞具備兩種或兩種以上的詞的語法功能,兼屬不同的類。比如"他學自然科學"中的"科學"是名詞,"這個辦法很科學"中"科學"是形容詞;"科學"就兼屬名詞和形容詞兩類。這一節要講的詞類活用性質不同於詞的兼類:詞類活用是某些詞在一定的語法結構中臨時改變原本的功能而用作另一類詞,具有靈活性和臨時性的特點,出現的頻率低,活用後的用法並沒有成爲這個詞固有的語法屬性;詞的兼類是說某些詞已具備幾類詞的語法功能,具有常用性和固定性的特點。比如"樹":

　　　　(1) 五畝之宅,樹之以桑,五十者可以衣帛矣。(《孟子·梁惠王上》)
　　　　(2) 有嘉樹焉,宣子譽之。(《左傳·昭公二年》)

第一句話中的"樹"是"種植",動詞;第二句話中的"樹"是"樹木",是名詞。"種植"是"樹"的本義,是動詞。最早表示"樹木"義用的是"木",大概到春秋以後,"樹"又用作名詞,表示"樹木",六朝以後則基本替代了"木"。綜合上面的考察,"樹"應該看作一個兼類詞。

下面介紹古漢語詞類活用的幾種情況。

（一）名詞用作動詞

在古代漢語中,有的名詞可以活用作一般動詞,表達與這個名詞意義相關的動詞含義。前面"是臣代君君民"那句話,句中的第二個"君"顯示了動詞最基本的用法(可以帶表示涉及對象的賓語),所以説是活用作一般動詞。再比如：

(1) 假舟檝者,非能水也,而絶江河。(《荀子·勸學》)
(2) 今京不度,非制也。(《左傳·鄭伯克段於鄢》)
(3) 從左右,皆肘之,使立於後。(《左傳·鞌之戰》)
(4) 牽一黑衛出,取劍臂之。(王士禎《女俠》)
(5) 魯哀公,下主也,南面君國,境內之民莫敢不臣。(《韓非子·五蠹》)

上述各例中加點的詞都是名詞活用作一般動詞：例(1)"水"的意思是"游水"；例(2)"度"的意思是合制度；例(3)"肘"的意思是"用肘撞"；例(4)"臂"的意思是手持；例(5)"君"的意思是"統治","臣"的意思是"臣服"。

方位名詞也可以活用作動詞,例如：

且籍與江東子弟八千人渡江而西。(《史記·項羽本紀》)

句中方位名詞"西"是"向西進"的意思。

（二）使動用法

使動的意思是句子中主語表示的人物並不施行謂語動詞表示的動作行爲,而是使賓語表示的人物施行這個動作行爲。按照一般的用法,動作行爲應該是主語表示的人物施行而不是由賓語表示的人物施行,所以把使動用法看作一種活用。古漢語的動詞、形容詞和名詞都有使動用法。比如：

項伯殺人,臣活之。(《史記·項羽本紀》)

分析這句話要分兩步：第一,"臣活之"這句話裏的主語是"臣",但主語"臣"並不施行謂語動詞"活"表示的動作行爲(存活),施行這個動作行爲的是"活"的賓語"之"表示的人物(項伯)。第二步,賓語"之"(項伯)並不是自行施行"活"這個動作行爲,是主語"臣"使它施行的,所以説"活"是使動用法。

1. 動詞的使動用法

動詞使動用用法的含義已如上面所説。需要注意的是,動詞用作使動並没有改變動詞本身的詞性(比如上面例子中"活"還是動詞),改變的是動賓之間的語義關係(賓語表示的人物不是動作行爲的涉及者,而是施行者);换句話説,這是一種特殊的動賓關係。

動詞的使動用法多見於不及物動詞。不及物動詞如果帶有賓語,一般爲使動用法。例如:

(1) 臣爲王引弓虚發而下鳥。(《戰國策·驚弓之鳥》)
(2) 勞而擾之,則怒之也。(《説苑·政理》)
(3) 然觀操軍船艦首尾相接,可燒而走也。(《三國志·周瑜傳》)
(4) 秦昭王後悔出孟嘗君。(《史記·孟嘗君列傳》)

例(1)"下鳥"是使鳥下的意思;例(2)"怒之"是使之怒的意思;例(3)"走"是使操軍船艦逃走的意思;例(4)"出"是使孟嘗君出關的意思。

不及物動詞用作使動時,後面的賓語有的可以省略,如上舉例(3)。

及物動詞也可以用作使動。從形式上看,與及物動詞帶賓語的通常用法没有什麽區别,實際上意義是不同的。例如:

(1) 爾飲曠,何也?(《禮記·檀弓下》)
(2) 沛公旦日從百餘騎來見項王。(《史記·項羽本紀》)

例(1)"飲曠"是使曠(人名)飲酒的意思;例(2)"從百餘騎"是使百餘騎跟從的意思。爲了同及物動詞帶賓語的一般用法相區别,用作使動的及物動詞很多改變了讀音,例(1)如"飲"讀 yìn,例(2)"從"讀 zòng(今作爲舊讀)。相比不及物動詞的使動用法,古漢語中及物動詞用作使動要少很多。

2. 形容詞的使動用法

按照一般的用法,形容詞作謂語後面是不帶賓語的;如果後面帶有賓語,那麽這個形容詞就活用作了動詞。從意義上看,形容詞用作使動就是使賓語表示的人或事物經過變化後具有了形容詞表示的性質或狀態。例如:

工師得大木,匠人斲而小之。(《孟子·梁惠王下》)

句中"小"是一個形容詞,後面帶了一個賓語"之(指大木)"。從意義上看,是使大木經過砍削("斫")後變得小了。再比如:

(1) 有罪者重其罰。(《説苑·政理》)
(2) 多徭役以罷民力,則苦之也。(《説苑·政理》)
(3) 於是治其園圃,潔其庭宇。(蘇軾《超然臺記》)
(4) 因城以爲臺者舊矣,稍葺而新之。(蘇軾《超然臺記》)

例(1)"重其罰"是使懲罰變重的意思;例(2)"苦之"是使民變苦的意思;例(3)"潔其庭宇"是使庭宇變清潔的意思;例(4)"新之"使臺子變新的意思。

3. 名詞的使動用法

從意義上看,名詞用作使動就是使賓語表示的人或事物成爲這個名詞表示的人或事物,是"使……成爲……"的意思。如:

縱江東父兄憐而王我,我何面目見之。(《史記·項羽本紀》)

"王"本是一個名詞,在這句話裏的意思是使賓語"我"成爲王,所以説名詞"王"用作使動。分析這句話有兩步:第一,"王"先活用作動詞(做王);第二,再用作使動(使"我"做王)。再比如:

大夫種、范蠡存亡越,霸勾踐。(《史記·淮陰侯列傳》)

例中"霸勾踐"的意思是使勾踐(越國君主)成爲霸主。"霸"先活用作動詞(做霸主),再用作使動(使勾踐做霸主)。

名詞用作使動比較少見。

(三) 意動用法

意動用法是説句中的形容詞或名詞用作動詞,後面帶了賓語,具有"認爲賓語表示的人或事物怎麼樣"或"把賓語表示的人或事物看作什麼"的意思。意動用法強調的是一種對賓語表示的人或事物的主觀看法,但賓語表示的人或事物實際上並不一定如此。比如:

吾妻之美我者,私我也。(《戰國策·鄒忌諷齊王納諫》)

句中的"美"帶了賓語"我",意思是認爲我相貌美,但這只是一種主觀看法,"我"的相貌實際上並不一定美。比較下面"美"的使動用法:

君子之學也以美其身。(《荀子·勸學》)

句中"美"的意思是使君子之身變得美,賓語表示的人或事物("其身")發生了實際的變化,由此可以看出意動用法和使動用法的不同。

形容詞和名詞有意動用法,動詞沒有意動用法。

1. 形容詞的意動用法

形容詞的意動用法表示主觀上認爲賓語表示的人或事物具有形容詞描寫的性質或狀態特點(如上舉的"美我")。比如:

(1) 元禮及賓客莫不奇之。(《世説新語・小時了了》)
(2) 王后悦其狀,高其知。(《戰國策・吕不韋相秦》)
(3) 其家甚智其子。(《韓非子・鄭武公欲伐胡》)
(4) 人不難以死免其君。(《左傳・鞌之戰》)

例(1)"奇之"的意思是認爲孔融的話非同一般;例(2)"高其知"的意思是認爲他的智慧高;例(3)"智其子"的意思是認爲其子聰明;例(4)"不難以死免其君"的意思是不把"以死免其君"看作難事。

2. 名詞的意動用法

一個名詞用作意動,是説把賓語表示的人或事物作爲這個名詞表示的人或事物看待。如:

外黄富人女甚美,庸奴其夫。(《史記・張耳陳餘列傳》)

句中"庸奴"是名詞,"庸奴其夫"是説把自己的丈夫作爲奴僕看待。再比如:

(1) 貧窮則父母不子,富貴則親戚畏懼。(《戰國策・蘇秦以游説致富貴》)
(2) 因師之。每出約束,必稱神師。(《史記・田單列傳》)

例(1)名詞"子"用作意動,意思是當作自己的兒子看待;例(2)名詞"師"用作意動,"師之"意思是把他當作老師看待。

(四) 名詞用作狀語

在現代漢語中,一般只是時間、處所、方位名詞可以用作狀語,普通名詞一般不作狀語。在古代漢語中,有的普通名詞也可以作狀語。這是古漢語一些名詞固有的語法功能,嚴格地説不屬於詞類活用,這裏和詞類活用放在一起討論,主要是著眼於這種用法跟現代漢語名詞的功能有區別。

古漢語中名詞作狀語,常表達下面的意義:

1. 方位名詞、處所名詞、時間名詞作狀語，表示行爲動作的方位、處所或時間等。如：

  (1) 孔子東游。(《列子·兩小兒辯日》)
  (2) 童子隅坐而執燭。(《禮記·曾子易簀》)
  (3) 項伯乃夜馳入沛公軍，私見張良。(《史記·留侯世家》)

例(1)"東游"意思是向東出遊；例(2)"隅坐"意思是在席子的邊角處坐；例(3)"夜馳入"意思是當夜馳入。

2. 表示行爲動作的工具、方式、憑藉等。如：

  (1) 叩石墾壤，箕畚運於渤海之尾。(《列子·愚公移山》)
  (2) 羣臣吏民，能面刺寡人之過者受上賞。(《戰國策·鄒忌諷齊王納諫》)
  (3) 陛下輕士善罵，臣等義不受辱，故恐而亡匿。(《史記·留侯世家》)

例(1)"箕畚運"意思是用箕畚運；例(2)"面刺"意思是當面譏刺、批評；例(3)"義不受辱"意思是依據道義不能受辱。

3. 表示對人的態度。這類用法包含有比喻的修辭意味。如：

  (1) 田單乃起，引還，東鄉坐，師事之。(《史記·田單列傳》)
  (2) 齊將田忌善而客待之。(《史記·孫子吴起列傳》)

例(1)"師事之"意思是用對待老師的態度來侍奉他；例(2)"客待之"意思是像賓客那樣對待他。

4. 表示比喻。如：

  (1) 嫂蛇行匍伏，四拜自跪而謝。(《戰國策·蘇秦以游説致富貴》)
  (2) 豕人立而啼。(《左傳·公孫無知之亂》)

"蛇行"是説像蛇一樣爬行；"人立"是説像人一樣站立。

第七單元

講讀文選

史 記

　　《史記》原名《太史公書》,西漢司馬遷著。《史記》以人物傳記的形式記述歷史,是我國第一部紀傳體通史。記事上起傳説中的黄帝,下迄漢武帝太初年間,跨度近三千年。全書包括本紀、表、書、世家、列傳五個部分,共一百三十篇(少數篇目爲西漢褚少孫補寫)。"八書"記述制度的沿革,"十表"貫通史實的脈絡,"本紀"叙述各代興衰及帝王的政事,"世家"記述先秦各諸侯國的興亡、漢代傑出的功臣以及部分諸侯王的事蹟,"列傳"是歷代著名人物的傳記。此後的正史都沿用了由《史記》開創、《漢書》完善的體制。

　　司馬遷(前145?—前90?),字子長,西漢夏陽(今陝西韓城)人。著名的史學家、文學家。漢武帝元封三年(前108)繼父職任太史令,約在太初元年(前104)開始撰寫《史記》。天漢三年(前98),因替兵敗投降匈奴的漢將李陵辯解,被處宫刑。出獄後任中書令,繼續撰寫《史記》,約在征和二年(前91)完成了《史記》的寫作。

　　《史記》以生動的語言描繪了廣闊的社會生活畫卷,展現了曲折多變的歷史事件,塑造了衆多栩栩如生的歷史人物形象。它不僅是著名的史學著作,也是傳記文學的典範,對後世産生了深遠的影響。

　　《史記》注本很多,如南朝宋裴駰的《集解》、唐司馬貞的《索隱》、張守節的《正義》。宋代將三家注釋分别排入正文之下,便於閲讀。

選文據點校本《史記》,中華書局一九五九年版。

項羽本紀(節選)

【説明】《項羽本紀》展現了秦末起義軍滅秦以及楚漢戰爭的歷史進程。本文節選的"垓下之圍""東城快戰""烏江自刎"等章節,生動地塑造了項羽勇悍無畏又最終失敗的悲劇形象。

項王軍壁垓下①,兵少食盡,漢軍及諸侯兵圍之數重。夜聞漢軍四面皆楚歌②,項王乃大驚曰:"漢皆已得楚乎?是何楚人之多也③!"項王則夜起,飲帳中。有美人名虞,常幸從④;駿馬名騅⑤,常騎之。於是項王乃悲歌忼慨⑥,自爲詩曰:"力拔山兮氣蓋世,時不利兮騅不逝⑦。騅不逝兮可奈何,虞兮虞兮奈若何⑧!"歌數闋,美人和之⑨。項王泣數行下,左右皆泣,莫能仰視⑩。

項羽被圍垓下,同虞姬"悲歌忼慨"。

① 項王:項羽(前232—前202),秦末農民起義領袖。名籍,字羽。下相(在今江蘇省宿遷市)人。秦亡後,自立爲西楚霸王。在楚漢戰争中被劉邦擊敗,後自殺。壁:營壘。這裏作動詞用,安營。垓(gāi)下:地名,故址在今安徽省靈壁縣東南。
② 楚歌:楚地的歌謠。
③ 莫非漢軍已經把楚地都占領了?這裏漢軍中怎麽這麽多楚人呢?是:這。何:怎麽。
④ 虞:一説是姓氏。幸:寵愛。從:跟隨(在身邊)。
⑤ 騅(zhuī):毛色黑白相間的馬。
⑥ 悲歌:悲壯地唱著歌。忼(kāng)慨:情緒激昂。
⑦ 拔山:比喻力大。氣蓋世:豪氣高出當代。騅不逝:這裏有難以行進的意思。逝:往;去。
⑧ 可奈何:能怎麽辦。奈若何:把你怎麽安排?奈:同"奈"。若:第

二人稱代詞,你。
⑨ 數闋(què):幾遍。闋:歌曲或樂曲每一次終止爲一闋。和(hè):應和,跟著唱。
⑩ 莫:(左右)没有什麽人。

　　於是項王乃上馬騎①,麾下壯士騎從者八百餘人,直夜潰圍南出②,馳走。平明,漢軍乃覺之③,令騎將灌嬰以五千騎追之④。項王渡淮,騎能屬者百餘人耳⑤。項王至陰陵⑥,迷失道,問一田父,田父紿曰"左"⑦。左,乃陷大澤中⑧。以故漢追及之⑨。項王乃復引兵而東,至東城⑩,乃有二十八騎。漢騎追者數千人。項王自度不得脱,謂其騎曰:"吾起兵至今八歲矣,身七十餘戰⑪,所當者破,所擊者服⑫,未嘗敗北⑬,遂霸有天下。然今卒困於此,此天之亡我,非戰之罪也⑭。今日固決死,願爲諸君快戰⑮,必三勝之⑯,爲諸君潰圍,斬將,刈旗⑰,令諸君知天亡我,非戰之罪也。"乃分其騎以爲四隊,四嚮⑱。漢軍圍之數重。項王謂其騎曰:"吾爲公取彼一將。"令四面騎馳下,期山東爲三處⑲。於是項王大呼馳下,漢軍皆披靡⑳,遂斬漢一將。是時,赤泉侯爲騎將㉑,追項王,項王瞋目而叱之㉒,赤泉侯人馬俱驚,辟易數里㉓。與其騎會爲三處。漢軍不知項王所在,乃分軍爲三,復圍之㉔。項王乃馳,復斬漢一都尉,殺數十百人,復聚其騎,亡其兩騎耳㉕。乃謂其騎曰:"何如?"騎皆伏曰:"如大王言㉖。"

　　記述垓下之戰。項羽率軍連夜突圍,被漢軍追及。項羽自知必死,以超人的勇悍與漢軍作最後的決戰。

① "騎"字可能是衍文。《漢書·項籍傳》作"羽遂上馬"。
② 麾(huī)下:部下。麾:大將指揮作戰的旗子。直夜:當晚。潰(kuì):突破。
③ 平明:天亮時。覺之:發覺項羽突圍。

④ 灌嬰：漢將，後封潁陰侯。以：率領。
⑤ 淮：淮河。屬（zhǔ）：連接。這裏指跟隨不脫離。
⑥ 陰陵：秦縣名，在今安徽省定遠縣西北。
⑦ 田父（fǔ）：老農。紿（dài）：哄騙。左：方位名詞用作動詞，向左走。
⑧ 澤：沼澤地。
⑨ 以故：因爲這個緣故。及：趕上。
⑩ 復：又。東城：縣名，在今安徽省定遠縣東南。
⑪ 度（duó）：推測，估量。八歲：八年。項羽隨叔父項梁起兵在公元前二〇九年，垓下被圍在公元前二〇二年。身：親身經歷。
⑫ 所當者破：遇上的敵人被擊破。當：面對。所擊者服：攻擊的敵人降服。
⑬ 北：敗逃。
⑭ 卒：最終。此天之亡我：這是上天亡我。非戰之罪：不是我用兵打仗的過錯。
⑮ 固決死：本來就必定會死。快戰：痛痛快快打一仗。快：縱情。
⑯ 必三勝之：一定要連續地打敗他幾次。三：指多次。
⑰ 刈（yì）旗：砍倒（敵軍的）大旗。刈：割（穀類、草等）。
⑱ 四嚮：朝著四個方向。嚮：朝向。
⑲ 命令朝著四個方向的騎兵疾馳衝殺，約定突圍後在四潰山東面分三處集合。期：約定。山：相傳即今安徽省和縣的四潰山。
⑳ 披靡（mǐ）：草木隨風而倒的樣子，這裏形容漢軍的潰敗。
㉑ 赤泉侯：指楊喜，漢軍部將，因獲項羽屍體後來被封爲赤泉侯。赤泉：古地名。故址未詳。
㉒ 瞋（chēn）目：發怒時瞪大眼睛。叱（chì）：大聲呵斥。
㉓ 辟（bì）易：避開，退避。
㉔ 分軍爲三：漢軍分爲三支。復：又。
㉕ 亡其兩騎：損失兩名騎兵。
㉖ 伏：通"服"，佩服，信服。如大王言：就像大王所說的。

於是項王乃欲東渡烏江①。烏江亭長檥船待②，謂項王曰："江東雖小，地方千里，衆數十萬人，亦足王也③。願大王急渡。今獨臣有船，漢軍至，無以渡④。"項王笑曰："天之亡我，我何渡爲⑤！且籍與江東子弟八千人渡江而西⑥，今無一人還，縱江東父兄憐而王我，我何面目見之⑦？縱彼不言，籍獨不愧於心乎⑧？"乃謂亭長曰："吾知公長者⑨。吾騎此馬五歲，所當無敵⑩，嘗一日行千里，不忍殺之，以賜公。"乃令騎皆下馬步行，持短兵接戰⑪。獨籍所殺漢軍數百人。項王身亦被十餘創⑫。顧見漢騎司馬呂馬童⑬，曰："若非吾故人乎⑭？"馬童面之，指王翳曰⑮："此項王也。"項王乃曰："吾聞漢購我頭千金，邑萬户，吾爲若德⑯。"乃自刎而死⑰。王翳取其頭，餘騎相蹂踐争項王，相殺者數十人⑱。最其後，郎中騎楊喜、騎司馬呂馬童、郎中呂勝、楊武各得其一體⑲。五人共會其體，皆是⑳。故分其地爲五㉑：封呂馬童爲中水侯，封王翳爲杜衍侯，封楊喜爲赤泉侯，封楊武爲吴防侯，封呂勝爲涅陽侯㉒。

記述項羽烏江自刎。項羽深感無顔再見江東父老，最終放棄渡江東歸的機會，在烏江自刎而死。

① 東渡烏江：向東從烏江亭渡江。烏江：秦置烏江亭，即今安徽省和縣東北四十里的烏江浦。
② 亭長：秦漢時在鄉村十里設一亭，置亭長一人，管理鄉里事務。檥(yǐ)：通"艤"，使船靠岸。
③ 江東：長江在安徽蕪湖、江蘇南京間作西南、東北流向，習慣上稱自此以下的長江南岸地區爲江東。方：方圓。足王(wàng)：足夠稱王。
④ 無以渡：没有什麽工具用來渡江。
⑤ 上天亡我，我爲什麽還要渡江呢？爲：疑問語氣詞。
⑥ 西：向西進。方位名詞用作動詞。
⑦ 憐而王(wàng)我：同情我讓我稱王。何面目見之：有什麽臉面再見他們。
⑧ 縱彼不言：即使他們不説什麽。獨：難道。
⑨ 長者：年高有德的人。

⑩ 所當無敵：遇到的沒有敵手。
⑪ 短兵：指刀、劍等短武器。接戰：交戰。
⑫ 被：遭受。創（chuāng）：傷。
⑬ 顧：回頭。騎司馬：官名，騎兵將領。吕馬童：人名，原爲項羽部屬，後反楚投漢。
⑭ 若：你。故人：舊相識。
⑮ 面：正面相對。吕馬童原在後面追趕項王，項王回頭來看他，二人正面相對。指王翳曰：指示王翳説。王翳：漢將。
⑯ 購：懸賞徵求。千金：秦代黄金二十兩（一説二十四兩）爲一金。漢代以黄金一斤爲一金，值一萬錢。邑萬户：以萬户之邑作爲封地。吾爲若德：我給你這點好處，即給你提供這個獲賞的機會。若：你。德：恩德。
⑰ 自刎：割脖子自殺。
⑱ 相蹂（róu）踐：互相踐踏。相殺者：相争而殺死的人。
⑲ 郎中騎、郎中：官名。體：身體的一部分，四肢加頭合稱五體。
⑳ 五個人一起把肢體拼合在一起，正好都對。
㉑ 五人各得一體，故將萬户之邑分爲五份，以賞五人。
㉒ 中水侯、杜衍侯、赤泉侯、吳防侯、涅陽侯：都是封號。中水：在今河北省獻縣西北。杜衍：在今河南省南陽市西南。赤泉：見前文注釋。吳防：在今河南省遂平縣。涅陽：在今河南省鎮平縣南。

孟嘗君列傳（節選）

【説明】孟嘗君姓田名文，齊國貴族，號孟嘗君，曾任齊國相國，"戰國四公子"之一。文章記述孟嘗君舍業厚待賓客，禮賢下士，廣納人才。由於他知人善用，在被秦昭王囚禁的危難時刻，在食客中雞鳴狗盜之徒的幫助下得以成功逃脱。

孟嘗君在薛，招致諸侯賓客及亡人有罪者①，皆歸孟嘗君。孟嘗君舍業厚遇之②，以故傾天下之士③。食客數千人④，無貴賤一與文等⑤。孟嘗君待客坐語⑥，而屏風後常有侍史⑦,主記君所與客語,問親戚居處⑧。客去,孟嘗君已使使存問⑨,獻遺其親戚⑩。孟嘗君曾待客夜食,有一人蔽火光⑪。客怒,以飯不等,輟食辭去⑫。孟嘗君起,自持其飯比之⑬。客慙,自剄⑭。士以此多歸孟嘗君。孟嘗君客無所擇⑮,皆善遇之。人人各自以爲孟嘗君親己⑯。

孟嘗君舍業厚待賓客,禮賢下士,廣納天下賢才。

① 在薛:孟嘗君承襲其父田嬰的封爵,封於薛(今山東省滕州市東南)。亡人:逃亡的人。
② 舍業厚遇之:捨棄家產厚待賓客。遇:對待。
③ 以故:因爲這個緣故。傾(qīng)天下之士:使天下之士歸附。傾:傾斜。這裏指歸附。
④ 食客:即門客,指投靠權貴,爲其服務以謀取衣食的人。
⑤ 一與文等:全部與田文相同。一説"文"當作"之",指食客。
⑥ 語:交談。
⑦ 侍史:擔任文書工作的侍從人員。
⑧ 親戚:與自己有血緣關係或婚姻關係的人。居處:住所。
⑨ 去:離開。使使存問:派遣使者慰問。前一個"使"是動詞,派遣;後一個"使"是名詞,使者。存問:問候。
⑩ 獻遺(wèi):奉贈(財物)。遺:贈送。
⑪ 蔽火光:背著照明的火光,在火光照不到的陰影裏。
⑫ 不等:不一樣。輟(chuò):停止。
⑬ 比(舊讀 bì)之:跟那個(生氣的)食客的飯放在一起。
⑭ 慙:同"慚",慚愧。自剄:割脖子自殺。
⑮ 客無所擇:對待賓客不加區別。
⑯ 親己:親近自己。

秦昭王聞其賢,乃先使涇陽君爲質於齊①,以求見孟嘗君。孟嘗君將入秦,賓客莫欲其行②,諫,不聽。蘇代謂曰③:"今旦代從外來,見木禺人與土禺人相與語④。木禺人曰:'天雨,子將敗矣⑤。'土禺人曰:'我生於土,敗則歸土⑥。今天雨,流子而行,未知所止息也⑦。'今秦,虎狼之國也,而君欲往,如有不得還⑧,君得無為土禺人所笑乎⑨?"孟嘗君乃止。

秦昭王聽說孟嘗君賢能,想求見孟嘗君。門客蘇代勸阻了孟嘗君的秦國之行。

① 秦昭王:戰國時秦國國君,嬴姓,名稷(一作則)。涇陽君:秦昭王的同母弟,名悝,受封於涇陽(今陝西省涇陽縣西北),稱涇陽君。質:人質。
② 莫欲其行:沒有什麼人想讓他到秦國去。
③ 蘇代:戰國時縱橫家,東周洛陽人,蘇秦族弟。
④ 旦:早晨。木禺(ǒu)人:木雕製的人像。這裏用來比喻孟嘗君。禺:通"偶"。土禺人:泥土做的人像。這裏用來比喻涇陽君。
⑤ 雨(yù):下雨。敗:毀壞。
⑥ 歸土:回歸土中。意思是即使壞了還是土。
⑦ 流子而行:水流沖著你走。所止息:停息的地方。
⑧ 得:能。
⑨ 您能不被土偶人嘲笑嗎? 得無……乎:一種固定格式,表示反問。

齊湣王二十五年①,復卒使孟嘗君入秦②,昭王即以孟嘗君為秦相。人或說秦昭王曰:"孟嘗君賢,而又齊族也③,今相秦,必先齊而後秦,秦其危矣④。"於是秦昭王乃止。囚孟嘗君,謀欲殺之。孟嘗君使人抵昭王幸姬求解⑤。幸姬曰:"妾願得君狐白裘⑥。"此時孟嘗君有一狐白裘,直千金⑦,天下無雙,入秦獻之昭王,更無他裘⑧。孟嘗君患之,徧問客,莫能對⑨。最下坐有能為狗盜者⑩,曰:"臣能得狐白裘。"乃夜為狗,以入秦宮臧中⑪,取所獻狐白裘至,以獻秦王幸姬。幸姬為言昭王⑫,昭王釋孟嘗君。孟嘗君得出,即馳去⑬,更封傳⑭,變名姓以出關。夜半至函谷關⑮。秦昭王後悔出孟嘗君⑯,求之已去,即使人馳傳逐之⑰。孟嘗君至關,關法雞鳴而出客⑱。孟嘗君恐追至,客之居下坐者有能爲雞鳴,而雞齊鳴⑲,遂發傳出⑳。出如食頃㉑,秦追果至關,已後孟嘗君出㉒,乃還。始孟嘗君列此二人於賓客,賓客盡羞之㉓,及孟嘗君有秦難,卒此二人拔之㉔。自是之後,客皆服。

　　孟嘗君入秦爲相被秦昭王囚禁,憑藉門客中雞鳴狗盜之徒的幫助逃出秦國。

① 齊湣王:戰國時齊國國君。
② 復:又。卒:終於。
③ 或:有的。說(shuì):勸說。齊族:指田齊國君的宗族。
④ 先齊:把齊國的利益放在前面。其:副詞,表示推測。
⑤ 抵:有所求而冒昧請見。幸姬:寵愛的妾。解:釋放。
⑥ 狐白裘:用狐狸腋下的白色皮毛製成的皮衣。
⑦ 直:價值。後寫作"值"。
⑧ 更無他裘:再沒有別的皮衣。
⑨ 徧:同"遍"。莫:沒有什麼人。
⑩ 最下坐:排在最末的座次,指地位最低下。狗盜:僞裝成狗偷盜。
⑪ 臧(zàng):儲存東西的地方。後寫作"藏"。
⑫ 爲(wèi)言:給(孟嘗君)說好話。爲:介詞。
⑬ 去:離開。
⑭ 更(gēng)封傳(zhuàn):更換了"封傳"。封傳:古代官府發給的出境及乘坐傳車投宿驛站的憑證。傳:憑證。
⑮ 函谷關:關名,在今河南省靈寶市境內。是當時秦國通往東方各國的要塞關隘。
⑯ 出:用作使動。這裏是放出的意思。
⑰ 馳傳(zhuàn):趕著傳車疾馳。傳:傳車,古代驛站所備的車馬。
⑱ 關法:關卡的法規。出客:讓客人出關。
⑲ 雞齊鳴:別的雞一起叫。
⑳ 發傳:打開封傳(查驗)。

㉑ 食頃：吃一頓飯的時間，這是説時間很短。
㉒ 後孟嘗君出：晚於孟嘗君的出關時間。
㉓ 羞之：以此爲羞恥。羞：意動用法。之：指代"列此二人於賓客"。
㉔ 拔：解救。

田單列傳（節選）

【説明】田單是戰國時齊王田氏宗室的遠房親戚，齊國的著名將領。文章記述他率領即墨軍民擊敗燕軍的經過，通過施反間計、麻痹燕軍、布火牛陣等典型事件，頌揚了田單的超人謀略和卓越戰功。文中記述的即墨之戰是中國歷史上出奇制勝的著名戰例。

燕引兵東圍即墨，即墨大夫出與戰①，敗死。城中相與推田單……立以爲將軍，以即墨距燕②。

田單在此前的安平之戰中顯示出超人的智謀而被推舉爲將軍，據守即墨以抗燕。

① 即墨：齊城邑名，故城在今山東省平度市。即墨大夫：守衛即墨城的長官。
② 距燕：抗拒燕軍。距：通"拒"，抗拒。

頃之，燕昭王卒①，惠王立，與樂毅有隙②。田單聞之，乃縱反間於燕③，宣言曰④："齊王已死，城之不拔者二耳⑤。樂毅畏誅而不敢歸，以伐齊爲名，實欲連兵南面而王齊⑥。齊人未附，故且緩攻即墨以待其事⑦。齊人所懼，唯恐他將之來，即墨殘矣⑧。"燕王以爲然，使騎劫代樂毅⑨。

田單利用樂毅與燕惠王的矛盾，施反間計，使燕惠王以騎劫代替樂毅爲將。

① 燕昭王：燕國國君，公元前三一一—前二七九年在位。
② 惠王：燕昭王之子，公元前二七九年即位。樂（yuè）毅：戰國時期傑出的軍事家，趙國中山人。先在魏國做官，後到燕國被拜爲燕上將軍，輔佐燕昭王振興燕國。有隙：有隔閡，不和。
③ 縱反間（jiàn）於燕：對燕國施用反間計。縱：施用。反間：誘使敵方的人爲我所用，挑撥離間使敵方內部不和。
④ 宣言：揚言。
⑤ 拔：攻下。二：指莒（今山東省莒縣）和即墨二城。
⑥ 連兵：與即墨、莒城守軍聯合。南面：指稱王。古代以坐北朝南爲尊位，帝王、諸侯見羣臣皆面南而坐。王（wàng）齊：在齊國稱王。王：稱王，用作動詞。
⑦ 附：歸附。且：暫且。其事：指王齊之事。
⑧ 齊人害怕的是，只怕別的將領前來，那即墨就要毀了。殘：毀滅。
⑨ 騎劫：燕將。

　　樂毅因歸趙，燕人士卒忿①。而田單乃令城中人食必祭其先祖於庭②，飛鳥悉翔舞城中下食③。燕人怪之。田單因宣言曰："神來下教我④。"乃令城中人曰："當有神人爲我師⑤。"有一卒曰："臣可以爲師乎⑥？"因反走⑦。田單乃起，引還，東鄉坐，師事之⑧。卒曰："臣欺君，誠無能也⑨。"田單曰："子勿言也⑩！"因師之⑪。每出約束⑫，必稱神師。乃宣言曰："吾唯懼燕軍之劓所得齊卒，置之前行⑬，與我戰，即墨敗矣。"燕人聞之，如其言⑭。城中人見齊諸降者盡劓，皆怒，堅守，唯恐見得⑮。單又縱反間曰："吾懼燕人掘吾城外冢墓，僇先人，可爲寒心⑯。"燕軍盡掘壟墓⑰，燒死人。即墨人從城上望見，皆涕泣⑱，俱欲出戰，怒自十倍⑲。

　　田單利用人們的迷信心理，以"神人"來增强即墨人抗燕的信心，又用計激發齊國軍民對敵的仇恨。

① 因：於是。歸趙：樂毅畏誅不敢回燕國，於是就回到趙國。忿：

氣憤。

② 田單命令城裏的人吃飯前一定要在院子裏擺出飯菜祭祀他們的祖先。庭:院子。

③ 悉:都。翔:盤旋著飛。下食:下來啄食飯菜。

④ 這是神人下來教導我。

⑤ 定會有神人來做我的老師。

⑥ 卒:士兵。臣:這裏是謙稱。

⑦ 於是回身就跑。反:後寫作"返"。

⑧ 引:拉。東鄉(xiàng)坐:(讓他)面朝東坐。古代一般場合以坐西朝東爲尊位。師事之:以對待老師的態度來侍奉他。師:名詞作狀語。事:侍奉。

⑨ 君:這裏是尊稱。誠:實在。

⑩ 子勿言也:你不要說破了。

⑪ 師之:以他爲師。

⑫ 出:發布。約束:指約束軍民的命令。

⑬ 劓(yì)所得齊卒:將俘獲的齊軍士兵割掉鼻子。劓:一種割去鼻子的酷刑。置之前行(háng):把他們放在燕軍前面的行列來跟齊軍作戰。

⑭ 如其言:像田單說的那樣做。

⑮ 見得:被活捉。

⑯ 僇(lù):羞辱。可爲寒心:真會叫人爲此感到痛心。

⑰ 壟墓:墳墓。

⑱ 涕泣:流淚哭泣。

⑲ 怒自十倍:怒氣是原來的十倍。

田單知士卒之可用,乃身操版插,與士卒分功①,妻妾編於行伍之閒,盡散飲食饗士②。令甲卒皆伏,使老弱女子乘城③,遣使約降於燕④,燕軍皆呼萬歲。田單又收民金,得千溢⑤,令即墨富豪遺燕將⑥,曰:"即墨即降,願無虜掠吾族家妻妾,令安堵⑦。"燕將大喜,許之。燕軍由此益懈⑧。

田單與士卒同甘共苦;在作好戰鬥準備的同時,又以詐降計麻痺燕軍,瓦解敵方鬥志。

① 操:拿。版:築牆的夾板。插:通"臿",挖土的工具。功:事。
② 行(háng)伍:軍隊。古時軍隊以五人爲伍,二十五人爲行。饗(xiǎng):用酒食招待人,犒勞。
③ 甲卒:披甲的士兵。伏:埋伏。乘城:登上城牆。
④ 約降:約定投降。
⑤ 溢:通"鎰"(yì),古代重量單位,二十兩(一說二十四兩)爲一鎰。
⑥ 遺(wèi):送給。
⑦ 無:通"毋",不要。族家:同族。安堵(dǔ):安居。
⑧ 益懈:更加鬆懈。

田單乃收城中得千餘牛,爲絳繒衣,畫以五彩龍文①,束兵刃於其角,而灌脂束葦於尾,燒其端②。鑿城數十穴,夜縱牛③,壯士五千人隨其後。牛尾熱,怒而奔燕軍,燕軍夜大驚。牛尾炬火光明炫耀④,燕軍視之皆龍文,所觸盡死傷⑤。五千人因銜枚擊之⑥,而城中鼓譟從之⑦,老弱皆擊銅器爲聲,聲動天地。燕軍大駭,敗走⑧。齊人遂夷殺其將騎劫⑨。燕軍擾亂奔走,齊人追亡逐北⑩。所過城邑皆畔燕而歸田單⑪,兵日益多。乘勝⑫,燕日敗亡,卒至河上⑬,而齊七十餘城皆復爲齊⑭。乃迎襄王於莒⑮,入臨菑而聽政⑯。

襄王封田單,號曰安平君⑰。

田單用火牛陣大敗燕軍,收復齊國失地,被襄王封爲安平君。

① 絳(jiàng):深紅色。繒(zēng):帛。文:花紋,這個意思後來寫作"紋"。
② 灌脂束葦於尾:把淋了油的蘆葦繫在牛尾上。脂:油。其端:指蘆葦末端。
③ 穴:洞。縱:放開。
④ 炬:火把。這裏指牛尾上點著火的"束葦"。

⑤ 所觸：被牛撞上的。
⑥ 銜枚：古代行軍時士卒口中銜著枚（像筷子，橫銜口中），以防喧嘩出聲。
⑦ 鼓譟（zào）：擂鼓吶喊。譟：喧嘩，喧鬧。從之：指追擊燕軍。
⑧ 走：跑。
⑨ 夷（yí）殺：誅殺。
⑩ 追亡逐北：追擊敗逃的敵人。亡：逃跑。北：敗逃。
⑪ 畔：通"叛"，背叛。
⑫ 乘勝：乘著勝利的形勢。
⑬ 河上：指齊國的西北界。
⑭ 復爲齊：又成爲齊國的領土。
⑮ 襄王：齊湣王之子，名法章。
⑯ 聽政：處理政事。
⑰ 安平君：因田單初起兵於安平（故址在今山東省淄博市），就以安平君作他的封號。

漢書

《漢書》記述西漢一代的歷史，是我國第一部紀傳體斷代史，是研究西漢歷史的重要文獻。《漢書》一百篇（少數篇目由班昭、馬續續成），體例大致與《史記》相同。所創《刑法》《五行》《地理》《藝文》四志成爲後世紀傳體史書的準繩。《漢書》包舉一代，首尾完整，記事詳贍，與《史記》並稱《史》《漢》。

作者班固（32—92），字孟堅，扶風安陵（在今陝西省咸陽市東北）人。他的父親班彪繼《史記》作《後傳》，死後班固承父業撰成《漢書》。

《漢書》通行的是唐顏師古的注，清王先謙《漢書補注》集各家考釋，所收資料豐富，可資參考。

選文據點校本《漢書》，中華書局一九六二年版。

鄧通傳（節選）

【説明】鄧通因爲漢文帝的一個夢而受寵以致大富大貴，又由寵幸而遭忌恨,最終因爲太過貪婪而受到查辦,窮困而死。

鄧通,蜀郡南安人也①,以濯船爲黃頭郎②。文帝嘗夢欲上天,不能,有一黃頭郎推上天③,顧見其衣尻帶後穿④。覺而之漸臺⑤,以夢中陰目求推者郎⑥。見鄧通,其衣後穿,夢中所見也⑦。召問其名姓⑧,姓鄧,名通。鄧猶登也⑨,文帝甚説⑩,尊幸之,日日異⑪。通亦愿謹⑫,不好外交⑬,雖賜洗沐,不欲出⑭。於是文帝賞賜通鉅萬以十數⑮,官至上大夫⑯。

鄧通因爲漢文帝的一個夢而得到寵幸。

① 蜀郡:漢郡名。南安:縣名,在今四川省樂山市。
② 以:憑藉。濯(zhào)舩(chuán):持槳划船。濯:通"櫂",船槳。舩:同"船"。黃頭郎:漢代掌管船隻行駛的人,頭戴黃帽,稱黃頭郎。
③ 文帝:西漢皇帝劉恆,公元前一八〇—前一五七年在位。推上天:《史記·佞幸列傳》作"推之上天"。
④ 回頭看到黃頭郎的衣服臀部上方腰帶下的地方破了個洞。尻(kāo):屁股。穿:穿通。這是説破了個洞。
⑤ 覺:睡醒。之漸臺:去到漸臺。漸(jiān)臺:臺名,在長安未央宮西南蒼池中。
⑥ 以夢中所見暗中察看尋找推他上天的那個人。陰:暗中。目:用作動詞,看。
⑦ 所見:見到的人。
⑧ 召:召見。
⑨ "鄧"就是"登"("鄧""登"讀音相近)。由"登"聯想到上天的意思。
⑩ 説(yuè):高興。後寫作"悦"。
⑪ 尊:使地位高。幸:寵愛。日日異:一天和一天不一樣。《史記·佞幸列傳》作"日異"。
⑫ 愿:老實。謹:謹慎。
⑬ 外交:跟外人交往。

⑭ 洗沐：洗浴。指休假。沐：洗頭。出：出宮。
⑮ 鉅（jù）萬：萬萬。泛指數量極大（單位是銅錢）。以十數：（每次鉅萬的賞賜）有數十次。
⑯ 上大夫：應爲"太中大夫"，官職名。

　　文帝時間如通家游戲①，然通無他伎能②，不能有所薦達③，獨自謹身以媚上而已④。上使善相人者相通⑤，曰："當貧餓死⑥。"上曰："能富通者在我，何説貧⑦？"於是賜通蜀嚴道銅山⑧，得自鑄錢⑨。鄧氏錢布天下⑩，其富如此。

　　漢文帝賜鄧通蜀郡嚴道銅山，鄧通大富。

① 時：時常。間（jiàn）：趁空子秘密地。如：去往。
② 然：但。他伎（jì）能：别的技藝。伎：通"技"。
③ 薦（jiàn）達：推薦引進。
④ 謹身：自身小心謹慎。媚（mèi）上：取悦皇上。媚：討好，取悦。上：皇帝。
⑤ 皇上叫善於相面的人給鄧通相面。相（xiàng）：看相，通過觀察人的相貌來判斷人的吉凶禍福。
⑥ 必定貧窮餓死。
⑦ 富通者：使鄧通致富的人。富：用作使動。何説貧：怎麽説他必定貧窮。
⑧ 嚴道：地名，在今四川省榮經縣北。銅山：銅礦山。
⑨ 能自己開礦鑄錢。
⑩ 布天下：通行天下。

　　文帝嘗病癰①，鄧通常爲上嗽吮之②。上不樂，從容問曰③："天下誰最愛我者乎④？"通曰："宜莫若太子⑤。"太子入問疾⑥，上使太子齰癰⑦，太子齰癰而色難之⑧。已而聞通嘗爲上齰之⑨，太子慙⑩，繇是心恨通⑪。

鄧通爲皇帝吮吸毒瘡膿血，遭到太子的忌恨。

① 病癰（yōng）：長瘡。病：患……病。癰：一種毒瘡，有塊狀的化膿性炎癥。
② 嗽吮（shuòshǔn）：吮吸（膿血）。嗽：《史記·佞幸列傳》作"嘖"（zé），咬。
③ 從（cōng）容：説話舒緩。
④ 天下誰是最愛我的人。
⑤ （按理説）應該没有什麽人像太子那樣愛你。
⑥ 入問疾：進宫探問病情。
⑦ 齰（zé）：咬（出膿血）。
⑧ 色難：露出爲難的神色。之：指代"齰癰"這件事。
⑨ 已而：時間不長。
⑩ 慙：羞慚。慙：同"慚"。
⑪ 繇（yóu）是：由此。繇：由，從。

及文帝崩，景帝立，鄧通免①，家居②。居無何③，人有告通盜出徼外鑄錢④。下吏驗問⑤，頗有⑥，遂竟案⑦，盡没入之⑧，通家尚負責數鉅萬⑨。長公主賜鄧通⑩，吏輒隨没入之⑪，一簪不得著身⑫。於是長公主乃令假衣食⑬。竟不得名一錢⑭，寄死人家⑮。

鄧通因偷運鑄錢出境被查辦，寄食人家，窮困而死。

① 景帝：文帝之子劉啓，公元前一五七—前一四一年在位。免：免官。
② 家居：（不做官）住在家裏。
③ 無何：時間不長。
④ 告：告發。盜出徼（jiào）外鑄錢：把鑄的錢偷運出邊境。盜出：偷偷地運出。徼：邊界。
⑤ 下吏：交付有關部門。驗問：審問查驗。
⑥ 確有其事。《史記·佞幸列傳》作"頗有之"。頗：很，甚。

⑦ 於是徹底查辦。竟：窮盡。案：審查，查辦。
⑧ 盡：全部。沒入：沒收財物、人口等入官。
⑨ 尚：還。責（zhài）：後作"債"。這是説根據鄧通前後犯法的情況應沒收的財物數額巨大，現有的錢財還不夠，所以説"尚負責數鉅萬"。
⑩ 長（zhǎng）公主：皇帝的姊妹或皇帝的女兒中地位尊崇者的封號。這裏指文帝的女兒館陶公主，是景帝的姐姐。
⑪ 輒（zhé）：就。隨：隨同。指與鄧通自己的財產一併沒收。
⑫ 簪（zān）：一種用來綰頭髮的頭飾。不得：不能。著（zhuó）：穿戴。
⑬ 假：借（出）。
⑭ 竟：到頭來。名：以己名占有，屬於……名下。
⑮ 借住在別人家裏，後死去。寄：寄居，居住在他鄉或別人家裏。

朱買臣傳（節選）

【説明】朱買臣早年窮困不堪，他發憤讀書，做官至會稽太守、主爵都尉。文中記述他赴太守任前會稽郡邸官吏無比震驚，到任後原來的妻子羞愧自經而死，情節極富戲劇性。

朱買臣字翁子，吴人也①。家貧，好讀書，不治產業②。常艾薪樵③，賣以給食④。擔束薪⑤，行且誦書⑥。其妻亦負戴相隨⑦，數止買臣毋歌嘔道中⑧。買臣愈益疾歌⑨，妻羞之，求去⑩。買臣笑曰："我年五十當富貴⑪，今已四十餘矣。女苦日久，待我富貴報女功⑫。"妻恚怒曰⑬："如公等，終餓死溝中耳⑭，何能富貴？"買臣不能留，即聽去⑮。其後，買臣獨行歌道中⑯，負薪墓間。故妻與夫家俱上冢⑰，見買臣饑寒，呼飯飲之⑱。

朱買臣早年家貧不治產業，唯好讀書，以致妻子離他而去。

① 吳:泛指今江蘇省南部和浙江省北部一帶。
② 治:經營治理。產業:家產。
③ 艾(yì)薪樵(qiáo):打柴。艾:通"刈",割(草、穀物)。薪樵:柴。
④ 給(jǐ):供給,供應。
⑤ 束薪:捆起來的柴。
⑥ 行且誦書:一面走一面大聲吟誦讀書。且:表示兩種行爲同時進行。
⑦ 負:背。戴:用頭頂。
⑧ 數(shuò):屢次。止:阻止。毋(wú):不要。歌謳(ōu):指大聲吟誦。謳:通"謳",吟唱。
⑨ 愈益:更加。疾:有力。
⑩ 羞之:對此感到不體面。羞:羞恥。用作意動。去:離開。
⑪ 當:必定要。
⑫ 女(rǔ)苦日久:你常年受苦。報女(rǔ)功:報答你的功勞。功:指妻子的辛苦付出。
⑬ 恚(huì):惱怒。
⑭ 如公等:像你這樣的人。終:終究。溝中:指野外。
⑮ 聽(舊讀 tìng):聽任,任憑。
⑯ 行歌:邊走邊吟誦。
⑰ 故妻:過去的妻子。上冢(zhǒng):上墳(祭奠死者)。冢:墳墓。
⑱ 呼飯飲(yìn)之:叫過來給他吃喝。飯、飲:用作使動。飯:給……飯吃。飲:給……喝。

....

上拜買臣會稽太守①。上謂買臣曰:"富貴不歸故鄉,如衣繡夜行②,今子何如③?"買臣頓首辭謝④。詔買臣到郡⑤,治樓船,備糧食、水戰具⑥,須詔書到⑦,軍與俱進。

朱買臣擔任會稽太守,準備赴任。

① 拜:授官。會(kuài)稽(jī):郡名,在今浙江省。太守:郡的最高行政長官。

② 如衣(yì)繡夜行:如同穿著錦繡衣服在夜裏走路(別人無法看到衣服的華麗)。
③ 現在你感覺怎麼樣。
④ 頓首:磕頭,古代的一種禮節。辭謝:道謝。
⑤ 詔:皇帝下命令。
⑥ 治:置辦。樓船:有樓的大船,多指戰船。水戰具:水戰用的器具(當時準備攻打東越王)。
⑦ 須:等待。詔書:指進軍的詔書。

初,買臣免①,待詔②,常從會稽守邸者寄居飯食③。拜爲太守,買臣衣故衣④,懷其印綬⑤,步歸郡邸⑥。直上計時⑦,會稽吏方相與羣飲⑧,不視買臣。買臣入室中,守邸與共食⑨。食且飽⑩,少見其綬⑪。守邸怪之⑫,前引其綬⑬,視其印,會稽太守章也⑭。守邸驚,出語上計掾吏⑮。皆醉,大呼曰:"妄誕耳⑯!"守邸曰:"試來視之⑰。"其故人素輕買臣者入內視之⑱,還走⑲,疾呼曰:"實然⑳!"坐中驚駭,白守丞㉑,相推排陳列中庭拜謁㉒。買臣徐出戶㉓。有頃㉔,長安廄吏乘駟馬車來迎㉕,買臣遂乘傳去㉖。

會稽聞太守且至,發民除道㉗,縣吏並送迎㉘,車百餘乘。入吳界,見其故妻、妻夫治道㉙。買臣駐車㉚,呼令後車載其夫妻㉛。到太守舍,置園中㉜,給食之㉝。居一月,妻自經死㉞,買臣乞其夫錢㉟,令葬。悉召見故人與飲食諸嘗有恩者㊱,皆報復焉㊲。

朱買臣拜爲太守隱而不露,會稽郡邸的官吏始而不信,繼而大驚。至會稽任職,原來的妻子羞慚自經而死。

① 免:被免官。
② 待詔:應皇帝徵召隨時等待詔命。
③ 守邸(dǐ)者:守衛郡邸的人。邸:郡邸,各郡設在京師的辦事處。

寄居飯食:借宿吃飯。
④ 衣(yì)故衣:穿著原來的衣服。
⑤ 印綬(shòu):官印和繫官印的絲帶。
⑥ 步歸:步行回。
⑦ 直上計時:正當上計的時候。上計:年終的時候,地方官將境內的戶口、賦稅、盜賊、獄訟等項目編列造冊,派人逐級上報,呈進朝廷,叫作上計。
⑧ 會稽吏:會稽郡來京的官吏。相與:在一起。羣飲:一羣人在一起飲酒。
⑨ 共食:一起吃飯。
⑩ 且:將。
⑪ 印綬稍微露出一點。少:稍,略微。見(xiàn):後作"現"。
⑫ 怪之:對此感到奇怪。怪:用作意動。
⑬ 前引:上前拉。
⑭ 會稽太守章也:是會稽太守的印章。
⑮ 語(yù):告訴。掾(yuàn)吏:官府中助手性質的官吏。
⑯ 妄誕:胡亂說大話。誕:言辭誇大。
⑰ 試:姑且。
⑱ 舊相識中平素瞧不起朱買臣的人進屋內去看。故人:舊時認識的人。
⑲ 扭頭往回跑。走:跑。
⑳ 實然:確實是如此。
㉑ 白:報告。守丞:輔助郡守縣令的主要官吏。這裏指會稽郡丞。
㉒ 相推排:你推我我推你。排:推擠。陳列:按次序排列。中庭:院中。拜謁(yè):拜見。
㉓ 徐:慢慢地。戶:門。
㉔ 一會兒。
㉕ 廄吏:管車馬的小吏。廄:同"廄"。
㉖ 傳(zhuàn):古代驛站所備的車馬。
㉗ 發:徵調。除道:修整道路。
㉘ 並:一起。
㉙ 故妻:以前的妻子。
㉚ 駐車:停車。

㉛ 後車：後面隨從的車子。
㉜ 置園中：安置在園中居住。
㉝ 給(jǐ)食(sì)：供給食用。食，用作使動。
㉞ 居一月：過了一個月。自經：上吊自殺。
㉟ 乞(qì)：給予。
㊱ 把舊相識中那些曾供給自己飲食對自己有恩的人都召來見面。與：給。
㊲ 報復：報答。

居歲餘，買臣受詔將兵①，與橫海將軍韓説等俱擊破東越②，有功。徵入爲主爵都尉③，列於九卿④。

朱買臣擊破東越有功，位列九卿。

① 將(jiàng)兵：率領軍隊。
② 韓説(yuè)：人名。東越：古代越人的一支，秦漢時分布在今浙江省東南部、福建省北部一帶。
③ 徵(zhēng)入：招聘入朝廷作官。主爵都尉：官職名。
④ 九卿：中央政府九個部門的首長。

閲讀文選

張良步游下邳①（《史記》）

【説明】文章寫張良得圯上老人兵書的故事，帶有傳奇色彩。

良嘗閒從容步游下邳圯上②。有一老父，衣褐③，至良所，直墮其履圯下，顧謂良曰："孺子，下取履！"良鄂然，欲毆之。爲其老，彊忍，下取履。父曰："履我④！"良業爲取履⑤，因長跪履之。父以足受，笑而去。良殊大驚，隨目之。父去里所⑥，復還，曰："孺子可教矣。後五日平明，與我會此。"良因怪之，跪曰："諾。"五日平明，良往。父已先在，怒曰："與老人期⑦，後，何也？"去，曰："後五日早會。"五日雞鳴，良往，父又先在，復怒曰："後，何也？"去，曰："後五日復早來。"五日，良夜未半往。有頃，父亦來，喜曰："當如是。"出一編書⑧，曰："讀此，則爲王者師矣。後十年興⑨。十三年孺子見我濟北，穀城山下黃石即我矣⑩。"遂去，無他言，不復見。旦日視其書，乃《太公兵法》也⑪。良因異之，常習誦讀之。

① 張良（？—前186），漢初大臣，漢高祖劉邦在反秦戰爭和楚漢戰爭中的主要謀臣。漢朝建立，封留侯。文章節選自《留侯世家》。
② 下邳（pī）：秦縣名，治所在今江蘇省邳州南。圯（yí）：橋。
③ 褐（hè）：粗布衣。
④ 履我：給我穿上鞋子。
⑤ 業：已經。
⑥ 里所：一里左右。
⑦ 期：約定（時間）。
⑧ 一編書：一册書。
⑨ 興：興起，發跡。指有王者興起。
⑩ 《留侯世家》後文有"後十三年從高帝過濟北，果見穀城山下黃石，取而葆祠之"的話，與此處文字相照應。濟北：濟水之北。穀城山：一名黃山，在今山東省平陰縣西南。
⑪ 《太公兵法》：相傳爲姜太公呂尚所著的兵書。

練習七

一、熟讀本單元講過的文章。

二、閱讀本單元的閱讀文選。

三、給下面句子中加點的字注音：

1. 爲諸君潰圍，斬將，刈旗。(《史記·項羽本紀》)
2. 項王瞋目而叱之，赤泉侯人馬俱驚。(《史記·項羽本紀》)
3. 田單乃收城中得千餘牛，爲絳繒衣，畫以五彩龍文。(《史記·田單列傳》)
4. 五千人因銜枚擊之，而城中鼓譟從之。(《史記·田單列傳》)
5. 鄧通，蜀郡南安人也，以濯船爲黃頭郎。(《漢書·鄧通傳》)
6. 文帝時間如通家游戲，然通無他伎能，不能有所薦達。(《漢書·鄧通傳》)
7. 文帝嘗病癰，鄧通常爲上嗽吮之。(《漢書·鄧通傳》)
8. 已而聞通嘗爲上齰之，太子慙，繇是心恨通。(《漢書·鄧通傳》)
9. 其妻亦負戴相隨，數止買臣毋歌嘔道中。(《漢書·朱買臣傳》)
10. 守邸怪之，前引其綬。(《漢書·朱買臣傳》)

四、解釋下面句子中加點的詞：

1. 項王自度不得脫。(《史記·項羽本紀》)
2. 項王身亦被十餘創。(《史記·項羽本紀》)
3. 五人共會其體，皆是。(《史記·項羽本紀》)
4. 飛鳥悉翔舞城中下食。(《史記·田單列傳》)
5. 田單乃起，引還，東鄉坐，師事之。(《史記·田單列傳》)
6. 城中人見齊諸降者盡劓，皆怒，堅守，唯恐見得。(《史記·田單列傳》)
7. 孟嘗君舍業厚遇之，以故傾天下之士。(《史記·孟嘗君列傳》)
8. 能富通者在我，何説貧？(《漢書·鄧通傳》)
9. 買臣愈益疾歌，妻羞之，求去。(《漢書·朱買臣傳》)
10. 入吳界，見其故妻、妻夫治道。(《漢書·朱買臣傳》)

五、把下面的句子譯成現代漢語：

1. 平明，漢軍乃覺之，令騎將灌嬰以五千騎追之。(《史記·項羽本紀》)

2. 然今卒困於此，此天之亡我，非戰之罪也。(《史記·項羽本紀》)
3. 願爲諸君快戰，必三勝之。(《史記·項羽本紀》)
4. 縱江東父兄憐而王我，我何面目見之？(《史記·項羽本紀》)
5. 而田單乃令城中人食必祭其先祖於庭。(《史記·田單列傳》)
6. 天雨，子將敗矣。(《史記·孟嘗君列傳》)
7. 出如食頃，秦追果至關，已後孟嘗君出。(《史記·孟嘗君列傳》)
8. 文帝甚説，尊幸之，日日異。(《漢書·鄧通傳》)
9. 其故人素輕買臣者入内視之，還走。(《漢書·朱買臣傳》)
10. 悉召見故人與飲食諸嘗有恩者，皆報復焉。(《漢書·朱買臣傳》)

六、分析下面句子中的賓語前置結構：
1. 先生何以知之？(《戰國策·驚弓之鳥》)
2. 君之楚，將奚爲北面？(《戰國策·南轅北轍》)
3. 景公問于晏子曰："治國何患？"(《晏子春秋·社鼠猛狗》)
4. 潁考叔曰："敢問何謂也？"(《左傳·鄭伯克段于鄢》)
5. 民不足而可治者，自古及今未之嘗聞。(賈誼《論積貯疏》)
6. 不好犯上而好作亂者，未之有也。(《論語·學而》)
7. 不患莫己知，求爲可知也。(《論語·里仁》)
8. 君子病無能焉，不病人之不己知也。(《論語·衛靈公》)
9. 子曰："莫我知也夫。"(《論語·憲問》)
10. "唐棣之華，偏其反而。豈不爾思？室是遠而。①"子曰："未之思也，夫何遠之有？"(《論語·子罕》)

常用詞

敗　賢　購　被　困　期　體　涕　幸　置

---

① 這四句詩的大意是：唐棣樹的花翩翩地搖擺。難道我不想念你？因爲家住得太遠。

61. 敗

《說文》:"敗,毀也。"使失去原來完好的狀態,毀壞。《晏子春秋·社鼠猛狗》:"熏之則恐燒其木,灌之則恐敗其塗。"(敗其塗:沖壞塗在上面的泥。)《史記·孟嘗君列傳》:"天雨,子將敗矣。"(子:土偶人。)雙音詞有[敗壞],成語有[傷風敗俗]。特指軍隊被攻擊受損傷,失敗。《史記·田單列傳》:"燕軍大駭,敗走。"成語有[一敗塗地]。

62. 賢

《玉篇》:"賢,多也。"數量大。《呂氏春秋·順民》:"得民心,則賢於千里之地。"引申爲勝過;超過。《戰國策·蘇秦以游說致富貴》:"諸侯相親,賢於兄弟。"韓愈《師說》:"是故弟子不必不如師,師不必賢於弟子。"特指人的才德多,勝過他人(與"不肖"相對)。《晏子春秋·晏子使楚》:"其賢者使使賢王,不肖者使使不肖王。"《史記·孟嘗君列傳》:"秦昭王聞其賢,乃先使涇陽君爲質於齊,以求見孟嘗君。"雙音詞有[賢明][賢能]。用作名詞指賢能的人。成語有[任人唯賢]。

63. 購

《說文》:"購,以財有所求也。"指懸賞徵求;重金求取。《史記·項羽本紀》:"吾聞漢購我頭千金,邑萬戶。"《舊唐書·褚遂良傳》:"太宗嘗出御府金帛購求王羲之書跡。"雙音詞有[購求]。引申爲一般的購買。龔自珍《病梅館記》:"余購三百盆(梅花)。"

64. 被

《說文》:"被,寢衣。"指被子。《楚辭·招魂》:"翡翠珠被。"引申爲覆蓋。《後漢書·董宣傳》:"即以頭擊楹,流血被面。"由被覆蓋引申爲蒙受;遭受。《漢書·趙充國傳》:"身被二十餘創。"(創:傷。)詞義虛化爲介詞,表示被動。《世說新語·言語》:"禰衡被魏武謫爲鼓吏。"(禰衡:人名。魏武:曹操。)

65. 困

《廣雅·釋詁四》:"困,窮也。"困的基本義是處境窘迫,沒有出路。《禮記·中庸》:"事前定則不困。"又《學記》:"是故學然後知不足,教然後知困。"雙音詞有[困窘][困境]。用作動詞,陷於困境中;受困。《孟子·舜發於畎畝之中》:"困於心,衡於慮,而後作。"棗據《雜詩》:"車馬困山岡。"成語有[困獸猶鬥]。

66. 期

期的意思是約定時間見面;約定。《史記·項羽本紀》:"令四面騎馳下,期山東爲三處。"又《史記·張良步游下邳》:"與老人期,後,何也?"引申爲期待;希望。陶淵明《歸去來兮辭》:"富貴非吾願,帝鄉不可期。"用作名詞,指限定的時間;期限。《詩經·王風·君子于役》:"君子于役,不知其期。"雙音詞有[到期][限期][假期]。

67. 體

體指身體的各部分;身體。《論語·微子》:"四體不勤,五穀不分。"(四體:四肢。)《史記·項羽本紀》:"最其後,郎中騎楊喜、騎司馬呂馬童、郎中呂勝、楊武各得其一體。五人共會其體,皆是。"成語有[五體投地]。轉指物的實體,物體;形體。《顔氏家訓·音辭》:"夫物體自有精麤。"(麤:同"粗"。)雙音詞有[整體]。

68. 涕

《玉篇》:"涕,目汁出曰涕。"古時指眼淚(上古鼻涕義作"洟"(tì))。《韓非子·五蠹》:"聞死刑之報,君爲流涕。"《史記·田單列傳》:"即墨人從城上望見,皆涕泣。"後來眼淚叫"淚",涕有了鼻涕的意思。

69. 幸

《説文》:"吉而免凶也。"意思是幸運。《論語·述而》:"丘也幸,苟有過,人必知之。"引申指感到幸運;歡喜,慶幸。《史記·越王勾踐世家》:"長男即自入室取金持去,獨自歡幸。"被在上位的人寵愛是值得慶幸歡喜的事,引申指寵幸。《韓非子·魏王遺荆王美人》:"子見王,常掩鼻,則王長幸子矣。"《史記·項羽本紀》:"有美人名虞,常幸從。"雙音詞有[恩幸]。

70. 置

置的基本義是擱放;放下。《史記·項羽本紀》:"項王則受璧,置之坐上。"又《田單列傳》:"吾唯懼燕軍之劓所得齊卒,置之前行,與我戰。"雙音詞有[放置][擱置],成語有[置之度外]。由安放引申爲設立起來。《管子·八觀》:"置法出令。"《史記·秦本紀》:"取地六百里,置漢中郡。"雙音詞有[設置]。

古漢語常識

古代漢語的詞序

　　詞序又叫語序,是指詞在句子中組合的先後順序。詞按照一定的語法規則組合成詞組和句子,詞語在句中的語法功能主要靠詞語的組合順序體現。漢語是一種没有詞形變化的語言,無論是古代漢語還是現代漢語,語法意義主要通過詞序和虚詞體現出來,詞序是漢語的一種重要表達手段。

　　從歷史發展看,漢語的詞序具有穩定性:"主語—謂語""動詞—賓語"是漢語的基本詞序,從古到今没有太大的變化;如果有修飾語(定語、狀語)或補語,定語和狀語放在中心語之前,補語放在中心語之後。這樣一些基本的詞序古今漢語大體一致。

　　這一節要講的古代漢語詞序是就語法規則説的。在古書中,我們有時可以看到一些句子的詞序跟上面説的基本詞序不一樣。如:
　　　　1. 甚矣,汝之不惠!(《列子·湯問》)
　　　　2. 何哉,爾所謂達者?(《論語·顔淵》)
上面兩句話的謂語分別是"甚矣""何哉",這跟"主語—謂語"的基本詞序不一樣,但這種不同是一種特意的靈活安排,這樣把主語和謂語"倒裝"是爲了達到突出謂語的修辭效果,這種"倒裝"的詞序不是語法規則,不是我們這一節要講的内容。

　　説詞序具有穩定性,並不是説漢語的詞序一成不變。我們看到,上古漢語中的有一些詞序跟現代漢語的並不一樣,是現代漢語所没有的。不了解這些區别,就難以理解古書中很多句子的意思。

一　賓語前置

我們已經知道,"動詞—賓語"是漢語的一種基本詞序,賓語的位置是在動詞的後面(比如"學習古代漢語");下面講的賓語前置是説句子中的賓語放在了動詞的前面。如:

君何患焉?(《左傳・鄭伯克段於鄢》)

句中"何"是動詞"患"的賓語,但放在了"患"的前面,這就是賓語前置。古代漢語中的賓語前置主要有以下三種情況。

1. 疑問句中疑問代詞作賓語

疑問代詞包括"誰、孰、何、奚、安"等,當它們在疑問句中充當動詞或介詞的賓語時,一般放在動詞或介詞的前面。這種情況的賓語前置要有兩個條件:一,句子是疑問句;二,賓語由疑問代詞充當。例如:

(1) 吾誰欺?欺天乎?(《論語・子罕》)
(2) 治國何患?(《晏子春秋・社鼠猛狗》)
(3) 彼且奚適也?(《莊子・逍遥遊》)
(4) 杜蕢自外來,聞鐘聲,曰:"安在?"曰:"在寢。"(《禮記・知悼子卒》)
(5) 先生何以知之?(《戰國策・驚弓之鳥》)
(6) 君之楚,將奚爲北面?(《戰國策・南轅北轍》)

例(1)"誰"作動詞"欺"的賓語前置;例(2)"何"作動詞"患"的賓語前置;例(3)"奚"作動詞"適"的賓語前置;例(4)"安"作動詞"在"的賓語前置;例(5)"何"作介詞"以"的賓語前置;例(6)"奚"作介詞"爲"的賓語前置。

我們看到,疑問句中疑問代詞作介詞賓語的時候,也放在介詞之前(如(5)(6)兩例)。

比較例(1)的"誰欺"和"欺天"可以看出,前一句賓語"誰"所以放在了動詞"欺"的前面,是因爲"誰"是一個疑問代詞;後一句賓語"天"所以没有放在動詞"欺"的前面,是因爲"天"是名詞不是疑問代詞。

如果動詞前有助動詞,疑問代詞賓語一般要放在助動詞之前。①例如:

  臣實不才,又誰敢怨?(《左傳·成公三年》)

句中"誰"是動詞"怨"的前置賓語,放在助動詞"敢"的前面。

如果動詞前面有副詞作狀語,疑問代詞賓語一般是放在副詞和動詞之間。例如:

  今有固車良馬於此,又有奴馬四隅之輪於此,使子擇焉,子將何乘?(《墨子·魯問》)

句中"何"是動詞"乘"的前置賓語,放在副詞"將"和動詞"乘"之間。

在疑問句中,疑問代詞無論是作動詞還是介詞的賓語,一般都要前置,只有個別例外。

由於疑問代詞作賓語常常前放在動詞或介詞前面,這樣就逐漸形成一些凝固形式。如:

  (1)先生何以知之?(《戰國策·驚弓之鳥》)
  (2)何以明其然也?(《韓非子·五蠹》)

兩句中"何以"的意思是憑什麼,"以"是引介動作行爲憑藉條件的介詞;"何以"的順序已十分固定了,可以看作一種凝固形式。

2. 否定句中代詞作賓語

這類情況的賓語前置有兩個條件:一,所在句子是否定句,句中有否定副詞"不、未、毋(無)"等或表示否定的無定代詞"莫(沒有誰)"。二,賓語由代詞充當。例如:

  (1)居則曰:"不吾知也!"如或知爾,則何以哉?(《論語·子路曾皙冉有公西華侍坐》)
  (2)不患人之不己知,患不知人也。(《論語·學而》)

例(1)中"不吾知"的意思是不了解我。"不吾知也"是一個否定句,句中代詞"吾"作動詞"知"的賓語,放在了"知"的前面。比較後面一句可以

---

① 這裏說的助動詞指表示意願(如"願、欲、肯、敢")和能够(如"可、能、得")一類的詞。

看出：在"如或知爾"一句中，雖然也是一個代詞（"爾"）作動詞"知"的賓語，但這個句子不是否定句，所以賓語"爾"還是放在了"知"的後面，沒有前置。例(2)中"不已知"的意思也是不了解自己。和"不吾知"一樣，句中代詞"己"作動詞"知"的賓語，放在了"知"的前面。比較後面一句可以看出："不知人"雖然也是一個否定形式，但賓語"人"是名詞不是代詞，所以還是放在了"知"的後面。再比如：

(1) 而良人未之知也。（《孟子・齊人有一妻一妾》）
(2) 大道之行也，與三代之英，丘未之逮也。（《禮記・大同與小康》）
(3) 以吾一日長乎爾，毋吾以也。（《論語・子路曾晳冉有公西華侍坐》）
(4) "聞道百以爲莫己若"者，我之謂也。（《莊子・秋水》）
(5) 殘賊公行，莫之或止。（賈誼《論積貯疏》）

例(1)"未之知"意思是不知道這件事，代詞"之"是"知"的前置賓語。例(2)"未之逮"意思是沒有趕上"大道之行"和"三代之英"的時代，代詞"之"是動詞"逮（趕上）"的前置賓語。例(3)"毋吾以"意思是（人家）不用我，代詞"吾"是"以（用）"的前置賓語。例(4)"莫己若"意思是沒有什麼人比得上自己，代詞"己"是"若"的前置賓語。例(5)"莫之或止"意思是沒有什麼人能夠阻止這種情況的發生，代詞"之"是"止"的前置賓語。

否定句中代詞賓語雖然往往前置，但並不嚴格，先秦時已有例外，代詞賓語在有的否定句中也出現在動詞後面。試比較：

不我知者，謂我士也驕。（《詩經・魏風・園有桃》）
不知我者，謂我何求。（《詩經・王風・黍離》）

兩句中都是代詞"我"作動詞"知"的賓語，但前一句"我"在動詞前，後一例"我"在動詞後。

又如：

其未得之也，患得之。（《論語・陽貨》）

句中"其未得之"是否定句，但代詞賓語"之"放在動詞"得"後。

3. 前置賓語用代詞複指

這種情況的賓語前置是説，在前置賓語之後還要用代詞"是、之"等複指前置的賓語，"是、之"等也放動詞的前面。句子的格式是：前置賓語＋是(之)＋謂語動詞。這種賓語前置的格式起強調賓語的作用。例如：

　　姜氏何厭之有！(《左傳·鄭伯克段於鄢》)

　　句中"何厭"是"有"的前置賓語，用代詞"之"複指。再比如：

　　(1) 宋何罪之有？(《墨子·公輸》)
　　(2) 唇亡齒寒，其斯之謂與？(《穀梁傳·僖公二年》)
　　(3) 將虢是滅，何愛於虞？(《左傳·僖公五年》)
　　(4) 鬼神非人實親，惟德是依。(《左傳·僖公五年》)

　　例(1)的意思是宋有什麼罪。"何罪"是"有"的前置賓語，用"之"複指。例(2)"斯之謂"的意思是唇亡齒寒說的就是這種情況。代詞"斯"是"謂"的前置賓語，用"之"複指。例(3)的意思是連虢國都要滅掉了，對虞國還愛惜什麼呢。"虢"是"滅"的前置賓語，用"是"複指。例(4)的意思是鬼神不親人，只依德。後一句"德"是"依"的前置賓語，用"是"複指。前一句"人"是"親"的前置賓語，用"實"複指。

　　如果是作介詞的賓語，賓語也可以用代詞複指放在介詞前面，不過用例不多。例如：

　　豈不穀是爲？先君之好是繼。(《左傳·僖公四年》)

　　兩句話都是賓語前置用代詞複指。前一句的意思是難道是爲了我("不穀"是諸侯謙稱自己)。"不穀"是介詞"爲"的前置賓語，用"是"複指。後一句話意思是爲了繼承先君的友好關係。"先君之好"是動詞"繼"的前置賓語，用"是"複指。

　　這種賓語前置用代詞複指的格式，還可以在前置賓語的前面加上"唯(惟)"，形成"唯(惟)……是…"或"唯(惟)……之……"的凝固格式，強調賓語的作用更加明顯。例如：

　　(1) 率師以來，唯敵是求。(《左傳·宣公十二年》)
　　(2) 余唯利是視。(《左傳·成公十三年》)
　　(3) 唯利之求。(《荀子·王霸》)

　　例(1)的意思是率領軍隊來只求與敵軍作戰，"敵"是"求"的前置賓語。例(2)的意思是我只看重利，"利"的"視"的前置賓語。例(3)的意思是只求利，"利"的"求"的前置賓語。三句話中前置賓語的前面都加上了

"唯"。現在還有"唯利是圖""唯你是問"這樣的說法,就是這種格式的殘留。

在這樣的賓語前置格式中,前置的賓語本身也可以是代詞;如果賓語是代詞,複指的代詞一般只用"之"。前面舉有這樣一個例子:

唇亡齒寒,其斯之謂與。(《穀梁傳·僖公二年》)

句中"謂"的前置賓語是代詞"斯",就用"之"複指。再比如:

(1)《詩》曰:"孝子不匱,永錫爾類。"其是之謂乎!(《左傳·隱公元年》)

(2) 古者民有三疾,今也或是之亡也。(《論語·陽貨》)

例(1)"是之謂"的意思是《詩經》的這句話説的就是這種情況吧。句中"謂"的前置賓語是代詞"是",就用"之"複指。例(2)的意思是古代人有三種毛病,現在或許連這樣的毛病也沒有了。句中"亡"的前置賓語也是代詞"是",就用"之"複指。

由於前置的代詞賓語跟"之"和謂語動詞"謂"經常連用,"此之謂""是之謂"這樣的格式就成了一種凝固形式,在上古漢語中經常出現。例如:

(1) 太上有立德,其次有立功,其次有立言,雖久不廢,此之謂不朽。(《左傳·襄公二十四年》)

(2) 上不失天時,下不失地利,中得人和,而百事不廢,是之謂政令行。(《荀子·王霸》)

例(1)"此之謂不朽"的意思是這就叫作不朽。例(2)"是之謂政令行"的意思是這就叫作"政令行"。

需要注意的是,有的代詞賓語前置不用代詞複指,但這個代詞賓語一般僅限於"是"。例如:

昭王南征而不復,寡人是問。(《左傳·僖公四年》)

句子的意思是周昭王南行沒有回來,我要責問一下這件事。句中代詞"是"指代"昭王南征而不復"這件事,作"問"的賓語前置,但不用代詞複指。我們看到,在這種格式中,前面往往是一個比較複雜的結構(如"昭王南征而不復"),後面就需要用一個代詞"是"指代。

此外,介詞"以"的賓語也可以前置。例如:

(1) 仁以爲己任,不亦重乎?(《論語·士不可以不弘毅》)

(2) 楚戰士無不一以當十。(《史記·項羽本紀》)
(3) 楚國方城以爲城,漢水以爲池。(《左傳·僖公四年》)

例(1)"仁以爲己任"意思是以仁作爲自己的責任;例(2)"一以當十"意思是以一當十;例(3)"方城以爲城"意思是以方城(山名)作爲城牆,"漢水以爲池"意思是以漢水作爲護城河。

二 古代漢語表示行爲數量的詞序

現代漢語表示行爲數量的詞序一般是"動詞＋數詞＋動量詞",把數詞和動量詞構成的數量詞組放在動詞後面,如"打一下""看兩遍""去三趟"等等。上古漢語由於沒有動量詞,表示行爲動作數量的詞序是在動詞前面直接加上數詞作狀語,跟現代漢語的不同。例如:

(1) 逐之,三周華不注。(《左傳·鞌之戰》)
(2) 禹八年於外,三過其門而不入。(《孟子·滕文公上》)
(3) 騏驥一躍,不能十步;駑馬十駕,功在不舍。(《荀子·勸學》)

例(1)"三周華不注"意思是繞著華不注山跑了好幾圈。"三"表示多,說明"周"的次數。例(2)"三過其門而不入"是說多次經過家門都沒有進去,"三"也是表示多,說明"過"的次數。例(3)"騏驥一躍"意思是駿馬拉車騰躍一次,"駑馬十駕"意思是駑馬拉車連續走十天。

爲了強調某一行爲動作的數量,古漢語中數詞還可以放在句子末尾作謂語,詞序也跟現代漢語不同。例如:

(1) 不匝旬而得異地者二。(柳宗元《鈷鉧潭西小丘記》)
(2) 范增數目項王,舉所佩玉玦以示之者三。(《史記·項羽本紀》)

例(1)的意思是不到十天就得到兩塊奇特的地方。"不匝旬而得異地者"是主語,數詞"二"是謂語。例(2)的意思是范增頻頻看項王,舉起佩戴的玉玦幾次向他示意。"舉所佩玉玦以示之者"是主語,數詞"三"充當謂語。

第八單元

講讀文選

後漢書

　　《後漢書》是一部紀傳體史書，記述東漢一代的歷史，南朝宋范曄撰。范曄(398—445)，字蔚宗，順陽(在今河南省)人。累官至左衛將軍、太子詹事。《宋書》有傳。

　　范曄之前，已有《後漢書》多種，范曄採各家史料，綜合所長，匯爲一編。與《史記》《漢書》比較，《後漢書》新增七種類傳(《列女傳》即其中的一種)。描寫人物的列傳，也多以類相從，編排比較周密。各卷多數有論或序，議論人物，表明作者的愛憎。

　　《後漢書》一百二十卷，其中本紀十卷，列傳八十卷。志三十卷爲晉司馬彪撰。《後漢書》的注釋，紀傳部分通行的是唐李賢的注，志的部分有南朝梁劉昭的注。清王先謙有《後漢書集解》。

　　選文據點校本《後漢書·列女傳》，中華書局一九六五年版。文章題目爲後加。

樂羊子妻

　　【説明】《後漢書·列女傳》的序説："但搜次才行尤高者，不必專在一操而已。"樂羊子的妻子不貪財利，鼓勵丈夫立志向學，勤苦侍奉公婆，以死保全名節,是一位品節高尚的女性。

　　河南樂羊子之妻者,不知何氏之女也①。羊子嘗行路,得遺金一餅②,還以與妻。妻曰:"妾聞志士不飲盜泉之水③,廉者不受嗟來之食④,況拾遺求利,以污其行乎⑤!"羊子大慚,乃捐金於野,而遠尋師學⑥。

　　一年來歸,妻跪問其故。羊子曰:"久行懷思,無它異也⑦。"妻乃引刀趨機而言曰⑧:"此織生自蠶繭,成於機杼⑨,一絲而累,以至於寸⑩;累寸不已,遂成丈匹⑪。今若斷斯織也,則捐失成功,稽廢時月⑫。夫子積學,當日知其所亡,以就懿德⑬。若中道而歸,何異斷斯織乎⑭?"羊子感其言,復還終業,遂七年不反⑮。妻常躬勤養姑,又遠饋羊子⑯。

樂羊子妻激勵丈夫清廉自守,引刀斷織勸導樂羊子完成學業。

① 何氏之女:誰家的女兒。何氏:什麼姓氏。
② 遺:丟失。一餅:餅狀的一塊(金子)。
③ 盜泉:古泉名,故址在今山東省。古時常以"盜泉之水"比喻不義之財。
④ 廉者:清廉的人。受:接受。嗟(jiē)來之食:原指對飢餓的人表示憐憫,招呼他們來吃施捨的飯食。後多指侮辱性的施捨。語出《禮記‧檀弓下》。嗟:嘆詞。
⑤ 拾遺:拾取別人遺失的東西。污其行:玷污自己的品行。污:同"污"。弄髒。
⑥ 慚:同"慚",慚愧。捐:丟棄。遠尋師學:遠離家鄉尋找老師求學。
⑦ 懷思:指想家。無它異:沒有別的特別的原因。異:不同一般的。
⑧ 引刀:拿過刀來。趨:快步走向。機:織布機。
⑨ 這些織品先由蠶(cán)繭(jiǎn)抽出絲來,再用機杼(zhù)織成。繭:蠶吐絲而成的殼。杼:織布的梭子,是織布機的主要部件之一。
⑩ 一梭子一梭子累積起來,纔能織到一寸長。絲(guān):織絹的時

候把細絲穿過梭子。
⑪ 一寸一寸地不斷累積起來,就織成一丈一匹。已:停止。匹:量詞,用來計算織品的長度。古代四丈爲一匹。
⑫ 捐失成功:失去將要取得的成功。捐:捨棄。稽(jī)廢時月:延誤荒廢時間。稽:延遲,拖延。
⑬ 積學:積累學問。日知其所亡(wú):每天都知道自己還缺少什麼知識。《論語·子張》:"日知其所亡,月無忘其所能,可謂好學也已矣。"亡:通"無"。就懿(yì)德:造就美德。懿:美好。
⑭ 何異斷斯織乎:同割斷這織品有什麼不同呢? 斯:這。
⑮ 終業:完成學業。終:終結。反:返回。後寫作"返"。
⑯ 躬:親身。勤:辛苦地。姑:公婆。遠饋(kuì)羊子:從遠方給羊子送去物品。饋:贈送。

嘗有它舍雞謬入園中,姑盜殺而食之①,妻對雞不餐而泣。姑怪問其故。妻曰:"自傷居貧,使食有它肉②。"姑竟棄之③。

公婆盜殺別人家的雞,樂羊子妻反而責備自己,感化了公婆。

① 它舍雞:別人家的雞。謬(miù)入:誤入。謬:錯誤。盜:偷偷地。
② 自傷居貧:對生活貧苦感到悲傷。居貧:處在貧苦之中。有它肉:有別人家的雞肉。
③ 竟:最終。

後盜欲有犯妻者,乃先劫其姑①。妻聞,操刀而出。盜人曰:"釋汝刀從我者可全②,不從我者,則殺汝姑。"妻仰天而歎,舉刀刎頸而死③。盜亦不殺其姑。太守聞之,即捕殺賊盜,而賜妻縑帛④,以禮葬之,號曰"貞義"。

樂羊子妻刎頸自殺保全了自己的名節,受到表彰。

① 盜:強盜。犯:欺辱。劫:用暴力取得(人、物)。

② 釋:放下。從:順從。全:保全。
③ 刎(wěn)頸:割脖子。
④ 縑(jiān)帛:絹一類的絲織品。

三國志

　　《三國志》是一部紀傳體史書,記載三國時期的歷史。西晉陳壽撰。陳壽(233—297),字承祚,巴西安漢(在今四川省)人。歷官至著作郎、治書侍御史。《晉書》有傳。
　　《三國志》之前,魏、吳兩國已有史籍;加以陳壽的一生半在蜀漢,半入晉朝,對這一時期的史實耳聞目見不少,爲《三國志》的撰寫提供了依據。晉滅吳後,他採集官私著作撰寫了這部史書。三國時期政治、經濟、軍事以及文化科技等方面的突出人物,《三國志》多有記載。取捨謹慎,敘事可信,文字簡潔。
　　《三國志》六十五卷。三志原各自獨立,後來合爲一書。《三國志》的注釋,著名的是南朝宋裴松之的注。裴注引書超過二百種,史料豐富。近人盧弼有《三國志集解》。
　　選文據點校本《三國志·吳書》,中華書局一九五九年版。

周瑜傳(節選)

　　【說明】周瑜是三國時期吳國的著名將領,早年隨孫策征討,幫助他奠定了割據江東的基礎。公元二〇八年,曹操率二十餘萬大軍南下,吳羣臣震恐。周瑜分析了抗曹的有利條件以及敵軍的種種弱點,力排衆議,最後以火攻大破曹軍。赤壁之戰是三國時期的一次著名戰役,此後形成了天下三分的局面。

　　周瑜字公瑾,廬江舒人也①。從祖父景,景子忠,皆爲漢太尉②。父異,洛陽令③。
　　瑜長壯有姿貌④。初,孫堅興義兵討董卓,徙家於舒⑤。堅子策與瑜同年,獨相友善⑥。瑜推道南大宅以舍策,升堂拜母,有無通共⑦。瑜從父尚爲丹楊太守,瑜往省之⑧。會策將東渡,到歷陽,馳書報瑜⑨,瑜將兵迎策。策大喜曰:"吾得卿,諧也⑩。"

介紹周瑜的家世及與孫策的友誼。

① 周瑜(175—210):字公瑾,三國時吳國名將。先助孫策在江東創立孫氏政權,後輔佐孫權,任前部大督。廬江:郡名。舒:縣名。在今安徽省。
② 從祖父:堂祖父。從:堂房親屬。太尉:官名。
③ 令:縣的行政長官。
④ 長壯:身材高大健壯。有姿貌:相貌出衆。
⑤ 孫堅(155—191):字文臺,三國吳郡富春(在今浙江省)人。在當時的軍閥戰爭中,他與袁術聯合攻打董卓。吳國的建立者孫權是他的次子。董卓(?—192):字仲穎,東漢隴西臨洮(在今甘肅省)人。漢靈帝死後專斷朝政,殘忍暴虐,後被殺。徙:遷移。
⑥ 策:孫策(175—200),字伯符,孫堅長子。
⑦ 推:讓給。舍策:讓孫策居住。舍:住宿。這裏用作使動,使居住。有無通共:意思是日常的用度花費不分彼此。共:共享。
⑧ 丹陽:郡名。在今安徽省。太守:郡一級的行政長官。省(xǐng):探望。
⑨ 東渡:向東過長江。歷陽:縣名。馳書:急速送信。
⑩ 諧:(事情)能够辦妥帖。

　　五年,策薨,權統事①。瑜將兵赴喪,遂留吳,以中護軍與長史張昭共掌衆事②。……十三年春,權討江夏,瑜爲前部大督③。

記述周瑜成爲吳的大將。

① 五年:漢獻帝建安五年(200)。薨(hōng):侯王死稱薨。權:孫權

(182—252),字仲謀。孫策的弟弟,三國時吳國的建立者。統事:全面管轄。

② 赴喪:趕往弔唁。以中護軍:以中護軍(重要的軍事長官)的身份。張昭(156—236):字子布,彭城(在今江蘇省)人。官至輔吳將軍。

③ 江夏:郡名。在今湖北省。前部大督:前軍統帥。

其年九月,曹公入荊州,劉琮舉衆降①。曹公得其水軍,船步兵數十萬,將士聞之皆恐。權延見羣下,問以計策②。議者咸曰③:"曹公豺虎也,然託名漢相,挾天子以征四方,動以朝廷爲辭④,今日拒之,事更不順⑤。且將軍大勢,可以拒操者,長江也⑥。今操得荊州,奄有其地⑦,劉表治水軍⑧,蒙衝鬭艦乃以千數,操悉浮以沿江⑨,兼有步兵,水陸俱下,此爲長江之險已與我共之矣⑩。而勢力衆寡,又不可論⑪。愚謂大計不如迎之⑫。"

瑜曰:"不然。操雖託名漢相,其實漢賊也⑬。將軍以神武雄才,兼仗父兄之烈,割據江東⑭,地方數千里,兵精足用,英雄樂業⑮,尚當橫行天下,爲漢家除殘去穢⑯。況操自送死,而可迎之邪⑰?請爲將軍籌之⑱:今使北土已安⑲,操無內憂,能曠日持久,來爭疆場⑳,又能與我校勝負於船楫閒乎㉑?今北土既未平安,加馬超、韓遂尚在關西㉒,爲操後患。且舍鞍馬,仗舟楫,與吳越爭衡,本非中國所長㉓。又今盛寒,馬無藁草㉔。驅中國士衆遠涉江湖之閒,不習水土㉕,必生疾病。此數四者,用兵之患也,而操皆冒行之㉖。將軍禽操㉗,宜在今日。瑜請得精兵三萬人,進住夏口㉘,保爲將軍破之。"

權曰:"老賊欲廢漢自立久矣,徒忌二袁、呂布、劉表與孤耳㉙。今數雄已滅㉚,惟孤尚存;孤與老賊,勢不兩立。君言當擊,甚與孤合,此天以君授孤也㉛。"

記述孫吳主戰、主降兩派的爭議。周瑜分析了抗曹的有利條件以及敵軍的種種弱點，力主抗曹。

① 其年：漢獻帝建安十三年(208)。曹公：曹操(155—220)，字孟德，譙(在今安徽省)人。三國時政治家、軍事家、詩人。建安十三年進位爲丞相，後封魏王，其子曹丕稱帝後追尊爲武帝。荊州：地域在湖北、湖南一帶，治所在今湖北省襄陽市。劉琮(cóng)：荊州牧劉表之子。舉：帶領。
② 延見：接見。計策：指抗曹的對策。
③ 咸：都。
④ 託名：假借……之名。挾天子以征四方：挾制天子征討四方。動以朝廷爲辭：動不動就以朝廷的名義説話。
⑤ 事更不順：不順事理。
⑥ 可以拒操者：可用來抗拒曹操的。以：用。者：代詞。
⑦ 奄(yǎn)：全部擁有。奄：覆蓋。
⑧ 劉表(142—208)：字景升，山陽高平(在今山東省)人。漢獻帝初平元年(190)任荊州刺史，後爲荊州牧。
⑨ 蒙衝：上有生牛皮覆蓋的一種戰艦。鬥艦：戰艦。悉浮以沿江：全部沿長江行駛。
⑩ 此爲長江之險已與我共之矣：這就成了長江之險已同我方共有的形勢。
⑪ 不可論：不可相提並論。
⑫ 迎之：迎接曹操。
⑬ 賊：犯上作亂危害國家的人。
⑭ 將軍：指孫權。兼：同時又……。仗：依仗。父兄之烈：指孫堅和孫策的功業。烈：事業，功業。江東：長江以南。這裏指孫吳統治的地區。
⑮ 樂業：樂於做好自己的事。業：事，事業。意思是樂於爲國效力。
⑯ 尚當：正要。橫行：指縱橫馳騁，在征戰中所向無敵。除殘去穢(huì)：掃除殘餘，清除污穢。殘：剩餘。穢：骯髒。"殘""穢"是對敵方的蔑稱。
⑰ 而可迎之邪：反倒要投降他嗎？
⑱ 籌(chóu)之：謀劃這件事。

⑲ 使:假使。北土:北方。
⑳ 曠日持久:耗費時日,長時間堅持。疆埸(yì):疆界。埸:邊界。
㉑ 校(jiào)勝負於船楫間:指通過水戰較量勝敗。校:較量。船楫(jí):指水軍。楫:船槳。
㉒ 馬超、韓遂:當時與曹操對抗的兩支武裝勢力。關西:函谷關(在今河南省)以西。
㉓ 舍:捨棄不用。鞍馬:指陸軍。吳越:春秋時期南方的兩個國家。這裏指孫吳。爭衡:較量高低強弱。中國:指曹操統治的北方地區。
㉔ 藁(gǎo)草:用作牲畜飼料的穀物食草。藁:穀物的莖稈。
㉕ 江湖之間:指南方多水地區。不習水土:對一個地方的自然環境和氣候不習慣,不適應。習:習慣。
㉖ 冒:冒險。行:做(事)。
㉗ 禽:擒獲,捉拿。後寫作"擒"。
㉘ 夏口:今湖北省武漢市。
㉙ 自立:自己立自己爲帝王。徒忌:只是顧慮。徒:只。二袁:袁紹和袁術(袁紹的堂弟),當時的兩支地方割據勢力。呂布:字奉先,曾割據徐州,後被曹操所敗。孤:君主侯王的自稱。
㉚ 雄:强有力的或傑出的人物。
㉛ 此天以君授孤也:這是上天把你賜給了我(意思是上天讓你來幫助我)。授:給予。

　　時劉備爲曹公所破,欲引南渡江①。與魯肅遇於當陽,遂共圖計②,因進住夏口,遣諸葛亮詣權③。權遂遣瑜及程普等與備并力逆曹公,遇於赤壁④。時曹公軍衆已有疾病,初一交戰⑤,公軍敗退,引次江北⑥。瑜等在南岸。瑜部將黃蓋曰⑦:"今寇衆我寡,難與持久⑧。然觀操軍船艦首尾相接,可燒而走也⑨。"乃取蒙衝鬥艦數十艘,實以薪草,膏油灌其中⑩,裹以帷幕,上建牙旗⑪,先書報曹公,欺以欲降⑫。又豫備走舸⑬,各繫大船後,因引次俱前⑭。曹公軍吏士皆延頸觀望⑮,指言蓋降。蓋放諸船,同時發火⑯。時風盛猛,悉延燒岸上營落⑰。頃之⑱,煙炎張天⑲,人馬燒溺死者甚衆,軍遂敗退,還保南郡⑳。備與瑜等復共追㉑。曹公留曹仁等守江陵城㉒,徑自北歸。

記述赤壁之戰用火攻大破曹軍。

① 劉備(161—223):字玄德,涿郡涿縣(在今河北省)人。三國時蜀漢政權的建立者。欲引:打算帶軍隊。
② 魯肅(172—217):字子敬,三國時吳國名將。周瑜死後,代周瑜領兵。當陽:在今湖北省。遂:於是。圖計:商議謀劃。
③ 諸葛亮(181—234):字孔明,琅邪陽都(在今山東省)人。三國時著名的政治家、軍事家。輔佐劉備建立蜀漢政權,任丞相。詣(yì):到……去。
④ 程普:孫權部下的將領。逆:迎戰。赤壁:山名,在今湖北省長江南岸。
⑤ 初一交戰:剛一交戰。初:剛開始。
⑥ 次:軍隊臨時駐紮。
⑦ 黃蓋:字公覆。吳軍將領。
⑧ 寇:對敵方的蔑稱。
⑨ 走:使敗逃。走:跑。這裏用作使動。
⑩ 實以薪草:船上裝滿柴草。薪:柴。膏(gāo):油脂。其中:柴草之中。
⑪ 帷(wéi)幕:用來遮蓋的幕布。上建牙旗:上面樹起牙旗。建:豎立。牙旗:旗杆上裝飾有象牙的大旗。
⑫ 先書:先寫信。欺以欲降:用要投降的話欺騙曹操。
⑬ 走舸(gě):輕快的船。
⑭ 因:於是。引次:前後依次相隨。
⑮ 延頸:伸著脖子。
⑯ 放:放開。發火:點火燃燒。
⑰ 延:蔓延。營落:軍營。落:止息居住的地方。
⑱ 頃(qǐng)之:不一會兒。
⑲ 煙炎(yàn)張天:火焰布滿天空。炎:通"焰"。
⑳ 還保:退守。還:往回來。南郡:在今湖北省。

㉑ 復:又。
㉒ 曹仁:曹操的堂弟。

資治通鑑

《資治通鑑》是一部編年體史書。北宋司馬光撰(劉攽等協助編撰)。司馬光(1019—1086),字君實,陝州夏縣(在今山西省)人。北宋大臣,著名史學家。《宋史》有傳。

《資治通鑑》是一部歷史巨著,記述的史事上起周威烈王二十三年(前403年),下至後周世宗顯德六年(959年),系統記載了一千三百六十二年的歷史。全書取材廣泛,體例謹嚴,敘事脈絡分明,有很高的史料價值。書名的意思,是從歷代的興亡治亂中爲治理國家提供鑑戒。

《資治通鑑》二百九十四卷,又考異、目錄各三十卷。通行的注釋,是宋末元初胡三省的《資治通鑑音注》。

選文據點校本《資治通鑑·漢紀三十七》,中華書局一九五六年版。文章題目爲後加。

班超出使西域

【説明】班超(32—102),東漢名將。字仲升,東漢扶風安陵(在今陝西省)人。他是史學家班固的弟弟。本文記述東漢永平十六年(73)他隨竇固出擊北匈奴,奉命率吏士三十六人赴西域,擊殺匈奴派駐鄯善的使者,後又出使于闐,鎮撫西域諸國,顯示出過人的膽識,被封爲定遠侯。班超在西域活動長達三十一年,功績卓著,實現了他"立功異域"的遠大抱負。班超出使西域對於中國多民族國家的形成與發展有著積極的作用,具有重要的歷史意義。

(竇)固使假司馬班超與從事郭恂俱使西域①。超行到鄯善②,鄯善王廣奉超禮敬甚備,後忽更疏懈③。超謂其官屬曰:"寧覺廣禮意薄乎④?"官屬曰:"胡人不能常久,無他故也⑤。"超曰:"此必有北虜使來⑥,狐疑未知所從故也⑦。明者睹未萌,況已著邪⑧!"乃召侍胡,詐之曰⑨:"匈奴使來數日,今安在乎⑩?"侍胡惶恐曰:"到已三日,去此三十里。"超乃閉侍胡⑪,悉會其吏士三十六人與共飲⑫。酒酣⑬,因激怒之曰:"卿曹與我俱在絕域⑭,今虜使到裁數日,而王廣禮敬即廢⑮。如令鄯善收吾屬送匈奴⑯,骸骨長爲豺狼食矣,爲之奈何⑰?"官屬皆曰:"今在危亡之地,死生從司馬⑱!"超曰:"不入虎穴,不得虎子。當今之計,獨有因夜以火攻虜⑲,使彼不知我多少,必大震怖,可殄盡也⑳。滅此虜,則鄯善破膽,功成事立矣㉑。"衆曰:"當與從事議之㉒。"超怒曰:"吉凶決於今日。從事文俗吏㉓,聞此必恐而謀泄,死無所名㉔,非壯士也。"衆曰:"善!"

　　記述班超由鄯善王的禮敬疏懈準確判斷有"北虜使來",決定趁夜火攻北虜。

① 固:竇固,漢光武帝的女婿,當時擔任討伐北匈奴的西路統帥。假司馬:次於軍司馬的官職。假:代理。從事:幕僚之類的官。西域:漢代以來對玉門關、陽關(均在今甘肅省)以西地區的總稱。
② 鄯(shàn)善:西域古國名,在今新疆維吾爾自治區。
③ 奉:侍奉。備:周到。更:改變。疏:不周到。懈:懈怠。
④ 寧:副詞,可。用在疑問句中加強疑問語氣。
⑤ 胡:古代對北方和西方民族(如匈奴)的泛稱。不能常久:做事不能善始善終。他故:別的原因。
⑥ 北虜(lǔ):指匈奴,古代北方民族之一。東漢光武建武二十四年(48)分裂爲南北二部。北匈奴在公元一世紀末爲漢所敗,部分西遷。南匈奴臣附於漢。虜:對北方外族的蔑稱。
⑦ 狐疑:疑惑不決。未知所從:還不知道順從誰。所從:順從的人。
⑧ 明者睹(dǔ)未萌:有見識的人在事情未發生時就看得清楚(指有預見)。睹:看見。萌:萌芽。著:顯示出來。
⑨ 侍胡:鄯善派來侍奉班超的人。詐:用假話試探,讓對方說出真情。

⑩ 安在:在哪裏。安:疑問代詞,哪裏。"安"作"在"的前置賓語。
⑪ 閉:囚禁。
⑫ 悉會:全部集合。吏士:手下的軍官和士兵。
⑬ 酣(hān):酒喝得暢快。
⑭ 因:趁著(酒興)。卿曹:各位。卿:上對下客氣的稱呼。曹:輩。絕域:極遠的地方。
⑮ 裁:通"纔",僅僅。廢:廢棄;停止。
⑯ 收:逮捕。吾屬:我們這些人。
⑰ 骸(hái)骨:屍骨。骸:(人的)骨頭。爲之奈何:對此怎麼辦。
⑱ 從:跟著。
⑲ 因夜:趁著黑夜。因:憑藉。
⑳ 殄(tiǎn)盡:完全消滅。殄:滅絕。
㉑ 事立:事情成功。
㉒ 從事:指郭恂。
㉓ 文俗吏:平庸的只會弄筆墨的官。
㉔ 死無所名:即使死也不能揚名。名:顯揚名聲。

　　初夜,超遂將吏士往奔虜營①。會天大風②,超令十人持鼓藏虜舍後,約曰:"見火然,皆當鳴鼓大呼③。"餘人悉持兵弩,夾門而伏④。超乃順風縱火,前後鼓噪⑤,虜衆驚亂。超手格殺三人⑥,吏兵斬其使及從士三十餘級,餘衆百許人悉燒死⑦。明日乃還,告郭恂,恂大驚,既而色動⑧。超知其意,舉手曰:"掾雖不行,班超何心獨擅之乎⑨!"恂乃悅。超於是召鄯善王廣,以虜使首示之,一國震怖。超告以漢威德⑩:"自今以後,勿復與北虜通⑪。"廣叩頭:"願屬漢,無二心。"遂納子爲質⑫。

　　還白竇固,固大喜,具上超功效⑬,并求更選使使西域⑭。帝曰:"吏如班超,何故不遣,而更選乎⑮!今以超爲軍司馬,令遂前功⑯。"

班超有智有勇,一舉消滅北虜使者。

① 初夜:初更時分(十九時至二十一時)。將:率領。
② 會:正遇上。
③ 約:約定。然:後作"燃"。鳴鼓:擊鼓。
④ 兵弩(nǔ):兵器和弓箭。弩:一種用機械力量發箭的弓。夾門:緊靠門兩旁。
⑤ 鼓噪:擊鼓吶喊。噪:很多人呼喊。
⑥ 手:親手。格殺:擊殺。格:擊。
⑦ 三十餘級:三十餘人。級:斬首(頭)的量詞。百許人:一百人左右。
⑧ 色動:臉色改變。
⑨ 掾(yuàn):官府屬員的統稱。這裏指郭恂。不行:未曾前往。獨擅(shàn)之:獨占功勞。擅:專有。
⑩ 威:使人敬畏的力量。德:恩惠。
⑪ 復:再。通:來往。
⑫ 屬:歸附。納子為質:讓兒子到漢朝作人質(表示不背叛)。納:交出。
⑬ 具上:詳細地向皇帝報告。功效:功勞。
⑭ 更選使使:另外選使者出使(西域)。
⑮ 遣:派遣。
⑯ 軍司馬:官名。遂:完成。

　　固復使超使于寘,欲益其兵①。超願但將本所從三十六人②,曰:"于寘國大而遠,今將數百人,無益於强③;如有不虞,多益為累耳④。"是時于寘王廣德雄張南道⑤,而匈奴遣使監護其國⑥。超既至于寘,廣德禮意甚疏。且其俗信巫⑦。巫言:"神怒,何故欲向漢⑧?漢使有騧馬,急求取以祠我⑨!"廣德乃遣國相私來比就超請馬⑩。超密知其狀,報許之⑪,而令巫自來取馬。有頃,巫至,超即斬其首,收私來比⑫,鞭笞數百。以巫首送廣德,因責讓之⑬。廣德素聞超在鄯善誅滅虜使⑭,大惶恐,即殺匈奴使者而降。超重賜其王以下,因鎮撫焉⑮。於是諸國皆遣子入侍⑯,西域與漢絕六十五載⑰,至是乃復通焉。

　　班超出使于窴,斬殺巫師,鎮撫于窴王,恢復了西域與漢朝的關係。

① 復:又。于窴(tián):西域古國名,在今新疆維吾爾自治區。益:增加。
② 但:只。將:率領。本所從:原來跟隨的人。
③ 無益於强:對加强力量沒有好處。
④ 不虞:預料不到的事。虞:料想。多益爲累:人多了更成爲拖累。
⑤ 雄張:强勢擴充。雄:勢力强。張:擴大。南道:天山南路。
⑥ 監:監督。護:指導管理。
⑦ 巫(wū):以裝神弄鬼爲手段爲人降神祈禱的人。
⑧ 向漢:親近漢朝。
⑨ 騧(guā)馬:黑嘴的黄馬。祠(cí)我:給我作祭祀用。
⑩ 就超:到班超這裏。請:請求給與。
⑪ 密知其狀:暗中了解到這個情況。報:回復。
⑫ 有頃:不久。收:逮捕。
⑬ 因:就(這件事)。讓:責備。
⑭ 素:向來。聞:聽到,了解到。
⑮ 鎮撫:安撫。
⑯ 遣子入侍:送子到漢朝侍奉服務(表示不背叛)。
⑰ 六十五載:從王莽始建國元年(公元 9 年)算起到東漢明帝永平十六年(公元 73 年)。載:年。

明史

　　《明史》是一部紀傳體史書,三百三十二卷。清張廷玉等修撰。清雍正十三年(1735)定稿,乾隆四年(1739)刊行。
　　選文據點校本《明史》卷一百六十一,中華書局一九七四年版。

周新傳(節選)

【説明】周新被當時的廣東巡撫稱爲"當代第一人"。他擔任監察御史和按察使,不畏權貴,懲治不法,多所彈劾,最後遭誣陷而死。他爲官清廉,律己甚嚴,妻子生活如"田家婦",以至他死後妻子還要靠別人的救濟過活。傳記通過一系列典型事例,刻畫了一位封建時代"直臣"的形象。

周新,南海人①。初名志新,字日新。成祖常獨呼"新"②,遂爲名,因以"志新"字③。洪武中以諸生貢入太學,授大理寺評事④,以善決獄稱⑤。

成祖即位,改監察御史⑥。敢言,多所彈劾⑦。貴戚震懼,目爲"冷面寒鐵"⑧。京師中至以其名怖小兒,輒皆奔匿⑨。

介紹周新的簡歷,點出他辦案鐵面無私。

① 南海:在今廣東省,明代爲廣州府治。
② 成祖:明成祖朱棣。年號永樂。
③ 字:爲字。
④ 洪武:明太祖朱元璋的年號(1368—1398)。以諸生貢入太學:以秀才的身份選送進入太學。諸生:指生員。明代凡經本省各級考試入府、州、縣學的,通名生員(習慣上叫秀才),又稱作諸生。貢:選送。太學:設在京城的中央教育機構,明代稱國子監。大理寺:官署名,主管司法刑獄。評事:審判官。
⑤ 決獄:審判案件。稱:有名。
⑥ 監察御史:官名。巡查各地,掌管考察百官、糾察刑獄等。
⑦ 彈劾(hé):向皇帝揭發檢舉失職或犯罪的官員,追究其責任。
⑧ 目:看作。
⑨ 至:以至於。怖:恐嚇。輒(zhé):總是;往往就。匿(nì):躲藏。

初，新入境①，羣蚋迎馬頭②，跡得死人榛中，身繫小木印③。新驗印，知死者故布商④。密令廣市布⑤，視印文合者捕鞫之⑥，盡獲諸盜。一日視事⑦，旋風吹葉墜案前，葉異他樹⑧；詢左右⑨，獨一僧寺有之。寺去城遠，新意僧殺人⑩。發樹⑪，果見婦人屍。鞫實，磔僧⑫。

一商暮歸，恐遇劫，藏金叢祠石下⑬，歸以語其妻。旦往求金不得⑭，訴於新。新召商妻訊之，果商妻有所私⑮。商驟歸，所私尚匿妻所⑯。聞商語，夜取之⑰。妻與所私皆論死⑱。其他發奸摘伏⑲，皆此類也。

通過幾件典型事例，凸顯周新"發奸摘伏"、毫不留情的辦案手段。

① 入境：指周新後到浙江境內擔任按察使。
② 蚋(ruì)：蚊子一類的飛蟲，吸人畜的血液。迎馬頭：迎著馬頭飛。
③ 跡得死人榛(zhēn)中：跟著蚊子的飛行方向在草木叢中發現一個死人。跡：順著蹤跡尋找，追蹤。榛：叢生的草木。木印：布商隨身帶的印鑑，在販賣的布匹上蓋印作爲商標。
④ 驗：查驗。故：原來。
⑤ 密：暗中。廣市布：大範圍地收買布匹。市：買。
⑥ 鞫(jū)：審問。
⑦ 視事：(官員)辦公理事。視：辦理。
⑧ 案：辦公用的桌子。葉異他樹：落在案前的樹葉同別的樹葉不一樣。
⑨ 詢(xún)：問。
⑩ 意：推測。
⑪ 發：掘開。
⑫ 鞫實：審訊出真相。磔(zhé)：古代分裂肢體的一種酷刑。這裏指死刑。
⑬ 叢祠：叢林中的廟。
⑭ 旦：(第二天)早晨。

⑮ 訊:審問。所私:指男女關係不正當的人。
⑯ 驟(zhòu)歸:突然回家。妻所:指妻子的住室。
⑰ 取:偷取。
⑱ 論:判決。
⑲ 發奸摘(tī)伏:揭發隱藏的壞人壞事。摘:通"擿"(tī),打開。這裏是揭發的意思。伏:隱藏。

············

當是時,周廉使名聞天下①。

錦衣衛指揮紀綱使千户緝事浙江,攫賄作威福②。新欲按治之,遁去③。頃之,新齎文册入京④,遇千户涿州⑤,捕繫州獄,脱走訴於綱⑥。綱誣奏新罪⑦,帝怒,命逮新。旗校皆錦衣私人,在道榜掠無完膚⑧。既至,伏陛前抗聲曰⑨:"陛下詔按察司行事與都察院同⑩。臣奉詔擒奸惡,奈何罪臣⑪?"帝愈怒,命戮之⑫。臨刑,大呼曰:"生爲直臣,死當作直鬼!"竟殺之⑬。

周新不畏權勢,緝拿錦衣衛千户,被誣陷而死。

① 廉使:按察使的别稱。廉:查訪。
② 錦衣衛:明官署名。原是護衛皇宫的親軍,後來兼管刑獄,擁有巡查緝捕的權力,成爲一種特務機關。指揮:即指揮使,是錦衣衛的最高長官。千户:武職名。緝(jī)事:辦理搜捕事宜。緝:搜捕。攫(jué)賄:奪取(别人的)錢財。作威福:即作威作福,濫用賞罰權勢。
③ 按治:審查處理。遁(dùn):逃跑。
④ 頃:時間不長。齎(jī):携帶。文册:文書。
⑤ 涿(zhuō)州:在今河北省。
⑥ 脱走:(從獄中)逃走。脱:離開。
⑦ 誣奏:以不實之詞上奏皇帝。誣:言語誇大不實。奏:古代臣子向君主進言陳述意見。

⑧ 旗校：錦衣衛的兵丁和下級軍官。私人：以私利相依附的人。榜（péng）掠：用棍子或板子拷打。掠：拷問。無完膚：指身體到處是傷。
⑨ 陛(bì)：宮殿的臺階。抗聲：高聲。
⑩ 意思是皇帝下命令按察司辦事同都察院有同等的職權。陛下：帝王宮殿臺階下的人，用作對帝王的尊稱。詔：皇帝頒發文告、命令。都察院：明代中央最高監察機關。
⑪ 擒：捉拿。奈何：怎麼，為什麼。罪：動詞，加罪。
⑫ 戮(lù)：殺。
⑬ 竟：終了，最終。

　　他日，帝悔，問侍臣曰①："周新何許人②？"對曰："南海。"帝嘆曰："嶺外乃有此人③！枉殺之矣④。"後帝若見人緋衣立日中⑤，曰"臣周新，已為神，為陛下治奸貪吏"云⑥。後紀綱以罪誅，事益白⑦。

　　妻有節操。新未遇時，縫紉自給⑧。及貴，偶赴同官妻內讌⑨，荊布如田家婦⑩。諸婦慚，盡易其衣飾⑪。新死無子，妻歸，貧甚。廣東巡撫楊信民曰⑫："周志新當代第一人，可使其夫人終日餒耶⑬？"時時賙給之⑭。妻死，浙人仕廣東者皆會葬⑮。

　　補敘周新死後冤情真相大白。其妻子的生活如"田家婦"。讚揚他是"當代第一人"。

① 悔：後悔。侍臣：在帝王身邊侍奉的臣子。
② 何許：何處，什麼地方。
③ 嶺外：五嶺（位於江西、湖南、廣東、廣西四省之間）以南，今廣東省一帶。乃：副詞，加強語氣。
④ 枉：冤屈。
⑤ 緋(fēi)衣立日中：穿著紅衣立在太陽下。緋：紅色。古代迷信，鬼不敢見天日。周新立在陽光下，說明他成了神。

⑥ 云：放在句末，表示如此這樣的話。
⑦ 事益白：事情的真相更加清楚了。
⑧ 遇：得到君主的賞識任用。自給（jǐ）：自己滿足自己的需要。
⑨ 偶：有時，間或。內讌（yàn）：家宴。讌：通"宴"。
⑩ 荆布：即"荆釵（chāi）布裙"，用荆枝做釵（女子髮髻上一種首飾），粗布爲裙，形容穿著十分樸素。
⑪ 易：改換。
⑫ 巡撫：官名。中央派官員巡視地方，安撫軍民。起初没有定員，後來成爲專職。楊信民：《明史》有傳。
⑬ 餒（něi）：飢餓。
⑭ 賙（zhōu）給：接濟，救助。賙：以財物救助人。
⑮ 浙江人在廣東作官的都來參加葬禮（因周新曾在浙江做過官）。

閱讀文選

董宣傳①（《後漢書》）

【説明】董宣不畏權勢，敢於懲治皇帝姐姐的家奴；在皇帝面前寧死拒不認罪，被稱爲"彊項令"。

（董宣）後特徵爲洛陽令。時湖陽公主蒼頭白日殺人②，因匿主家，吏不能得。及主出行，而以奴驂乘③。宣於夏門亭候之，乃駐車叩馬，以刀畫地，大言數主之失；叱奴下車，因格殺之④。主即還宫訴帝，帝大怒，召宣，欲箠殺之。宣叩頭曰："願乞一言而死。"帝曰："欲何言？"宣曰："陛下聖德中興，而縱奴殺良人，將何以理天下乎？臣不須箠，請得自殺。"即以頭擊楹⑤，流血被面。帝令小黄門持之⑥，使宣叩頭謝主。宣不從,彊使頓之⑦。宣兩手據地,終不肯俯。主曰:"文叔爲白衣時,臧亡匿死⑧,吏不敢至門。今爲天子,威不能行一令乎?"帝笑曰:"天子不與白衣同。"因勅彊項令出⑨。賜錢三十萬,宣悉以班諸吏。由是搏擊豪彊,莫不震慄。京師號爲"臥虎"。歌之曰:"枹鼓不鳴董少平⑩。"

① 董宣:東漢陳留圉縣(在今河南省)人,字少平。光武帝時曾任北海相、江夏太守,後特徵爲洛陽令。選文據《後漢書·酷吏列傳》。
② 徵:招聘。湖陽公主:漢光武帝劉秀的姐姐。蒼頭:私家奴隸。
③ 驂(cān)乘:在車子右邊陪乘。
④ 格殺:擊殺。
⑤ 楹(yíng):柱子。
⑥ 小黄門:在皇帝左右侍從的宦官。
⑦ 頓:以頭叩地。
⑧ 文叔:漢光武帝劉秀字文叔。臧(cáng)亡匿死:藏匿逃亡的人和犯死罪的人。
⑨ 勅(chì):(皇帝)下命令。
⑩ 枹(fú)鼓:古代在官衙前擊鼓以告狀鳴冤。枹:鼓槌。

唐太宗論取士①(《貞觀政要》)

【說明】文章記述唐太宗與大臣關於"取士"的對話,讚揚唐太宗思賢若渴。

貞觀二年,太宗謂右僕射封德彝曰②:"致安之本,惟在得人。比來命卿舉賢,未嘗有所推薦。天下事重,卿宜分朕憂勞;卿既不言,朕將安寄?"對曰:"臣愚,豈敢不盡情?但今未見有奇才異能。"太宗曰:"前代明王使人如器,皆取士於當時,不借才於異代,豈得待夢傅說、逢呂尚然後爲政乎③?且何代無賢,但患遺而不知耳!"德彝慚赧而退④。

① 選文據四庫全書本《貞觀政要》卷三。《貞觀政要》十卷四十篇,唐吳兢撰。文章題目爲後加。
② 右僕射(yè):官名。
③ 傅說(yuè):商王武丁的大臣。《史記·殷本紀》說"武丁夜夢得聖人",後於傅巖(地名)下訪得傅說,舉以爲相。呂尚:西周初大臣。輔佐武王滅商有功,封於齊。
④ 慙:同"慚"。赧(nǎn):因羞愧而臉紅。

練習八

一、熟讀本單元講過的文章。
二、閱讀本單元的閱讀文選。
三、給下面句子中加點的字注音:
　1. 此織生自蠶繭,成於機杼。(《後漢書·樂羊子妻》)
　2. 爲漢家除殘去穢。(《三國志·周瑜傳》)
　3. 能曠日持久,來爭疆場。(《三國志·周瑜傳》)
　4. 明者睹未萌,況已著邪?(《資治通鑑·班超出使西域》)
　5. 超乃順風縱火;前後鼓噪。(《資治通鑑·班超出使西域》)
　6. 如令鄯善收吾屬送匈奴,骸骨長爲豺狼食矣。(《資治通鑑·班超出使西域》)
　7. 敢言,多所彈劾。(《明史·周新傳》)
　8. 京師中至以其名怖小兒,輒皆奔匿。(《明史·周新傳》)
　9. 頃之,新齎文册入京,遇千戶涿州。(《明史·周新傳》)
　10. 新未遇時,縫紉自給。(《明史·周新傳》)
四、解釋下面句子中加點的詞:
　1. 夫子積學,當日知其所亡,以就懿德。(《後漢書·樂羊子妻》)
　2. 妻乃引刀趨機而言曰……(《後漢書·樂羊子妻》)
　3. 瑜推道南大宅以舍策。(《三國志·周瑜傳》)
　4. 將軍以神武雄才,兼仗父兄之烈,割據江東。(《三國志·周瑜傳》)

5. 老賊欲廢漢自立久矣，徒忌二袁、呂布、劉表與孤耳。(《三國志·周瑜傳》)
6. 因進住夏口，遣諸葛亮詣權。(《三國志·周瑜傳》)
7. 以巫首送廣德，因責讓之。(《資治通鑑·班超出使西域》)
8. 今以超爲軍司馬，令遂前功。(《資治通鑑·班超出使西域》)
9. 商驟歸，所私尚匿妻所。(《明史·周新傳》)
10. 聞商語，夜取之。妻與所私皆論死。(《明史·周新傳》)

五、查閱工具書，解釋下面語詞中加點的字：
1. 勤苦　省親　反省　報恩　敵寇　因襲　未遂　就任　奏疏　論罪　供給
2. 亦步亦趨　克勤克儉　發人深省　以怨報德　因勢利導　功成名遂　一蹴而就　先斬後奏　家給人足

六、把下面的句子譯成現代漢語：
1. 羊子嘗行路，得遺金一餅，還以與妻。(《後漢書·樂羊子妻》)
2. 羊子感其言，復還終業，遂七年不反。(《後漢書·樂羊子妻》)
3. 嘗有它舍雞謬入園中，姑盜殺而食之。(《後漢書·樂羊子妻》)
4. 曹公軍吏士皆延頸觀望，指言蓋降。(《三國志·周瑜傳》)
5. 鄯善王廣奉超禮敬甚備，後忽更疏懈。(《資治通鑑·班超出使西域》)
6. 此必有北虜使來，狐疑未知所從故也。(《資治通鑑·班超出使西域》)
7. 見火然，皆當鳴鼓大呼。(《資治通鑑·班超出使西域》)
8. 吏如班超，何故不遣，而更選乎？(《資治通鑑·班超出使西域》)
9. 密令廣市布，視印文合者捕鞫之。(《明史·周新傳》)
10. 旋風吹葉墜案前，葉異他樹。(《明史·周新傳》)

常用詞

竟　釋　論　趨　遂　省　就　寇　給　勤

71. 竟

竟的基本義是終結。曹操《龜雖壽》："神龜雖壽，猶有竟時。"引申爲從頭到尾。《列子·歧路亡羊》："不言者移時，不笑者竟日。"又引申爲到最後；終於。《後漢書·樂羊子妻》："妻曰：'自傷居貧，使食有它肉。'姑竟棄之。"《聊齋志異·石清虛》："百計冥搜，竟不可見。"熟語有［有志者事竟成］。

72. 釋

《説文》："釋，解也。"解開；分解。《老子》十五章："渙兮若冰將釋。"（渙：離散。）特指解説。《吕氏春秋·上德》："故誅太子，太子不肯自釋。"雙音詞有［解釋］。由解開引申爲（脱離開）放下。《後漢書·樂羊子妻》："盜人曰：'釋汝刀從我者可全。'"蘇軾《超然臺記》："余自錢塘移守膠西，釋舟楫之安而服車馬之勞。"成語有［愛不釋手］。

73. 論

《説文》："論，議也。"議論；分析説明事理。《韓非子·五蠹》："論世之事。"《史記·張儀列傳》："臣請論其故。"引申爲評定。《商君書·禁使》："故論功察罪，不可不審也。"由此引申爲判罪。《史記·孝文本紀》："今犯法已論。"《聊齋志異·石清虛》："官乃重械兩盜論死。"

74. 趨

《説文》："趨，走也。"快步走叫趨。《論語·季氏》："鯉趨而過庭。"（鯉：人名。）《莊子·田子方》："夫子步亦步，夫子趨亦趨。"引申爲奔赴；奔向。《韓非子·難一》："憂天下之害，趨一國之患。"《後漢書·樂羊子妻》："妻乃引刀趨機而言曰……"成語有［趨利避害］。

75. 遂

遂的一個意思是道路。《商君書·算地》："都邑遂路。"由此引申爲通達。《吕氏春秋·圜道》："遂於四方。"《淮南子·精神》："何往而不遂。"由通達引申爲完成；成功。《墨子·修身》："功成名遂。"《資治通鑑·班超出使西域》："今以超爲軍司馬，令遂前功。"又引申爲順利；順應。《史記·司馬相如列傳》："長卿久宦遊不遂。"（長卿：司馬相如的字。）《晉書·王羲之傳》："遂其宿心。"雙音詞有［遂心］［遂意］。

76. 省（xǐng）

《説文》："省，視也。"視察；察看。《禮記・禮器》："禮不可不省也。"《史記・秦始皇本紀》："皇帝春遊，覽省遠方。"特指察看自己；（自我）檢查。《論語・學而》："吾日三省吾身。"《荀子・勸學》："君子博學而日參省乎己，則知（zhì）明而行無過矣。"雙音詞有［反省］。引申爲探望。《三國志・周瑜傳》："瑜從父尚爲丹楊太守，瑜往省之。"雙音詞有［省親］。

77. 就

就的基本義是靠近；去到某一位置上。《荀子・勸學》："施薪若一，火就燥也；平地若一，水就濕也。"《孟子・告子上》："猶水之就下也。"引申爲到達（某一位置）。《國語・齊語》："處工就官府，處商就市井，處農就田野。"雙音詞有［就位］。特指就職。《三國志・魏書・田疇傳》："三府並辟（bì），皆不就。"（辟，徵召。）由到達引申爲完成。《荀子・富國》："事必不就，功必不立。"雙音詞有［成就］。

78. 寇

《説文》："寇，暴也。"（以暴力）侵犯；劫掠。《漢書・晁錯傳》："是時匈奴彊，數（shuò）寇邊。"雙音詞有［入寇］。用作名詞，指侵犯者。《三國志・周瑜傳》："今寇衆我寡，難與持久。"李翱《楊烈婦傳》："君縣令，寇至當守。"雙音詞有［賊寇］［盜寇］。

79. 給（jǐ）

《説文》："給，相足也。"豐足；充裕。《史記・商君列傳》："道不拾遺，山無盜賊，家給人足。"用作動詞，使人豐足；供應。《戰國策・秦策四》："寡人之國貧，恐不能給也。"《明史・周新傳》："廣東巡撫楊信民曰：'周志新當代第一人，可使其夫人終日餒耶？'時時賙給之。"雙音詞有［供給］，成語有［自給自足］。

80. 勤

"勤"字的意符是"力"。《説文》："勤，勞也。"勞苦；辛苦。《墨子・兼愛下》："萬民多有勤苦凍餒。"《後漢書・樂羊子妻》："妻常躬勤養姑，又遠饋羊子。"雙音詞有[勤苦]。引申爲努力多做，不懈怠。《尚書·蔡仲之命》："克勤無怠。"韓愈《進學解》："業精於勤荒於嬉。"雙音詞有[勤勉][勤奮]。由此引申爲經常不斷。白居易《送楊八給事赴常州》詩："須勤念黎庶。"

古漢語常識

古代漢語的虛詞

詞類是根據詞的語法意義和語法功能劃分的類別。上古漢語的詞類大致可以分爲名詞、動詞、形容詞、數詞、代詞、副詞、介詞、連詞、語氣詞、嘆詞等。這些類詞可以歸爲實詞和虛詞兩大類。實詞的意義比較實在，能夠充當主要的句子成分（主語、謂語、賓語）；虛詞的意義比較虛，除了副詞（副詞可以作狀語），一般不能夠充當主要的句子成分。

古代漢語的實詞包括名詞、動詞、形容詞、數詞，虛詞包括代詞、副詞、介詞、連詞、語氣詞和嘆詞等。

一　代詞

古代漢語的代詞跟現代漢語有很大的不同，主要表現在以下幾個方面：

1. 古今漢語的代詞都有人稱代詞、指示代詞和疑問代詞三類。除了這三類，古代漢語還有兩類比較特殊的代詞：一是無定代詞"或"和"莫"，二是輔助性代詞"者"和"所"。

2. 跟現代漢語比較，古代漢語的代詞更爲複雜：代詞的數量多，有不少現代漢語沒有的形式。如第一人稱代詞除了"我"，還有"吾、余、予、朕"等；第二人稱代詞有"女（汝）、爾、若、而、乃"等；近指代詞現代漢語用"這"，古代漢語有"此、是、斯、茲"等；疑問代詞有"孰、何、胡、曷、奚、安"等。

3. 上古漢語人稱代詞的體系還不完備，缺少嚴格意義上的第三人稱代詞，第三人稱代詞的功能由指示代詞"之""其"來承擔①。人稱代詞沒有單複數之分；人稱代詞表示的是單數還是複數，要根據上下文來判斷②。

4. 古代漢語還常用謙稱和尊稱來代替人稱代詞，一般是用謙稱代替第一人稱，用尊稱代替第二人稱。常用的謙稱有"寡人、臣、不穀、小人、僕"等，尊稱有"子、吾子、君、大王、先生、足下"等。謙稱和尊稱都是名詞，不是代詞。

下面對第三人稱代詞、指示代詞"是"、無定代詞"或""莫"、輔助性代詞"者""所"作簡要說明。

1. 關於第三人稱代詞

如前面所説，上古漢語人稱代詞的體系還不完備，缺少嚴格意義上的第三人稱代詞，第三人稱代詞的功能由指示代詞"之""其"來承擔。"之"和"其"不作主語，"之"在句子中作賓語。如：

(1) 愛共叔段，欲立之。(《左傳·鄭伯克段於鄢》)
(2) 學而時習之，不亦説乎？(《論語·學而時習之》)

"其"在句子中作定語，往往指代特定的人、事物、時間或處所等。如：

(1) 北冥有魚，其名爲鯤。(《莊子·逍遙遊》)
(2) 爲國以禮，其言不讓。(《論語·子路曾晳冉有公西華侍坐》)

有些句子中的"其"很像主語，實際上相當於"名詞+之"。例如：

且夫水之積也不厚，則其負大舟也無力。(《莊子·逍遙遊》)

比較"水之積"可以看出，"其負大舟"相當於"水之負大舟"。

2. 指示代詞"是"

在現代漢語中，"是"是判斷詞，在上古漢語中它是指示代詞，常在判斷句中作主語。如：

---

① "他"在上古漢語表示"其他的""別的"，還不是第三人稱代詞。如《孟子·梁惠王下》："王顧左右而言他。"

② 如《論語·先進》："以吾一日長乎爾，毋吾以也。"句中"爾"表示複數。

(1) 是吾寶也。(《左傳·僖公二年》)
(2) 是乃狼也。(《左傳·宣公四年》)

"是"有一種十分重要的用法是複指前文。如：

(1) 知之爲知之，不知爲不知，是知也。(《論語·爲政》)
(2) 德之不修，學之不講，聞義不能徙，不善不能改，是吾憂也。(《論語·述而》)

例(1)"是"複指"知之爲知之，不知爲不知"；例(2)"是"複指"德之不修，學之不講，聞義不能徙，不善不能改"。

3. 無定代詞"或""莫"

這是上古漢語特有的兩個代詞，"或"是肯定性無定代詞，"莫"是否定性無定代詞。"無定代詞"的意思代詞是雖然稱代人或事物，但又不確指具體是哪個人或哪種事物。

或 肯定性無定代詞"或"相當於現代漢語的"有的人""有的"。例如：

(1) 或勞心，或勞力。(《孟子·滕文公上》)
(2) 如或知爾，則何以哉？(《論語·子路曾皙冉有公西華侍坐》)
(3) 今諸侯異術，百家異説，則必或是或非，或治或亂。(《荀子·解蔽》)

有時"或"字前面出現名詞性的先行詞，表示一個範圍，"或"稱代這個範圍內的某人或某物。如：

(4) 宋人或得玉。(《左傳·襄公十五年》)

莫 否定性無定代詞"莫"既可指稱代人，也可指稱代事物，相當於現代漢語的"没有什麼人"或"没有什麼物"。如：

(1) 羣臣莫對。(《戰國策·楚策》)
(2) 天下之水，莫大於海。(《莊子·秋水》)

例(1)的意思是"没有什麼人"，例(2)的意思是"没有什麼物(水)"。

4. 輔助性代詞"者""所"

"者"和"所"都稱代一定的人或事物。從語法功能上看，"者"和"所"都不能獨立充當句子成分，只能與其他的詞或詞組組合，構成一種名詞性結構（"者"字結構、"所"字結構），由整個結構充當句子成分。"者"和"所"起輔助作用，是一種輔助性代詞①。

者 "者"的用法有兩種。第一，用在動詞、形容詞或動詞詞組、形容詞詞組的後面，構成名詞性的"者"字結構，表示"……的人""……的事物"。例如：

(1) 老者安之，朋友信之，少者懷之。（《論語·公冶長》）
(2) 黃岡之地多竹，大者如椽。（王禹偁《黃州新建小竹樓記》）
(3) 醉能同其樂，醒能述以文者，太守也。（歐陽修《醉翁亭記》）

第二，用在名詞或名詞性詞組的後面，複指名詞性成分，對複指的名詞性成分起強調作用。如：

(1) 南冥者，天池也。（《莊子·逍遙遊》）
(2) 楚左尹項伯者，項羽季父也。（《史記·項羽本紀》）
(3) 古者未有君臣上下之時，民亂而不治。（《商君書·君臣》）

也可以用在數詞後面構成"者"字結構：

老而無妻曰鰥，老而無夫曰寡，老而無子曰獨，幼而無父曰孤。此四者，天下之窮民而無告者。（《孟子·梁惠王下》）

所 輔助性代詞"所"稱代的是動作行為的對象。它的用法有兩點要注意。第一，放在動詞或動詞詞組前面構成的"所"字結構，"所"字結構具有名詞性，這是"所"的基本用法。如：

(1) 吾嘗終日而思矣，不如須臾之所學也。（《荀子·勸學》）
(2) 君子於其所不知，蓋闕如也。（《論語·子路》）
(3) 今天雨，流子而行，未知所止息也。（《史記·孟嘗君列傳》）

例(1)"所學"是學到的知識；例(2)"所不知"是不知道東西；例(3)"所止息"是止息的地方。一般地說，"所"後面是及物動詞。

第二，還有一種用法是"所＋介詞＋動詞（動詞詞組）"。如：

(1) 是吾劍之所從墜。（《呂氏春秋·察今》）
(2) 是亂之所由作也（《荀子·正論》）

例(1)的意思是這是我的劍掉下去的地方；例(2)的意思是這是亂子發生

---

① 有的書稱爲助詞。

的原因。

　　輔助性代詞"所"和"者"都可以跟動詞(動詞詞組)構成名詞性結構，但"所"和"者"稱代的對象不一樣："所"稱代的是動作行爲涉及的對象，"者"稱代的是動作行爲的主動者。比較：

　　　　(1) 始臣之解牛之時，所見無非全牛者。(《莊子·養生主》)
　　　　(2) 見者驚猶鬼神。(《莊子·達生》)

"所見"是見到的東西，"見者"是看見東西的人。

二　副詞

　　副詞可以分幾類，目前意見還不一致，這裏根據副詞的主要意義和用法把副詞分爲七類：程度副詞、範圍副詞、時間副詞、情態副詞、語氣副詞、否定副詞、謙敬副詞①。

　　1. 程度副詞

　　程度副詞表示動作行爲、性質狀態的程度。有的表示程度高(如"最、甚、極、絶、殊、太、尤、良、頗"等)，相當於現代漢語中的"很"。有的表示程度不高(如"差、少、略、微、頗")等，可以譯成"略微""稍微"。還有的表示在原來的基礎上更進一層(如"愈、益、彌、加、更、玆(滋)"等)，可以譯成"更""更加"。其中要注意的是用法變化比較大的詞，比如"少"和"頗"。

　　"少"現在是形容詞，在古漢語中又用作程度副詞，相當於現在的"稍(略微)"：

　　　　太后之色少解。(《戰國策·趙策四》)

句子的意思是太后臉上的怒氣稍微有所緩解。

　　"頗"現在表示程度高(如"頗爲費解")，古漢語中除了表示程度高，還可以表示程度不高(稍微)。如：

　　　　涉淺水者見蝦，其頗深者察魚鱉，其尤甚者觀蛟龍。(《論衡·別通》)

句中"淺""頗""尤"表示程度由低到高。

---

　　① 這七類並没有涵蓋所有的副詞。

2. 範圍副詞

範圍副詞大致可分爲兩類：一類是總括副詞，一類是限止副詞。總括副詞表示全部、總共等意義，大致相當於現代漢語的"全""都"。常見的總括副詞有"皆、盡、悉、都、舉、徧（遍）、咸、畢"等。限止副詞表示在全部範圍中限定一部分，大致相當於現代漢語的"只""只有"。常見的限止副詞有"唯、獨、但、僅、第、特、獨、直、止、僅、徒"等。

其中要注意的是變化比較大的詞。如"但"和"僅"。"但"現在是一個轉折連詞，古漢語中主要作限止副詞用，相當於現代漢語的"只"：

  我州但有斷頭將軍，無有降將軍也。（《三國志·蜀書·張飛傳》）

"僅"在古漢語中可表示限止（相當於"只"），這跟現在的用法一樣；到了唐代又有"將近""差不多達到"的意思（讀 jìn），現在已沒有這種用法：

  初守睢陽時，士卒僅萬人。（韓愈《張中丞傳後敘》）

"僅萬人"是將近萬人的意思，這是說人多。

3. 時間副詞

時間副詞表示動作發生的時間以及與時間有關的各種情況。大致分爲兩類。一類是表示動作行爲發生的時間（過去、現在或將來）。表示過去的如"昔、曩、向、已、業、既、嘗"等；表示現在的如"今、方、正、適"等；表示將來的如"將、且、行"等。還有一類是表示動作行爲的先後、快慢緩急、時間間隔的長短等。常見的如"先、俄、少、遂、即、卒、乍、暫、首先、已而、須臾、俄而、有頃、少頃"等。

"嘗"（曾經）和"且"（將）是兩個常見的時間副詞：

  （1）吾嘗終日而思矣，不如須臾之所學也。（《荀子·勸學》）
  （2）趙且伐燕。（《戰國策·燕策》）

4. 情態副詞

情態副詞表示動作行爲進行的情狀方式、態勢、動作主體的態度等。常見的有"俱、並、竊、間、遞、迭、更、復、固、且"等。如"夜竊出邑中"（《史記·晉世家》）的"竊"（暗中）是一種情狀方式；"人固有一死"（司馬遷《報任安書》）的"固"（本來）是一種態勢；"臣死且不避"（《史記·項羽本紀》）的"且"（尚且）表示動作主體的態度。

其中"復"表示動作或狀態的重複再現，相當於現代漢語的"再"：

不敢復讀天下之書，不敢復與天下之事。(《史記·范雎蔡澤列傳》)

在古漢語中，"再"是數詞，用於動詞前，是表示同一動作行爲進行兩次或同一動作行爲進行第二次，也放在這裏討論。如：

（1）田忌一不勝而再勝。(《史記·孫子吳起列傳》)
（2）一戰而舉鄢郢，再戰而燒夷陵，三戰而辱王之先人。(《史記·平原君列傳》)

例(1)是兩次的意思，例(2)是第二次的意思。

5. 語氣副詞

語氣副詞表示說話人的各種語氣：有的表示論斷、確認的語氣（如"乃、即、必、定、誠、信、果"）；有的表示推測語氣（如"其、蓋、殆"）；有的表示反詰語氣（如"豈、其、庸、巨(詎)、寧"）。

"蓋"是一個常見的語氣副詞，表示一種推測性的論斷：

蓋天下萬物之萌生，靡不有死。(《史記·孝文本紀》)

有時表示一種不確定的推測：

蓋老子百有六十餘歲，或言二百餘歲。(《史記·老子韓非列傳》)

6. 否定副詞

古漢語常見的否定副詞有"不、弗、毋、勿、未、非、否"等。不同形式的否定副詞在語法功能上有差別。

7. 謙敬副詞

謙敬副詞有的對人表示尊敬，有的表示自謙。常見的表敬副詞有"幸、惠、請、敬、謹、辱、蒙"等；表謙副詞如"敢、竊、忝、伏、猥"等。

三　介詞

介詞經常用在名詞、代詞或名詞性詞組的前面，構成介詞結構（介賓詞組）；介詞結構一般用在動詞、形容詞（或動詞、形容詞性詞組）的前面或後面，充當狀語或補語，表示時間、處所、原因、目的、憑藉（工具、方式）、對象等。如：

（1）從此道至吾軍，不過二十里耳。(《史記·項羽本紀》)

（2）是干戚用於古，不用於今也①。（《韓非子·五蠹》）

例(1)介詞"從"跟"此道"組成一個介詞結構，在句中作"至吾軍"的狀語，表示處所。例(2)介詞"於"分別跟"古""今"組成介詞結構，在句中作"用"的補語，表示時間。

　　需要注意的是：一，現代漢語的介詞結構多用作狀語，古代漢語的介詞結構大都既可以作狀語，也可以作補語（如上舉例(2)）。二，現代漢語的介詞結構，介詞的賓語總是在介詞的後面；古代漢語的介詞結構，介詞的賓語有時可以放在介詞的前面（參見"古代漢語的詞序"一節）。三，現代漢語中介詞的賓語不能省略，古代漢語中介詞的賓語有時可以省略。如《戰國策·齊策一》："旦日，客從外來，與坐談。"句中介詞"與"的賓語省略。

　　這裏簡要介紹介詞"以"的用法。"以"是一個十分常見的介詞，用法比較複雜，主要有：

　　1. 引進動作行為的憑藉對象（工具、手段等）。如：

　　　　（1）蛇出於其下，以肱擊之。（《左傳·鞌之戰》）
　　　　（2）以羽爲巢，編之以髮。（《荀子·勸學》）
　　　　（3）填然鼓之，兵刃既接，棄甲曳兵而走，或百步而後止，或五十步而後止。以五十步笑百步，則何如？（《孟子·梁惠王上》）

前兩例的憑藉對象是有形的，很具體。後一例"笑百步"憑藉的對象是"五十步"，雖然抽象，也是憑藉對象。

　　2. 引進動作行為的原因。如：

　　　　孫臏以此名顯天下。（《史記·孫子吳起列傳》）

　　3. 引進動作行為直接涉及的對象：

　　　　（1）子犯以璧授公子。（《左傳·僖公二十四年》）
　　　　（2）伯楚以呂郤之謀告公。（《國語·晉語四》）
　　　　（3）君子以仁存心，以禮存心。（《孟子·君子所以異於人者》）

例(1)的意思是子犯把玉璧給公子。例(2)的意思是伯楚把呂郤的陰謀告訴了晉文公。"璧"是"授公子"涉及的對象，"呂郤之謀"是"告公"涉及的

---

① 干戚：兩種兵器名。

對象。例(3)的意思是把仁和禮保養在心中。

4. 引進動作行爲的時間。如：

文以五月五日生。(《史記·孟嘗君列傳》)

介詞"以"因爲經常跟某些成分連用，形成了一些固定格式，較常見的有"是以""所以""有以""無以"等。

四　連詞

連詞用來連接詞、詞組或句子，是比副詞、介詞更虛的一類詞；它只具連接的功能，沒有修飾作用，不能充當句子成分。連詞連接的前後兩項，在語義上有各種不同的關係。如有的表示並列：

兵與財皆無，將若何？(李翱《楊烈婦傳》)

"兵""財"是一種並列關係。

有的表示遞進(進一層)。如：

公語之故，且告之悔。(《左傳·鄭伯克段於鄢》)

"告之悔""語之故"之間是一種進一層的關係。

有的表示轉折。如：

置杯焉則膠，水淺而舟大也。(《莊子·逍遙遊》)

"水淺""舟大"之間是一種轉折關係。

連詞連接的前後兩項語義上還有其他各種關係。這些不同關係主要取決於前後兩項的語義，連詞只是起一種聯繫的作用。下面簡要說明連詞"之"的用法。

前面介紹代詞的時候曾說到"之"。"之"除了用作代詞，還可以用作連詞①。"之"作爲連詞，主要的用法有兩個。第一，放在定語和中心語之間，定語和中心語是領屬關係或修飾關係。如：

(1) 是炎帝之少女②。(《山海經·北山經》)

(2) 百畝之田，勿奪其時，數口之家可以無饑矣。(《孟子·梁惠

---

① 有的書把連詞"之"稱作介詞或助詞。

② 意思是這鳥是炎帝的小女兒。

王上》》

第一句定語和中心語是領屬關係，第二句是修飾關係。

第二，放在主謂結構之間，使主謂結構不能獨立成爲句子，而成爲一個偏正結構，用來作主語、賓語或狀語等成分。如：

(1) 且夫水之積也不厚，則其負大舟也無力。(《莊子·逍遙遊》)

(2) 不患人之不己知，患不知人也。(《論語·學而》)

(3) 大道之行也，天下爲公。(《禮記·禮運》)

例(1)前一句"水之積"是主語，"不厚"是謂語。例(2)"人之不己知"作"患"的賓語。例(3)"大道之行"作狀語，表示時間。

五　語氣詞

語氣詞是表達各種語氣的虛詞。語氣是説話人説話時的口氣，表達對所説的内容的態度和情緒。大致説來，句子的語氣有陳述、祈使、疑問、感嘆、提頓、推測等。

根據語氣詞在句中的位置和作用的不同，古漢語中語氣詞可以分爲句尾語氣詞、句中語氣詞和句首語氣詞。常見的句尾語氣詞有"也、矣、乎、哉、邪、與、已、耳、焉"等；句中語氣詞有"其、也"等；句首語氣詞有"其、夫、惟(唯、維)"等①。句尾語氣詞從古至今都有，但變化比較大；句首、句中語氣詞在現代漢語中已經消失。下面對句尾語氣詞"也、矣"的功能作簡要説明。

"也"的基本功能是放在判斷句句尾表示肯定確認：

(1) 楊氏者，婦人也。(李翱《楊烈婦傳》)

(2) 作亭者誰？山之僧智仙也。(歐陽修《醉翁亭記》)

句尾語氣詞"矣"主要用於叙述句末尾，基本功能是把事物的發展變化作爲新情況告訴別人，大致相當於現代漢語的"了"。如：

(1) 余病矣。(《左傳·成公二年》)

---

① 對於"句首語氣詞"有不同説法。

(2) 使子路反見之，至則行矣。(《論語·微子》)
　　(3) 孔子曰："諾！吾將仕矣。"(《論語·陽貨》)
　　(4) 誠如是，則霸業可成，漢室可興矣。(《三國志·蜀書·諸葛亮傳》)

例(1)、例(2)是把已經發生的變化告知別人；例(3)、例(4)表是把將要發生或推斷將要發生的變化作爲新情況告知別人。

　　比較"也"和"矣"的功能可以看出："也"陳述靜態事件，表示肯定語氣，沒有時間性；"矣"陳述動態事件，著眼於時間的過程，表示事件在一定時間裏的變化。

　　古漢語的句尾語氣詞有時連用，常見的是兩個語氣詞或三個語氣詞的連用形式。連用的語氣詞，仍舊保留各自原有的功能，但全句語氣的重心往往落在最後一個語氣詞上。如：

　　(1) 善敗由己，而由人乎哉？(《左傳·僖公二十年》)①
　　(2) 夫求禍而辭福，豈人之情也哉？(蘇軾《超然臺記》)
　　(3) 獨吾罪也乎哉！(《晏子春秋·內篇雜上》)

三個語氣詞連用，感情色彩更爲強烈。

　　學習古漢語虛詞，除了關注古今的差異，還有一點也很重要，就是要掌握一個虛詞的基本功能。比如介詞"以"，上面雖然列舉了四種用法，但仔細觀察可以看出，"以"的基本功能是表示憑藉。第一種用法最爲明顯，後面三種用法(引進原因、涉及對象或時間)歸根結底也是表示憑藉。再比如句尾語氣詞"也"，除了用於判斷句，還可以用在別的句型中：

　　(1) 不及黃泉，無相見也！(《左傳·鄭伯克段於鄢》)
　　(2) 夫子何哂由也？(《論語·子路曾晳冉有公西華侍坐》)

例(1)是祈使句，句子的祈使語氣主要靠句式和否定詞"無"來傳達，"也"的作用是強化肯定全句的祈使語氣，意思是不到黃泉就不要相見。例2是疑問句，疑問語氣主要靠疑問代詞"何"來表達，"也"的作用是強化肯定全句的疑問語氣。可以看出，在不同的句型中仍然可以體現語氣詞"也"表示肯定確認的基本功能。

---

①　善敗：成敗。

附　錄

常用詞索引
（以音序排列）

B

敗(214)　　被(214)　　比(50)
鄙(150)　　斃(150)　　表(50)
兵(120)　　病(151)

C

策(88)　　　超(120)　　朝(150)
乘(120)　　從(151)

D

當(119)　　豆(51)

F

發(22)　　　廢(51)　　　封(87)
奉(87)　　　復(22)　　　覆(121)

G

購(214)　　　顧(21)　　　國(149)

J

及(119)　　　給(246)　　　諫(180)
節(120)　　　竟(245)　　　就(246)
決(180)

K

寇(246)　　　困(214)

L

勞(49)　　　臨(121)　　　領(181)
論(245)

M

慢(151)　　　謀(151)

P

樸(88)

Q

期(215)　　　啓(87)　　　勤(246)
趣(245)

S

色(51)	盛(51)	釋(245)
說(180)	素(21)	遂(245)

T

湯(22)	題(89)	體(215)
涕(215)	聽(182)	

W

爲(21)　　聞(20)

X

習(181)	賢(214)	險(150)
省(246)	幸(215)	

Y

顏(88)	已(181)	邑(119)
益(22)	因(87)	陰(121)
引(21)	獄(182)	

Z

再(50)	張(181)	治(88)
致(51)	置(215)	誅(50)
逐(88)	走(20)	尊(181)
作(149)